KB236140

아날로그 오디오 가이드

최윤욱의
아날로그 오디오
가이드

오픈하우스

이제는 생각이 좀 바뀌었지만, 아날로그를 즐긴다면 턴테이블에 쉽게 카트리지를 달고 오버행 정도는 조정할 줄 안다고 생각했다. 그런 생각에서 나온 첫 책이 〈아날로그의 즐거움〉이다. 전문서적인데도 책이 나온 후 꾸준히 팔려서 현재 재판까지 나왔다. 책에 대한 평 중에 "아날로그에 대해 일목요연하게 정리가 되어 있다"고 과분한 호평을 해준 경우도 있었다. 그러나 독자 대부분은 "책이 좀 어렵다", "기초적인 세팅 부분이 미흡하다"고 했다.

대다수 입문자에게는 다소 어렵고 난해하게 느껴질 수 있다는 것을 책이 출간되고 한참이 지나서야 알게 되었다. 이런 와중에 오디오 입문서인 〈굿모닝 오디오〉를 집필하게 되었다. 굿모닝 오디오를 쓰면서 오디오에 대해서 알고 싶어 하는 사람들이 많다는 것과 이해하기 쉽게 글을 쓴다는 것이 얼마나 어려운지 알게 되었다.

어렵고 복잡한 것으로 알고 있는 아날로그를 좀더 쉽게 설명한 책이 있었으면 좋겠다는 생각에 아날로그 입문서를 낼 용기를 얻었다. 〈아날로그의 즐거움〉은 이론적인 부분에 중점을 둔 탓에 나의 경험이나 느낌 같은 살아있는 정보를 충분히 표현하지 못했다. 아날로그 입문서는 처음부터 실전을 중심으로 서술해서 아날로그 초보자들에게 직접적으로 도움을 줄 수 있는 내용으로 꾸미려고 했다. 출발은 초보자가 턴테이블을 구입하면서 느끼는 어려움과 좋은 턴테이블을 고르는 방법 등을 알기 쉽게 설명하는 것으로 시작한다. 턴테이블이나 톤암, 카트리지의 이론은 음질과 관련이 있거나 아날로그를 실제로 운용하면서 조정과 세팅에 직접 관련이 있는 부분만 언급했다.

책의 구성은 아날로그를 전혀 모르는 사람이 턴테이블에 대해 공부한 후 구체적으로 턴테이블을 구입하면서 살펴야 할 것을 알아보고 추천할만한 턴테이블을 정리하는 식으로 꾸몄다. 추천한 턴테이블은 음질 특징과 사용상 주의 할 점도 구체적으로 밝혀두었다. 아날로그를 즐기려면 포노앰프가 추가로 필요하기 때문에 포노앰프에 대해서도 알기 쉽게 설명했다. 말미에 나양한 포노앰프들에 대한 리뷰를 붙여서 선택에 도움이 되도록 했다. 특히 가격에 비해 소리가 좋은 국내산 포노앰프들에 대해서도 관심을 가지고 다루었다. 다음으로 카트리지 업그레이드를 전제로 카트리지의 발전 원리를 살펴보고 원리의 차이에 따른 음질 특징을 자세히 설명했다. 역시 추천 카트리지를 정리하고 각각의 카트리지에 대한 음질과 특징, 그리고 어느 장르에 잘 어울리는지 살폈다.

아날로그 입문자들이 가장 관심이 있는 카트리지의 장착과 턴테이블 세팅은 하나의 장으로 묶어 가능한 한 사진을 많이 곁들여 쉽게 이해될 수 있도록 했다. 다양한 아날로그 액세서리에 관한 장에서는 실제 효과가 있는지, 효과가 있다면 어떻게 사용하는 것이 좋은지 살펴보았다. 역시 여기서도 값 비싼 것보다 저렴하면서 실속 있는 제품을 위주로 다루었다.

마지막 장은 제한된 예산으로 최고의 음질을 뽑아내고자 하는 아날로그 마니아를 위한 코너다. 입문자에게는 약간 어려운 내용일 듯하다. 널리 알려져 있지 않은 탓에 가격이 상대적으로 저렴하지만 소리는 최상급에 버금가는 숨겨진 명기들을 발굴해 소개했다. 많은 시행착오 속에서 발견한 보석 같은 기기들이다. 최근 미국에서 인기가 상승 중인 릴 시스템에 대해서도 다뤘다. 구체적인 기기를 소개하면서 릴 사운드에 입문할 수 있게 구성했다. 기존 아날로그 마니아들은 이 장만으로도 책을 구매할 가치를 느낄 수 있게 심혈을 기울였다.

귀동냥만으로 턴테이블이나 카트리지에 대해 평할 수는 없다. 직접 구입해 분해하고 조립하면서 설계자의 의도를 충분히 이해하려고 노력했다. 구하기 쉬운 제품도 있었지만 알려지지 않은 제품은 구입하는 것도 녹록치 않았다. 이베이를 통해 미국은 물론 독일, 영국, 스위스, 호주, 심지어 아르헨티나까지 수시로 드나들어야 했다. 국내에서 구할 때도 턴테이블이라는 제품 특성상 택배거래가 힘들어 일과가 끝난 저녁시간에 수도권 여기저기를 들쑤시고 다녀야 했다. 불편해 하는 아내의 시선과 신기해하는 아이들의 호기심 속에 집안 여기저기에 턴테이블이 쌓여갔다.

경제적 관점에서 보면 바보짓도 이런 바보짓이 없다. 비싼 운송료 부담하면서 외국에서 턴테이블을 구입해 더 싼 값에 파는 경우도 있다. 사용할 것도 아니면서 테스트를 목적으로 구입한 턴테이블과 카트리지 가격만 1천만원에 가깝다. 밤새 뜯어서 분해하고 조립하느라 몸이 축났는데도 주말까지 골방에 틀어박혀 턴테이블과 씨름하면서 보냈다. 고장난 턴테이블이나 중고 턴테이블을 고치고 정비하면서 제작자와 무언의 대화를 나누는 즐거움도 있었다. 이 부분은 왜 이렇게 만들었는지 샅샅이 뒤져 알아내고 저 부분은 저렇게 만들어서 고장의 원인이 된다고 기계 부속품과 대화하듯 중얼거렸다. 시공을 초월해 턴테이블 제작자와 대화를 한 셈이다. 일부는 이미 방출했지만 아직도 방출해야 할 기기가 만만치 않게 많다. 퇴고가 끝나면 턴테이블과 카트리지를 방출해 골방의 시청 공간부터 확보해야 할 것 같다.

책을 거듭 낼수록 독자가 지불하는 책값의 소중함이 더 절실하게 느껴진다. 그래서 기존에 출간한 책에 있는 내용과 겹치지 않고 인터넷이나 오디오 잡지에서 접할 수 없는 새로운 내용으로 꾸미려고 노력했다. 이것이 내 책을 돈 주고 사서 보는 독자에 대한 예의라고 생각한다. 다만 이 책을 읽기 전에 〈굿모닝 오디오〉를 먼저 읽는다면 이 책을 이해하는 데 많은 도움을 받을 수 있다. 이 책이 아날로그 입문을 다루고 있지만 전기에 대한 기초 내용은 〈굿모닝 오디오〉에 뿌리를 두고 있기 때문이다. 이 책을 읽고 난 후 좀 더 전문적인 내용을 알고 싶다면 〈아날로그의 즐거운〉을 읽어보면 될 것이다.

이 책은 많은 분의 도움이 있었기에 세상에 나올 수 있었다. 슈어 카트리지에 대해 많은 가르침을 주신 황경수 님, 다이렉트 턴테이블에 대한 다양한 정보를 주신 홍준모 님, 모터에 관한 정보를 주신 천기완 님 그리고 다양한 수리 경험을 공유해준 바오로전자 이영수 님에게 고마움을 표하고 싶다. 초고를 꼼꼼하게 살펴준 김치호 님과 책 출간을 위해 수고를 아끼지 않은 편집자 김영훈 님에게 감사의 마음을 전한다.

최윤욱

4. 포노앰프는 왜 필요한가?

5. 카트리지 업그레이드하기

8. 레코드 관리와 액세서리

9. 아날로그 비급

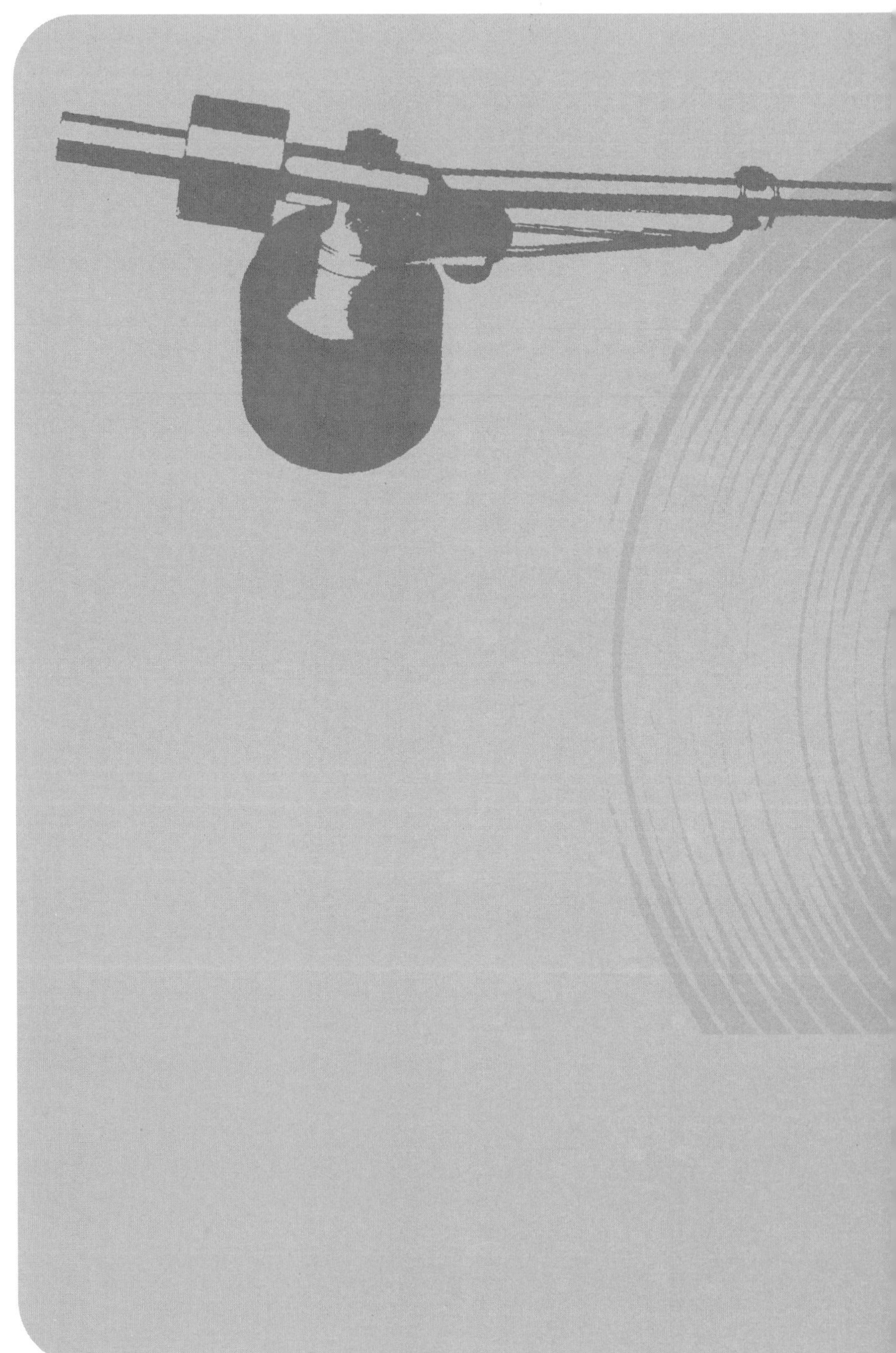

턴테이블 선택하기

chap. 1

어린 시절 아버지나 형이 틀어주는 전축에서 나는 소리를 신기
해하며 들었던 기억이 있을 것이다. 빙글빙글 도는 플래터에 LP
판을 얹고 카트리지를 손으로 조심스럽게 내려놓으면 스피커에
서 소리가 흘러나왔다. 라디오에서 나오는 소리도 신기했지만,
듣고 싶을 때 그 자리에 전축 바늘을 올려놓기만 하면 노래가
나오는 전축이 더 흥미를 끌었다. 그 시절 거실이나 안방에 자
리잡고 있는 전축은 집안의 보물 1호였다. 바늘 부러트릴까봐
애들은 만지지도 못하게 했다. 아버지나 형이 집에 없으면 친구
들에게 자랑하려고 전축을 만지다가 바늘을 망가트리기도 했
다. 언제 발각될까 조마조마 하면서 며칠을 지내다 뒤늦게 추궁
을 당하면 시치미를 떼기도 했을 것이다.

　넘치는 젊음을 주체하기 힘들던 학창시절엔 구석진 골방에
서 LP를 틀어놓고 몸을 흔들며 낭만을 달래던 추억이 있을 것이
다. 나이가 들어보니 가진 것은 없었지만 꿈 많던 학창 시절이
그리워진다. CD가 잡음 없는 깨끗한 소리를 들려주지만, 철없
던 학창시절을 떠올리기엔 왠지 어색하다. 틱~틱~거리는 잡음

과 같이 듣는 LP소리에는 그 시절의 꿈과 낭만이 서려있다.

CD로만 음악을 듣는 오디오 마니아라면 아날로그 소리는 어떨까 궁금할 것이다. 어릴 적 들어서 기억이 가물가물한 LP 소리가 '최근의 발달된 앰프와 스피커로 들으면 어떤 소리가 날까?' 하는 호기심이 있을 것이다. 지금 듣는 디지털 소리도 좋은데 아날로그는 대체 어떤 소리길래 따뜻하고 자연스럽다고 하는 것일까? 주위에서 하나둘 아날로그를 시작하는 것을 보면서 '나도 한번 시작해 볼까?' 하는 마음이 생길만 하다.

아날로그를 시작하는 이유는 사람마다 다를 것이다. 어린 시절 LP에 대한 기억이나 학창시절의 추억 또는 LP 소리 자체에 대한 호기심일 수도 있다. 아날로그를 시작하려는 이유도 중요하지만 무엇보다 중요한 것은 아날로그를 하겠다는 마음이다. 편리한 디지털을 놔두고 불편한 아날로그를 시작하기로 마음먹었다는 것이 중요하다. 아날로그가 디지털에 비해 다소 불편한 것은 사실이다. 디지털과 아날로그의 차이는 여러 면에서 인터넷과 책으로 비유될 수 있다. 디지털 세상인 요즘 인터넷 검색을 통해 어렵지 않게 원하는 정보를 찾거나 얻을 수 있다. 검색 창에 원하는 단어를 치고 엔터 키만 누르면 수백 수천 건의 관련 정보가 쏟아진다. 적당한 것을 골라 읽기만 하면 된다. 인터넷이 없던 시절 정보를 얻을 수 있는 방법은 책이었다. 원하는 정보를 얻으려면 책을 골라야 하고 차례를 보고 원하는 정보가 있을 곳을 찾아 읽어야 했다. 경우에 따라서는 불편하게 책한 권을 다 읽어야 원하는 정보를 얻을 수 있었다. 그래도 책에는 모니터에서 느낄 수 없는 종이의 질감과 여백이 있다. 모니터는 조금만 오래 봐도 눈이 아프지만 책은 어지간히 오래 보지 않고는 눈이 불편해지지 않는다. 이처럼 책을 통해 정보를 얻는 것은 지루하고 불편하지만 내용의 깊이나 정확함에서 인터넷

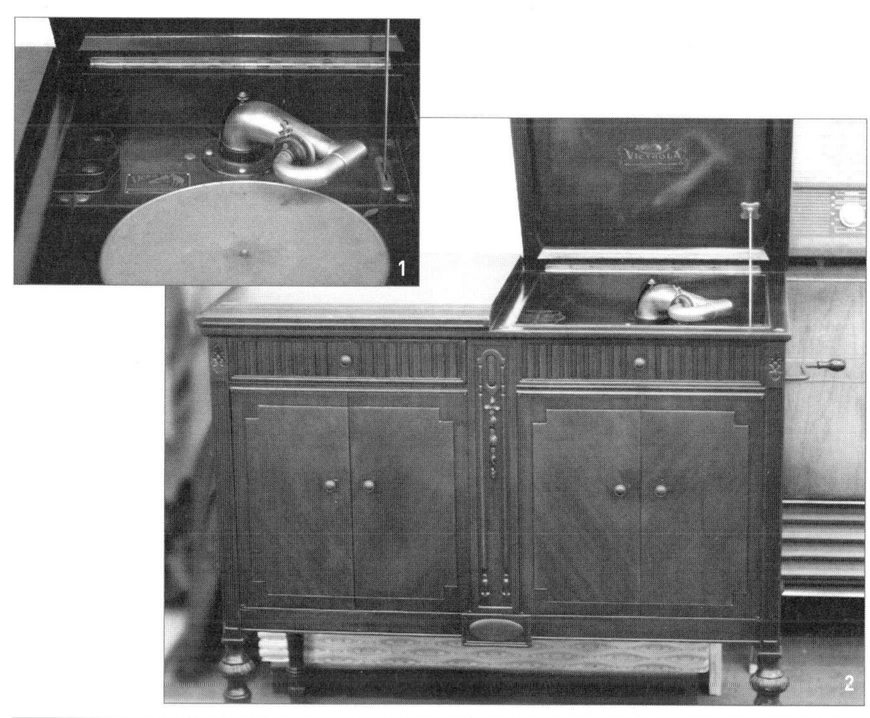

1, 2 장전축
3, 4 야외전축

검색과 비교할 수 없을 정도로 월등하다. 인터넷 검색이 편하지
만 깊고 정확한 내용을 알고 싶을 때는 책을 찾듯, 음악도 제대
로 듣고 싶은 마음에 편리한 디지털을 두고 아날로그를 찾는 것
이다.

인터넷이 간단한 검색으로 정보를 알려주듯, 디지털은 간단한 조작으로 원하는 음악을 쉽게 즐길 수 있다.* 그렇지만 음악의 깊은 맛과 향기를 느끼기에는 뭔가 부족하고 어색하다. 아날로그는 커다란 재킷에서 LP를 꺼내 턴테이블에 얹고 플레이 시킨 후 카트리지를 레코드에 조심스레 내려놓아야 한다. 이렇듯 아날로그가 불편한 건 사실이지만 레코드의 소리 골을 타고 흐르는 아날로그 소리는 디지털의 그것이 따라올 수 없는 매력이 있다. 디지털은 무한복제와 재생이 가능하지만, 아날로그는 재생할수록 음질이 나빠진다. 그렇지만 아날로그는 디지털이 따라올 수 없는 소리의 황홀한 생생함이 있다. 디지털 소리는 정교하게 만들어진 시들지 않는 '조화'라고 한다면, 아날로그 소리는 시간이 지나면 시들지만 은은하게 향기가 흐르는 '생화'라고 할 수 있다. 디지털에 비해 손이 더 가기는 하지만 비슷한 비용으로 더 좋은 소리를 즐길 수 있는 것이 아날로그다. 아날로그를 하겠다고 마음먹었다면 아날로그를 전혀 몰라도 어려움 없이 아날로그 사운드를 시작하고 즐길 수 있게 해주고 싶다.

거창하게 '아날로그란 무엇인가?' 하는 학문적 정의를 따지고 싶지는 않다. '아날로그는 연속해서 변하면서 선으로 이어져 소리를 내주는 장치' 정도로 이해하면 될 것 같다. 오디오에서 아날로그는 레코드(LP)만 있는 것은 아니다. 릴 테이프나 카세트테이프, AM이나 FM 튜너도 분명 아날로그 오디오다. 그래도 역시 아날로그의 대표는 LP를 듣기 위한 턴테이블 관련 시스템이다.

이 책은 아날로그의 대표인 LP를 듣기 위한 시스템을 주로 다루고자 한다.

---

* 고 음질 음원을 디지털로 즐기려면 세팅과 조정에 만만치 않은 시간을 투자해야 한다.

'LP를 듣기 위해 무엇이 필요할까?' 생각해 보자. 당연히 LP가 있어야 할 테고 그 다음으로는 턴테이블이 있어야 한다. 턴테이블을 사려는데 어떤 제품을 어디서 사야하는지 막막할 것이다. 이때 남들이 좋다고 하는 것이나 한번쯤 이름을 들어 기억하는 제품을 그냥 사는 것은 아날로그를 시작하는 첫 단추를 잘못 끼우는 일이 되기 쉽다. 턴테이블을 구입하기 전에 턴테이블의 구조와 그에 따른 음질의 특성에 대해 아는 것이 필요하다. 그 다음에 추천 턴테이블을 언급하고 하나하나에 대해서 자세히 설명 할 것이다. 이런 바탕 위에서 실제 턴테이블 구입시 확인해야 할 사항까지 꼼꼼하게 챙길 것이다.

턴테이블을 구입해 조금 듣다 보면 자연스럽게 좀더 나은 소리를 듣고자 업그레이드를 생각하게 된다. 좀 더 나은 소리를 듣고자 하는 업그레이드의 핵심은 카트리지를 교체하는 것이다. 카트리지 교체를 실행하기 진에 카트리지의 기본 원리와 특징을 알아보고 그에 따른 음질의 차이에 대해서 살펴보는 과정이 필요하다. 또한 카트리지와 톤암의 관계를 살펴서 어떤 카트리지가 내가 소유한 톤암과 잘 어울리는지 알아보아야 한다. 카트리지에 대한 공부를 마칠 즈음엔 각각의 카트리지에 대한 음질 특징을 하나하나 자세히 살펴보는 장도 마련해서 카트리지 선택에 구체적으로 도움이 되도록 했다.

아날로그는 세팅에 따라 소리가 변화무쌍하게 변한다. 좀 더 나은 소리를 듣기 위해서 카트리지와 턴테이블을 어떻게 세팅해야 하는지에 대해 알아야 한다. 그래서 사진을 곁들여 자세히 다룰 예정이다. 레코드 관리와 액세서리 편에서는 턴테이블과 관련된 다양한 물품을 다룰 것이다. 마지막으로 세상에 많이 알려져 있지 않은 탓에 상대적으로 가격이 저렴하면서 음질이 좋은 아날로그 제품을 소개할 것이다. 아직 소수가 즐기고 있지만 가장 아날로그다운 자연스러운 소리를 내는 오픈릴 테이프에 대해서도 알아볼 것이다. 비싸지 않은 입문용 기기를 중심으로 〈아날로그의 즐거움〉에서 다루지 못했던 부분, 그리고 그때는 다루지 않았던 기초 지식과 세팅도 다루고자 한다.

턴테이블을 돌리는 방법의 차이

자, 이제 아날로그 여행을 시작하자. 먼저 턴테이블을 구해야 할 텐데 어떤 기종을 사야 할 것인지 막막할 것이다. 경험이 부족한 초부자가 저지르기 쉬운 실수는 디자인이나 외모를 보고 선택하거나 '뭐가 좋다더라' 하는 풍문에 휘둘려 구매하는 것이다. 디자인도 중요하지만 멋지게 생겼다고 좋은 소리가 나는 것은 아니다. 어떤 턴테이블이 좋다더라 하는 풍문도 믿을 만한 것이 못되기는 마찬가지다. 왜냐하면 사람마다 좋아하는 소리가 각기 다르기 때문이다. 추천한 사람에게는 좋지만 나에게는 좋지 않을 수도 있는 것이다.

값이 비싸지 않으면서 소리가 좋은 턴테이블을 추천하기에 앞서 턴테이블의 기본 구조에 대해 알아보기로 하자. '아니! 싸고 좋은 턴테이블 추천만 해주면 되지, 뭔 놈의 공부를 하라는 것이냐!' 고 할 수도 있다. 급해도 조금만 참자. 턴테이블은 구조에 따라 상당히 다른 소리가 나는 물건이다. 그래서 구조를 알면 소리를 어느 정도 예측할 수 있다. 구조를 이해하고 나면 소리를 짐작할 수 있기 때문에 자신의 취향에 맞는 턴테이블을 선택하는 데 도움이 된다.

요즘 보통 사람이라면, 김태희가 예쁘다는 것에 대부분 동의하지만 본인의 이상형을 얘기하라고 하면 다양한 여배우들 이름이 나온다. 남들이 다 좋다고 해도 나에게는 특별한 감흥이 없을 수 있다. 턴테이블의 구조를 알아보고 그에 따른 소리의 특징을 이해하고나면 자신이 좋아하는 소리를 내는 턴테이블을 찾기가 한결 수월해진다. 이제부터 차근차근 설명을 듣고 나면 어떤 기종을 선택해야 할지 감이 잡힐 것이다.

턴테이블의 구동 방법

자! 공부를 시작하자. 턴테이블은 구조에 따라서 다양하게 분류할 수 있지만 우선 가장 핵심이 되는 구동방법에 대해 먼저 알아보자. '구동방법' 이라고 하니까 말이 낯설어서 어색할지도 모르겠다. 그냥 별 얘기 아니고 턴테이블에 있는 동그란 원반을 돌리는 방법이라고 생각하면 된다. LP를 얹는 동그란 원반을 플래터(Platter)라고 부르는데, 이것을 어떤 방법으로 돌리느냐에 따라 나누는 것이다. 대략 아이들러(Idler)형, 벨트(Belt)형, 다이렉트(Direct)형, 이렇게 세 가지 형태로 분류한다. 생소한 용어들이 나왔다. 외울 필요는 없다. 앞으로 나오는 설명을 읽다 보면 자연스럽게 익혀지게 될 것이다.

보통 모터는 힘은 약하지만 회전이 빠르다. 아이들이 가지고 노는 장난감에 들어있는 작은 모터를 생각하면 쉽게 이해가 갈 것이다. 손으로 조금만 세게 잡아도 회전을 멈출 만큼 힘이 약하다. 그러나 손을 놓으면 쌩~ 소리를 내면서 아주 빠르게 회전

   최윤욱의 아날로그 오디오 가이드

한다. 그런데 턴테이블의 플래터는 1분에 $33\frac{1}{3}$ 회전이나 45회전 같이 아주 느리게 돌아야 한다. 더구나 쓸 만한 턴테이블이라면 플래터의 무게가 보통 2kg이 넘어간다. 모터의 속도는 빠르고 힘은 약한데 반해 플래터는 무겁고 아주 느리게 돌아야만 한다. 이런 문제를 해결하는 가장 오래된 방법이 아이들러를 이용하는 것이다. 그림에서 보듯 모터의 축과 플래터 사이에 고무재질의 아이들러가 끼어들어 있는 형태다. 모터가 회전하면 여기에 맞물려 있는 아이들러가 돌고 역시 이 아이들러에 밀착되어 있는 플래터가 돌게 된다. 모터의 축(풀리)은 가늘고 플래터의 직경은 아주 크기 때문에 자연스럽게 직경의 크기에 비례해 속도가 줄어들게 된다. 물론 속도가 줄어들면서 약했던 모터의 힘은 줄어든 속도에 반비례해서 그만큼 강해진다. 자전거로 설명하면 이해하기가 쉽다. 페달 쪽을 작은 크기의 기어에 놓고 뒷바퀴 쪽에는 큰 크기의 기어에 놓으면 작은 힘으로도 페달이 잘 굴러진다. 작은 힘으로도 뒷바퀴를 힘 있게 굴릴 수 있어서 언덕을 오를 때 아주 유용하다. 작은 힘으로 언덕을 오를 만큼 큰 힘을 낼 수는 있지만 페달을 빠르게 돌려야 한다. 모터가 페달이라고 생각하면 된다. 작은 힘이지만 빨리 돌기만 한다면 상당히 큰 힘이 되어서 무거운 플래터를 힘 있게 천천히 돌릴 수 있다.

아이들러형 턴테이블은 회전하는 모터 축에 고무 재질의 아이들러가 직접 닿아서 플래터를 돌리는 구조라 플래터가 회전하는 힘이 강하다. 실제로 회전하는 플래터를 손으로 잡아보면 만만치 않은 힘이 느껴진다. 플래터가 회전하는 힘(토크. Torque)이 충분히 세다는 장점이 있는 반면에 모터가 회전하면서 생기는 진동이 모터 축에 접촉되어 회전하는 아이들러를 통해 플래터에 그대로 전달된다는 단점이 있다. 모터는 회전만 하는 것인데 왜 진동이 생기냐고 생각할 수 있다. 모터가 진동(떨림) 없이 회전하는 것은 현실적으로 불가능하다. 이런 현상은 일상생활에서 쉽게 확인할 수 있다. 회전하는 선풍기 몸체를 만져보면 상당한 진동이 모터에서 발생한다는 것을 알 수 있다. 그래서 턴테이블에는 가능한 한 진동이 적은 모터를 사용하는 것이 좋다.

아이들러형 턴테이블은 플래터가 회전하는 힘(토크)이 좋아서 소리가 굵고 힘차며 박진감이 넘친다. 반면에 모터의 진동이 회전하는 플래터에 그대로 전달되기 때문에 조용한 음악이 나올 때 진동이 느껴져 섬세하고 깨끗한 음을 내기가 힘들다. 모터의 진동이 플래터에 전달되어 소리가 나빠지게 하는 이유는 조금만 생각해보면 쉽게 이해가 된다. 레코드가 회전하면서 LP에 새겨진 소릿골을 따라 카트리지의 바늘이 진동하면서 전기를 만들어낸다. 플래터는 진동하지 않고 부드럽게 회전만 해야 한다. 그래야 카트리지가 레코드에 새겨진 소릿골 신호만을 뽑아내게 된다. 만약 플래터가 진동을 한다면 카트리지는 플래터의 진동에도 반응해 소리를 만들어낸다. 결국 플래터가 진동하

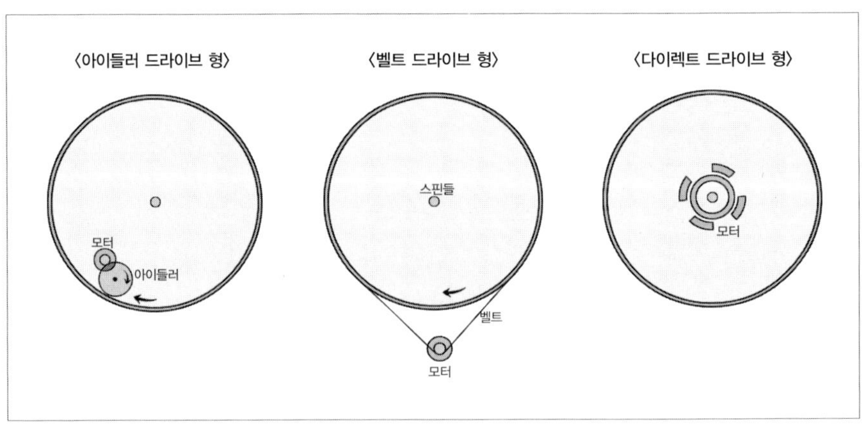

턴테이블 구동방식에 따른 구분

　최윤욱의 아날로그 오디오 가이드

면 레코드의 소릿골과 플래터의 불필요한 진동이 합쳐진 깨끗하지 못한 소리를 카트리지가 만들어내게 되는 것이다.

아이들러형 턴테이블이 가지는 이런 단점을 없애려고 고안된 것이 벨트형 턴테이블이다. 모터의 축과 플래터의 원반을 가는 실이나 고무재질의 벨트로 연결한 방식이다. 힘은 약하지만 빠르게 회전하는 모터에 가는 실이나 고무벨트를 걸어 직경이 큰 플래터를 돌리는 것이다. 이 방식은 모터와 플래터가 가는 실이나 고무벨트로 연결되어 있기 때문에 모터의 진동이 플래터로 직접 전해지지 않는다. 그래서 플래터는 진동하지 않고 부드럽게 돌기만 하기 때문에 카트리지는 레코드에 새겨진 소릿골 신호만 뽑아내게 된다. 이런 이유로 벨트형 턴테이블은 배경이 깨끗하고 잡음이 적은 섬세한 소리를 내게 되는 것이다. 그렇다면 벨트형 턴테이블은 단점이 없는 것일까? 그렇지 않다. 벨트의 틴럭이니 두께가 균일하지 않으면 느린 주기로 플래디가 빨라졌다 느려졌다 하는 회전 불균일이 생기게 된다. 고무벨트는 시간이 지나면서 삭거나 늘어져 속도가 느려지는 경우도 있다. 또한 고무벨트나 가는 실로 연결되다 보니 플래터가 도는 힘(토크)이 아이들러형에 비해 약하다. 실제로 회전하는 플래터를 손으로 잡으면 움찔하면서 바로 회전을 멈춘다. 벨트형 턴테이블은 이런 문제 때문에 아이들러형 턴테이블에 비해 다소 힘이 부족하고 여린 소리를 내게 된다.

자, 여기서 두 가지 방식의 특징을 정리해보자. 아이들러형 턴테이블은 힘 있고 웅장한 소리를 만들어내는 대신에 잡음이 많고, 벨트형 턴테이블은 깨끗하고 섬세한 소리를 내는 대신 힘이 없고 여린 소리를 낸다. 두 가지 방식은 상호 반대되는 성격의 소리를 만들어낸다고 보면 크게 틀리지 않다.

마지막으로 살펴볼 턴테이블은 다이렉트형이다. 스위치만 누르면 정확한 속도로 회전하는 다이렉트형 턴테이블은 조작이 간편하고 레코드를 다 듣고 나면 자동으로 카트리지가 올라가고 동작을 멈추는 오토 리턴 기능이 있는 것이 대부분이다. 그래서 초보자가 사용하기에 아주 좋다. 이런 장점이 있는데도 많은 사람들이 다이렉트형 턴테이블보다 벨트형이나 아이들러형 턴테이블을 추천한다. 왜 그럴까. 그 이유는 다이렉트형 턴테이블이 내는 소리에 있다. 다이렉트형 턴테이블은 고음이 부드럽거나 자연스럽지 못하고 날카롭거나 자극적인 음을 내기 때문이다.

다이렉트 턴테이블이 이런 소리를 내는 이유를 알아보자. 앞에서 말한 대로 모터는 힘이 약한 대신에 분당 수백에서 수천 회전을 한다. 아이들러형이나 벨트형 턴테이블에 사용하는 모터는 대부분 교류 싱크로너스 모터다. 이 모터는 회전이 아주 부드럽고 일정한 속도로 도는 장점이 있지만 속도를 느리게 하기 위해서는 극수를 많이 늘려야 해서 크기가 너무 커진다. 1분에 수십 회전하는 교류 싱크로너스 모터를 제작하기는 쉽지 않다. 크기도 어린아이 머리만 하다. 이런 모터를 어떻게 턴테이블에 쓸 수 있겠는가? 이런 곤란한 상황이 지속되다 기술의 발달로 레코드의 규정 속도인 분당 $33\frac{1}{3}$회전이나 45회전 정도로 아주 천천히 돌면서 힘은 아주 강한 모터를 만들 수 있게 되었다. 직류 모터인 BLDC(Brushless DC)모터가 바로 그것이다. 느린 속도로 돌면서도 회전하는 힘(토크)이 좋아서 다이렉트형 턴테이블에 안성맞춤이다. 문제는 아주 고급으로 만들지 않으면 직류(BLDC)모터는 회전이 부드럽지 못하고 울컥거리면서 돈다. 아이들러나 벨트 같은 완충장치 없이 모터 축에 플래터가 직접 끼워져 돌아가는 다이렉트형 턴테이블은 모터의 진동이 카트리

  최윤욱의 아날로그 오디오 가이드

지에 그대로 전달될 수밖에 없다. 그래서 고음이 자연스럽지 못하고 날카로워서 자극적인 느낌을 주기 쉽다.

다이렉트 턴테이블의 이런 문제를 해소하기 위해서는 모터가 회전하면서 발생하는 진동을 줄여야 한다. 진동을 줄이는 방법은 대략 두 가지로 플래터의 무게를 무겁게 해서 진동을 억제하거나 플래터 중간에 완충재를 넣어 감쇄시키는 것이다. 이런 이유로 고급으로 제작된 다이렉트형 턴테이블은 플래터 무게를 3kg이 넘게 무겁게 만들거나 플래터를 이중으로 제작해서 포갠 후에 그 사이에 완충재를 삽입해서 샌드위치 구조가 되게 제작한다. 플래터를 무겁게 하는 방법으로는 듀얼 701이 유명하고 샌드위치 형식의 이중 플래터는 데논의 DP시리즈가 대표적이다.

다이렉트 턴테이블은 회전하는 힘(토크)이 좋아서 저음의 양이 많은 편이다. 또한 모터의 진동이 플래터로 직접 전해지기 때문에 고음에서 자극적인 소리가 나기 쉽다. 얼핏 들으면 해상

듀얼 701 모터

력이 좋은 것 같은 느낌을 주기도 한다. 전체적으로 CD 소리와 상당히 비슷한 소리인 셈이다. 많진 않지만 이렇게 날이 서 있고 딱딱한 골격이 그대로 드러나는 소리를 좋아하는 사람도 있다. CD 소리에 익숙한 입문자라면 다이렉트 턴테이블 소리가 익숙하게 느껴지고 아이들러형이나 벨트형 턴테이블이 내는 소리는 낯설고 어색한 느낌이 들 수 있다. 이런 경우에는 다이렉트형 턴테이블로 아날로그를 시작하는 것이 소리에 거부감이 없어서 좋다. 특히 록이나 헤비메틀, 사이키델릭 음악을 좋아하는 사람이라면 다이렉트 턴테이블을 선택하는 것이 좋다.

이제 얘기를 정리해 보자. 아이들러형은 묵직하면서 굵고 호방한 음을 내주고 벨트형은 깨끗하고 자연스러운 음을 내준다. 다이렉트형은 고음이 날카롭고 저음은 풍성한 소리를 내준다. 남자들이 좋아하는 술로 비유를 하면 아이들러형은 묵직하고 깊은 맛의 빈티지급 와인이고, 벨트형은 깔끔하고 깨끗한 느낌의 소주라 할 수 있다. 다이렉트형은 첫 맛부터 톡 쏘는 탄산소

아이들러형 턴테이블	벨트형 턴테이블	다이렉트형 턴테이블
DUAL 1019, 1219, 1229	AR XA, EB-1, ES-1	Denon DP-59L
ELAC Miracord 10H, 50H	Empire 598, 698	DUAL 701, 721
PE 2040, 2020	Pioneer PL-41	DUAL 731Q, 741Q
	LINN Basik, Axis	Technics 1200mk2
	REGA P3, P25	Micro Seiki DQ-5, 7
	Micro Seiki BL-77	
	Thorens 320mk2	
	Thorens 126mk3	
	Hey Brook TT2	
	ClearAudio Emotion	
	VPI HW-19	

최윤욱의 아날로그 오디오 가이드

다수라고 하면 무리가 없을 것 같다. 어린 시절 들었던 LP 소리에 대한 추억으로 아날로그를 시작한다면 아이들러형이 가장 근접한 소리를 내줄 것이다. 디지털로 음악을 듣다가 요즘 앰프에서 아날로그 소리는 어떻게 날까 궁금한 오디오 마니아라면 벨트형이 맞을 것이다. 아날로그는 하고 싶은데 아는 것은 없고 귀찮은 것도 질색인 사람이라면 다이렉트 턴테이블이 제격이다. 다이렉트 턴테이블을 좋아한다고 주눅들 필요는 없다. 다이렉트 턴테이블이 내는 소리도 분명 아날로그로 디지털보다는 더 자연스러운 소리다.

우리가 익히 들어 알고 있는 가라드 301이나 EMT930, LINN LP12 같은 턴테이블이 왜 안 보이는지 궁금할 것이다. 신품은 1백만 원대 초반까지 범위에 제한을 두었고, 중고는 1백만 원 이하의 제품만 선택했다. 단번에 비싼 턴테이블을 구입하는 것보다는 입문용으로 부담 없이 시작해 천천히 아날로그와 친해지는 것이 좋다.

◉ 턴테이블에서 모터가 클수록 소리가 좋다는데?

모터가 크면 도는 힘(토크)도 커서 힘차고 박력 있는 소리가 난다. 따라서 모터가 커지면 소리가 좋아진다는 말이 틀린 말은 아니다. 그러나 모터가 커질수록 모터에서 발생하는 진동도 커져서 잡음이 많아진다. 노팅험 아날로그(Nottingham Analogue)같은 턴테이블 제작회사는 모터의 힘을 플래터를 간신히 돌릴 정도로 최소화 시켜야 한다는 주장을 한다. 모터가 작고 힘이 약할수록 진동발생이 적어서 잡음없는 깨끗한 소리를 들을 수 있다는 것이다.

턴테이블을 받치는 방법의 차이

이제 턴테이블의 구동방식과 그에 따른 음질 차이에 대해 어느 정도 감이 잡혔을 것이다. 그래도 조금만 더 턴테이블에 대해 공부해 보자. 이 공부를 거치면 자신의 취향에 맞는 턴테이블을 더 쉽게 고를 수 있다. 턴테이블은 레코드에 새겨진 굴곡을 따라 카트리지의 바늘이 진동해서 소리를 만들어내는 장치다. 그래서 턴테이블은 진동에 아주 민감할 수밖에 없다. 회전하는 모터의 진동도 중요하지만 턴테이블의 외부에서 플래터나 톤암으로 들어오는 진동도 음질에 안 좋은 영향을 미친다. 플래터와 톤암이 자리잡고 있는 베이스를 외부의 진동에서 보호해야 좋은 소리를 만들어낼 수 있다. 턴테이블은 외부의 진동에서 플래터와 톤암을 보호하기 위해 대략 세 가지 방법을 사용한다.

첫 번째는 플래터와 톤암을 탄성이 있는 스프링 같은 것으로 받치거나 매다는 방법이다. 플래터와 톤암만을 서브섀시(sub chassis)에 부착하고 이 서브섀시를 스프링으로 플린스(Plinith)와 연결하는 것이다. 플린스는 플래터 아래에 있는 상판을 말한다. 플린스와 서브 섀시를 연결하는 방법은 서브섀시가 스프링

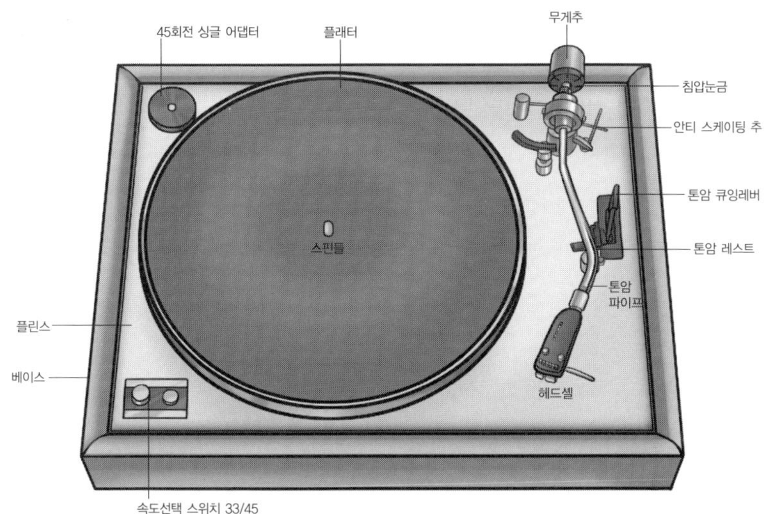

턴테이블의 기본 구조와 명칭

을 밑에 두고 눌러앉게 하거나, 서브섀시가 스프링에 의해 매달리게 하는 것이다. 플린스에 서브섀시가 매달리는 방식이 좀더 안정된 형태다. 하지만 여기서 중요한 것은 눌러 앉고 있느냐 매달려 있느냐 하는 것이 아니고 플린스와 서브 섀시 사이가 진동을 차단해주는 스프링에 의해서 연결된다는 점이다.

이런 방법을 사용한 턴테이블을 플로팅(floating) 또는 스프렁(sprung) 턴테이블이라고 부른다. 플로팅이라는 뜻 그대로 스프링에 의해 플래터와 톤암이 공중에 떠 있는 상태로 있는 것이다. 이것을 확인하는 방법은 간단하다. 플래터나 톤암을 손가락으로 살짝 건드려보는 것이다. 베이스나 플린스는 움직이지 않고 플래터와 톤암만 쉽게 출렁이면 플로팅 턴테이블이다. 서브섀시만 스프링으로 플린스에 매달려 있으니 손으로 누르면 서브섀시에 부착된 플래터와 톤암만 움직이면서 출렁거리는 것이다.

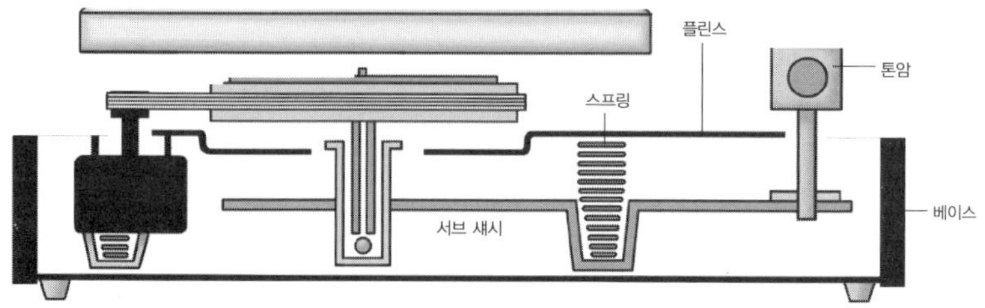

〈플로팅 턴테이블 구조〉

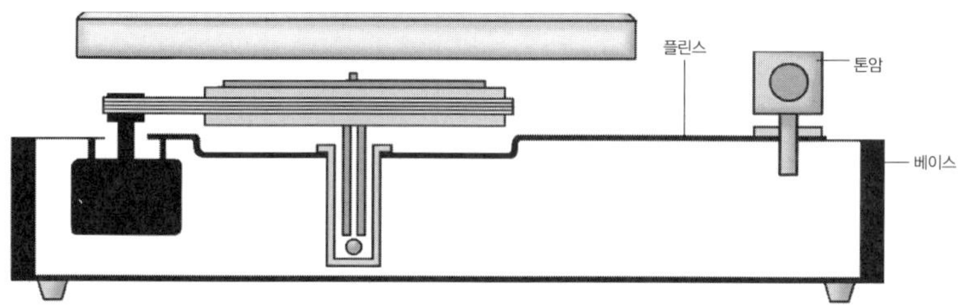

〈리지드 턴테이블 구조〉

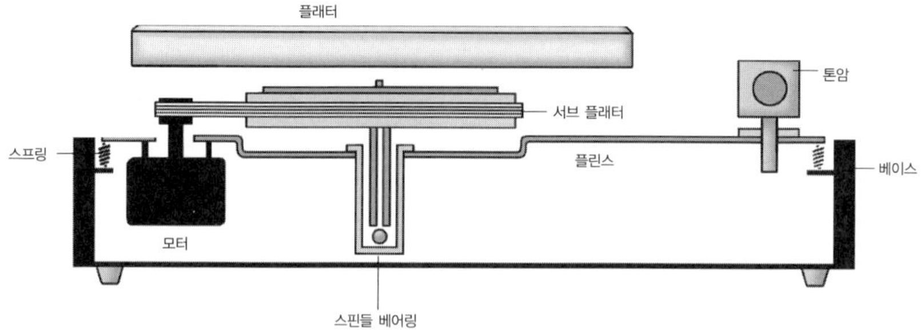

〈절충형 턴테이블 구조〉

 최윤욱의 아날로그 오디오 가이드

두 번째 방법은 플래터와 톤암, 베이스, 플린스가 완충장치 없이 단단하게 결합되도록 하는 것이다. 이렇게 견고하게 결합된 턴테이블 전체를 고무발 같은 것으로 간단히 받친다. 플래터, 톤암, 베이스, 플린스가 한 몸으로 단단히 결합되어 고무발로 받쳐져 있어 턴테이블 어느 곳을 손으로 눌러도 꿈쩍하지 않는다. 플래터와 톤암을 따로 묶어서 스프링 같은 것으로 받치지 않으니 당연히 서브섀시는 있을 필요가 없다. 쉽게 말하면 플린스와 베이스를 분리되지 않게 하나로 만들고 고무발로 전체를 받친 것이다. 이런 턴테이블을 리지드(rigid) 턴테이블이라고 부른다. 단어 뜻 그대로 딱딱하고 견고하게 받쳐진 상태인 것이다.

세 번째는 플로팅과 리지드의 절충형으로 플래터와 톤암 그리고 모터까지 얹어진 플린스 전체를 스프링으로 베이스 위에 받치는 것이다. 리지드와 다른 점은 베이스와 플린스가 일체가 아니라 뷰리되어 완충장치인 스프링으로 연결된다는 것이다. 쉽게 설명하면 베이스 위에 스프링을 놓고 그 위에 플린스를 올린 형태다. 플린스에는 모터와 플래터 톤암이 부착되어 있다. 플로팅과 다른 점은 별도의 서브섀시가 없고 플린스에 플래터, 톤암, 모터를 결합하고 이것 전체를 스프링으로 받친다는 점이다. 모터와 플린스, 톤암 모두를 받치는 구조이다 보니 플로팅보다 받치는 무게가 더 무겁다. 그래서 절충형에 사용하는 스프링은 플로팅 방식에 사용하는 스프링보다 탄성이 적고 더 튼튼한 것을 사용한다. 절충형은 플래터를 손으로 눌렀을 때 플래터와 톤암, 플린스가 조금만 출렁거린다. 플로팅 방식은 플래터와 톤암만 출렁거리는데 반해 절충형은 플래터와 톤암 그리고 플린스가 같이 움직인다. 절충형은 전혀 꿈쩍도 하지 않는 리지드와 쉽게 출렁거리는 플로팅의 중간 형태라고 보면 된다.

⊙ **턴테이블을 무거운 것으로 받친 경우가 많은데 이유는?**

턴테이블은 진동을 음악신호로 바꾸는 장치다. 따라서 외부의 진동이 들어오는 것을 차단해야 좀더 깨끗한 소리를 즐길 수 있기 때문이다.

⊙ **턴테이블 밑에 무거운 돌판을 놓는 경우가 많은데 음질은?**

무거운 돌판은 외부의 진동 차단에는 좋지만 턴테이블의 소리를 차갑고 딱딱하게 만들기도 한다. 따라서 턴테이블 바로 밑에는 단단한 목재 같은 것으로 받치고 그 밑에 완충재를 끼우고 돌판을 까는 것이 좋다. 이렇게 이중으로 사용하는 것이 자연스런 음색과 진동차단이라는 두 마리 토끼를 잡을 수 있는 방법이다.

     최윤욱의 아날로그 오디오 가이드

턴테이블의 베이스와 플린스를 스프링으로 받치나 간단히 고무 발로 받치나 무슨 차이가 있냐고 반문할 수 있다. 믿기 힘들겠지만 같은 턴테이블이라도 무엇으로 받치느냐에 따라 소리가 현저하게 달라진다. 자동차를 예로 들어 설명해 보자. 도산 위기에 몰렸던 기아차를 살린 '봉고'라는 차가 있다. 봉고는 승합차와 트럭 두 가지가 있다. 승합차는 의자를 배치하고, 트럭은 화물을 싣는 적재함을 달고 있지만 기본 차체 프레임(섀시)과 엔진은 동일하다. 잘 알려져 있지 않지만 승합차와 트럭에는 다른 점이 더 있다. 승합차와 트럭의 앞바퀴의 완충(현가)장치는 동일하지만 뒷바퀴와 프레임을 연결하는 완충장치는 다르다. 승합차는 사람이 타야 하기에 탄력이 풍부하고 부드러운 용수철(코일) 스프링을 완충장치로 사용했다. 반면에 트럭은 무거운 짐을 싣고 달려야 해서 딱딱한 판스프링을 사용했다. 봉고 승합차와 트럭을 번갈아 운전해보면 승차감이 현저히 다르다는 것을 알 수 있다. 동일한 엔진에 같은 프레임이고 앞바퀴 완충장치까지 같고 뒷바퀴 완충장치만 다를 뿐인데 운전하면서 느끼는 승차감은 상당히 다르다. 트럭은 노면의 요철을 그대로 운전자에게 전달하지만, 승합차는 상대적으로 부드럽게 완충해서 전해준다.

완충장치에 따라 음질이 달라진다

자동차가 어떤 완충장치를 사용하느냐에 따라 승차감이 다르듯이 턴테이블도 무엇으로 받치느냐에 따라 음질이 달라진다. 플로팅 턴테이블은 아주 부드러운 완충장치를 사용하는 승용차라고 생각할 수 있다. 승용차가 도로에서 전해오는 진동을 완화시켜 안락한 승차감을 선사해주듯 플로팅 턴테이블은 외부 진동으로부터 자유로워서 자연스럽고 섬세한 소리를 내준다. 승용차가 승차감은 좋지만 무거운 짐을 실을 수 없듯 플로팅 턴테이블은 저음이 충분치 않은 편이다. 승용차가 크기에 비해 가격이 비싸듯이 플로팅 턴테이블은 추가로 서브섀시라는 것이 필요해서 상대적으로 가격이 비싼 편이다.

리지드 턴테이블은 승차감은 좋지 좋지만 무거운 짐을 실을 수 있는 트럭이라고 생각하면 된다. 노면의 진동이 거의 그대로 운전자에게 전달되어 승차감이 나쁜 것처럼 리지드 턴테이블은 외부 진동에 자유롭지 못하다. 그래서 상대적으로 중고역이 매끄럽지 않고 자연스럽지 못한 편이다. 하지만 단단하게 받쳐져 있기 때문에 저음이 풍부하고 보다 큰 무대(사운드 스테이지)를 재현할 수 있다. 트럭이 비슷한 크기의 승용차에 비해 구조가 간단해서 가격이 싸듯이 리지드 턴테이블도 플로팅이나 절충형에 비해 구조가 간단해서 가격이 저렴한 편이다.

플로팅이 승용차고 리지드가 트럭이라면 절충형은 무엇이라고 해야 할까? 절충형은 승용차나 트럭이 아닌 레저용 SUV 차

량이라고 생각하면 이해가 쉽다. SUV 차량의 승차감은 승용차
보다는 떨어지지만 트럭보다는 좋다. 트럭처럼 아주 무거운 물
건은 싣지 못하지만 승용차보다는 짐을 좀더 많이 실을 수 있는
것이 바로 SUV 차량의 장점이다. 승용차와 트럭의 절충으로 탄
생한 것이 SUV라는 것을 생각하면 이런 특징은 쉽게 이해가 될
것이다. 절충형 턴테이블은 플로팅에 비해 고음의 섬세함이나
매끄러움에서는 밀리지만 상대적으로 저음을 많이 내준다. 리지
드 턴테이블에 비하면 저음이 약간 적지만 고음이 더 자연스럽
고 매끄럽다. 실제로 이런 이유 때문에 많은 턴테이블이 절충형
을 채택하고 있다. SUV 차량이 트럭과 승용차의 중간 형태인 것
처럼 절충형은 플로팅과 리지드의 중간 형태로 이해하면 된다.

이제 플로팅, 리지드, 절충형이 어떻게 다른지에 대해서 어느
정도 이해를 했을 것이다. 그러면 앞서 언급했던 턴테이블을 플
로팅, 절충형, 리지드로 나눠보자. 그러면 아래와 같이 정리기
된다. 턴테이블을 받치는 방식과 플래터를 돌리는 방식(아이들
러, 벨트, 나이엑브)을 복합적으로 따져보면 뭔가 어렴풋이 감이
오기 시작 할 것 이다.

플로팅 턴테이블	절충형 턴테이블	리지드 턴테이블
AR-XA, EB-1, ES-1	DUAL 1019, 1219, 1229	LINN Basik, Axis
Empire 698, 598	ELAC Miracord 10H, 50H	Pioneer PL-41
Thorens 320mk2	PE 2040, 2020	Denon DP-59L
Thorens 126mk3	DUAL 701, 721	REGA P1, P3, P25
Hey Brook TT2	DUAL 731Q, 741Q	Technics 1200mk2
		Micro Seiki DQ-5, 7
		Micro Seiki BL-77
		VPI HW-19

턴테이블을 플로팅과 절충형, 리지드로 나눈 것을 살펴보면 재미있는 사실 하나를 발견할 수 있다. 플로팅 턴테이블은 예외 없이 전부 벨트형을 채택하고 있다. 출렁거리는 플래터를 돌릴 수 있는 것은 벨트만이 가능하기 때문이다. 좀더 살펴보면 아이들러 구동방식을 채택한 턴테이블 중에는 리지드나 플로팅 방식이 거의 없고 전부 절충형을 채택했다는 점이다. 아이들러 구동방식은 상대적으로 무거운 플래터를 사용하고 구조적으로 모터와 아이들러, 플래터가 직접 접촉하고 있어야 하기 때문에 플로팅 방식으로 구성할 수가 없다. 또한 아이들러형에 리지드 방식을 채용하지 않은 것은 모터의 진동이 상대적으로 쉽게 플래터에 전달되기 때문이다. 아이들러형 구동방식을 리지드로 받치면 진동에 의한 간섭에 취약할 수밖에 없다. 이런 이유로 아이들러형 턴테이블은 주로 절충형을 할 수밖에 없는 것이다.

다이렉트 턴테이블 중에 플로팅을 채택한 경우가 없는 것도 눈에 띈다. 다이렉트 턴테이블은 상대적으로 큰 모터를 사용하는데 여기에 플래터와 톤암까지 합쳐지면 무게가 무거워져서 플로팅 방식을 사용하기가 쉽지 않기 때문이다. 그래서 절충형이나 리지드 방식을 채택하게 된다.

플로팅 턴테이블은 부드러운 용수철 스프링을 사용한 승용차라고 생각하면 된다. 절충형 턴테이블은 승차감도 어느 정도 좋으면서 짐도 실을 수 있는 승합차나 SUV라고 생각하면 된다. 리지드 턴테이블은 딱딱한 판스프링을 사용한 트럭이다. 플로팅 턴테이블은 외부의 진동에서 자유로워 자연스럽고 섬세한 음을 들려준다. 중역과 고역이 섬세하고 매끄러운 소리를 좋아한다면 플로팅을 고르는 것이 좋다. 특히 실내악이나 독주, 보컬 같은 소편성 음악을 좋아하는 취향에 맞는다. 리지드 턴테이블은 섬세하고 자연스러운 맛은 적지만 저음이 깊고 무거우며 단단하다. 저음이 많아야 하고 중역과 고역의 윤곽이 분명한 소리를 좋아한다면 리지드 턴테이블을 고르는 것이 좋다. 관현악이나 대편성곡 같이 규모가 큰 음악을 좋아하는 취향에 어울린다. 절충형은 플로팅과 리지드의 중간형으로 무난한 올라운드 플레이어라고 보면 된다. 두루두루 다양한 장르의 음악을 즐기는 사람에게 적당하다. 본인이 어떤 소리를 좋아하는지 어떤 음악을 주로 듣는지 취향에 따라 플로팅 또는 절충형이나 리지드 중에서 선택하면 된다.

마지막으로 턴테이블 선택에서 고려할 것은 수동을 선택할 것인지, 반자동이나 자동을 선택할 것인지를 정하는 것이다. 수동이 번거롭기는 하지만 고장에서 제일 자유롭다. 음악 듣다 잠이 드는 경우가 많거나 LP를 걸어 놓고 다른 일을 하면서 음악을 듣는 경우라면 반자동이나 자동을 선택하는 것이 좋다. 자동 턴테이블은 조작이 쉽고 간단하다는 장점은 있지만 일단 고장이 나면 수리하기가 쉽지 않다. 특히 자동 턴테이블은 다이렉트형이 많은데, 다이렉트형은 고장이 나면 사실상 수리가 불가능하다. 가능하긴 하지만 턴테이블 가격에 육박하는 금액을 지불해야 하는 경우가 많다. 그래서 수리하느니 부품으로 팔고 새로 구하는 것이 더 경제적일 때도 많다.

턴테이블 구입하기

왜 빈티지 턴테이블을 주로 추천했나?

앞 장에서 추천 턴테이블을 열거했는데 어떤 기준에서 선택한 것인지 궁금할 것이다. 추천 리스트를 보면 신품은 적고 빈티지 턴테이블이 대부분이다. 빈티지 턴테이블이 다수를 차지하게 된 첫 번째 이유는 가격에 있다. 신품 턴테이블의 경우 50만 원대 저가 제품은 내부분 조삽한 수준을 넘어서지 못한다. 엉성하게 만든 플래터에 장난감용 모터를 달고 벨트로 연결한 제품이 태반이다. 특히 컴퓨터에 연결해 음악을 들을 수 있는 USB턴테이블은 소리가 나기만 하면 된다는 생각으로 만든 제품이 대부분이다. 그래서 입문용으로 쓸 만한 턴테이블을 찾아보면 1백만 원을 호가한다. 예로 듀얼 601과 비슷한 수준의 신품 듀얼 턴테이블 가격은 1백만 원을 넘는다. 이렇게 될 수밖에 없는 이유는 중급 턴테이블의 생산대수가 많지 않기 때문이다. 아날로그 전성시대에는 대량의 턴테이블이 생산되고 소비되었기에 싼 가격에 질 좋은 부품으로 턴테이블을 생산할 수 있었다. 아날로그가 부활했다고 하지만 신품으로 소비되는 저가 턴테이블 수량은 예전에 비해 턱없이 적을 수밖에 없다. 이런 상황이라 입문용 턴테이블 가격이 올라갈 수밖에 없는 것이다.

빈티지 턴테이블을 추천한 두 번째 이유는 신품 입문용 턴테이블의 경우 거의 천편일률적으로 벨트 드라이브에 리지드 방식으로 구성하고 있기 때문이다. 간혹 절충형이 드물게 있을 뿐이다. 아이들러 방식이나 플로팅 방식은 눈을 씻고 찾아봐도 없다. 고급으로 올라가면 플로팅 방식의 턴테이블이 보이지만 벨트 드라이브 방식에 플래터 재질이 알루미늄 아니면 아크릴을 벗어나지 못한다. 그런 이유로 각 턴테이블의 소리 차이가 별로 없어서 실상 그 소리가 그 소리인 것이 사실이다. 한마디로 신품 입문용 턴테이블들은 소리에 개성이 적어서 엇비슷한 소리를 내준다는 얘기다. 아날로그의 장점 중에 가장 큰 것이 색깔이 다른 다양한 소리를 즐기는 것인데 이런 면에서 최근 생산된 턴테이블은 아쉬움이 있다. 반면 빈티지 턴테이블은 다양한 구동방식으로 개성 있는 음을 내줘 선택의 폭이 상대적으로 넓다. 다양한 취향의 차이를 고려해서 선택의 폭을 넓게 하기 위해서는 아이들러나 플로팅 방식의 빈티지 턴테이블이 선택 될 수밖에 없었다.

빈티지 턴테이블의 경우 정비가 제대로 되어 있지 있거나 부품의 노후 등으로 회전에 약간씩 변동이 있을 수 있지만 이런 문제가 음악의 정수를 표현하는 데 큰 문제를 일으키지는 않는다. 50만 원대의 신품 저가 턴테이블은 회전은 정확하지만 아주 가벼운 플래터와 싸구려 재질로 만든 부품 때문에 대부분 경박하고 소란스러운 소리가 난다. 이런 제품을 추천할 수 없어서 빈티지 턴테이블을 주로 리스트에 올렸다. 빈티지 턴테이블의 경우 조정과 오버홀이라는 번거로운 과정이 필요한데 이걸 거치고 나면 신품가로 1백만 원 넘는 턴테이블에 견줄만한 성능과 개성이 뚜렷한 소리를 내준다.

     최윤욱의 아날로그 오디오 가이드

빈티지 턴테이블 내부(듀얼 601)

추천한 턴테이블 중 어느 것을 선택해도 큰 문제는 없다. 물론 본인이 원하는 소리와 차이가 있을 수 있지만 나름대로 검증이 된 제품들이다. 어떤 방식의 턴테이블로 할 것인지 대충 방향을 정했다면, 이제 구체적으로 목표로 하는 모델을 정해 구입하는 단계로 들어가자. 구체적인 모델을 정하기 전에 염두에 두어야 할 것이 있다. 신품으로 살 것인지 중고로 구입할 것인지를 정하는 것이다. 신품은 확실한 성능과 품질을 보장할 수 있지만 상대적으로 가격이 비싸다. 중고는 가격이 낮은 장점이 있지만 경우에 따라 문제 있는 제품을 사는 위험이 있다. 손재주가 없고 고장에 신경 쓰기 싫은 사람은 다소 비용이 들더라도 신품을 구입하는 것이 좋고, 좀 더 저렴한 가격으로 좋은 음질을 즐기고 싶은 사람은 중고를 구입하는 것이 좋다. 중고를 구입할 때 시세보다 약간 비싸더라도 상태가 좋고 전문 수리점에서 점검을 마친 제품을 사는 것이 좋다. 무조건 시세보다 싼 제품만 찾다가는 문제 있는 제품을 만나기 십상이다.

　신품 구입은 용산 전자상가나 인터넷에 있는 온라인 숍을 통해 쉽게 구입할 수 있다. 아날로그를 잘 아는 숍을 글 말미에 소개하니 참고하면 된다. 중고 구입은 방법이 다양하다. 우선 전문상가에 있는 중고 매물을 구입하는 것과 온라인 장터를 통해 개인에게 직접 구매하는 방법이 있다. 오디오 숍에서 구매하면 가격이 약간 비싸지만 고장이나 하자에 대한 대처는 조금 유리하다. 그러나 아날로그를 잘 아는 숍이라면 괜찮지만 아날로그를 잘 모르는 숍이라면 주인도 상태를 정확히 모를 수 있기 때문에 어떤 제품을 주로 취급하는지 꼼꼼하게 확인하고 구입해야 실수를 줄일 수 있다.

턴테이블,
이것을 살피고 구입하자

음질과 험을 체크하고, 플래터의 회전과 톤암을 확인하라

이제부터 턴테이블 구입 시 확인 할 것을 하나하나 살펴보자. 오디오도 그렇지만 특히 턴테이블은 들어보고 사는 것이 좋다. 사진을 통해 눈으로 확인하는 것에 한계가 있기 때문이다. 일단 소리가 정상적으로 나는지 확인한다. 개인에게 구입하는 경우 대개 판매자의 집을 방문해 음악을 듣게 된다. 이때 자신이 평소 자주 듣는 LP 한 장과 음료수 한 박스를 사가지고 가는 것이 좋다. 남의 집을 방문하는 것에 대한 예를 갖추는 것이기도 하고 판매자와 부드러운 분위기에서 찬찬히 턴테이블을 살펴보는 시간을 가질 수 있기 때문이다. 만약 LP를 가져가지 못했다면 숍이나 판매자에게 자신에 평소에 자주 듣는 음반이 있는지 물어서 그 음반을 듣는다. 클래식이나 재즈도 좋지만 가요나 팝 같이 목소리가 들어간 음악이 짧은 시간에 음질을 확인하는 데 유리하다. 목소리는 우리가 깨어있는 동안 계속 듣기 때문에 가장 익숙한 소리이기 때문이다. 본인이 평소 듣는 음량으로 음악을 들어서 소리가 찌그러지거나 이상한 느낌이 들지 않으면 된다. 양쪽 스피커에서 비슷한 음량으로 소리가 나는지 살펴보는 것도 중요하다. 시간 여유가 있다면 레코드의 한쪽 면을 다 듣는 것이 좋다. 보통 레코드의 시작 부분은 문제가 없는데, 안쪽에서 음질에 문제가 생기는 경우가 많다. 처음부터 끝까지 일정한 음질로 들린다면 문제가 없는 것이다. 시간 여유가 없다면 첫 곡과 마지막 곡만 비교해서 들어보면 쉽게 레코드 안쪽에서 정상적으로 소리가 재생되는지 알 수 있다.

이제 음악듣기를 중지하고 살펴볼 것들이 남았다. 아날로그에서 가장 문제가 되는 '웅~' 하는 험(hum)*은 아주 크지 않는 한 음악 듣는 중에 알아채기 힘들다. 레코드에 바늘이 주행하면서 음악이 나오는 상태에서 톤암 리프트를 올려 바늘이 레코드에서 떨어지도록 한다. 음악은 당연히 멈출 것이고 '웅~' 하는 잡음이 들릴 것이다. 시청 위치에서 약하게 들릴락 말락 하면 정상이고 너무 크게 들리면 문제가 있는 것이다. 이제 스피커 바로 앞으로 가서 귀를 대본다. 예외 없이 '웅~' 하는 험과 '샤~' 하는 잡음이 들릴 것이다. 험과 잡음이 난다고 놀라지는 말 것! 아무 소리도 나지 않는 오디오는 없다. 좌우 스피커에서 나는 잡음의 크기가 비슷하고 스피커에서 2m 정도 떨어진 시청 위치에서 들릴락 말락 한 수준이면 정상이다. 만약 좌우 스피커에서 나는 잡음의 편차가 심하다면 오디오에 문제가 있거나 연결을 잘못 한 경우다. 귀로 확인하는 것은 여기까지다.

이제 눈으로 확인할 차례다. 턴테이블의 스위치를 올리면 플래터가 돌기 시작하는데, 벨트나 아이들러 방식의 경우 대개 20

---

* 험은 포노앰프 편에서 원인과 대처법에 대해서 다룰 예정이다.

 최윤욱의 아날로그 오디오 가이드

초 이내에 정상 속도 근처에 도달해야 한다. 벨트가 삭거나 늘어지면 정상 속도에 도달하는 시간이 길어진다. 이제는 정상 속도로 돌고 있는 플래터를 살필 차례다. 눈높이를 플래터 수준으로 낮추고 옆에서 돌고 있는 플래터를 유심히 쳐다본다. 정상이면 플래터는 움직이지 않는 것처럼 보일 것이다. 플래터가 위아래로 미세하게 출렁거리는 것이 느껴지면 플래터와 축의 손상을 의심해 보아야 한다. 보통 이단으로 구성된 이중 플래터의 경우는 정상이라도 1mm 이하의 위아래 출렁임을 보이는 경우가 대부분이다. 이중 플래터는 1mm 미만의 미세한 상하 출렁

플래터를 옆에서 본 모습

임이 문제가 되지 않지만, 일체형 플래터인 경우 1mm 정도의 상하 출렁임도 스핀들 축의 불량이나 손상으로 보아야 한다.

이제 플래터의 회전이 정확한지 확인할 차례다. 보통 중고 턴테이블을 파는 오디오 숍이나 개인은 스코프를 가지고 있다. 스코프는 거창한 장비가 아니라 일정한 간격으로 눈금이 그려진 손바닥만한 원반이다*. 앰프를 끄거나 볼륨을 가장 낮게 줄이고 턴테이블 스위치를 끈다. 플래터 중심의 스핀들(축)에 스코프를

---

* 레코드 사이즈로 크기가 큰 스코프도 있다.

꼽고 턴테이블을 가동시킨다. 플래터가 돌기 시작하면 일반 형광등이나 백열등 아래에서 스코프에 그려진 눈금을 자세히 본다. 플래터가 움직이기 시작하면서 눈금이 어지럽게 움직이는 것처럼 보일 것이다. 그러다 어느 정도 시간이 지나면 막대가 선명하게 보이기 시작한다. 이 때 막대가 약간 앞이나 뒤로 가는 것처럼 보이는데, 그러면 플래터가 정상속도 근처에 도달한 것이다. 이처럼 정상속도 근처에 도달하는 시간이 중요한데 보통 20초를 넘지 않는다. 만약 벨트 드라이브 턴테이블이 정상속도에 이르는 데에 20초 이상 걸린다면 벨트가 늘어져 있거나 모터에 문제가 있는 것이다. 조만간 벨트를 갈아주거나 모터를 정비해줘야 할 가능성이 크다.

속도가 빠르면 눈금으로 그려진 검정 막대가 앞으로(왼쪽) 가는 것처럼 보이고 느리면 뒤로(오른쪽) 가는 것처럼 보인다. 막대가 꼼짝 않고 정지해 있는 것처럼 보이면 속도가 정확히 맞은 것이다. 속도 조절 장치가 있는 턴테이블의 경우 아주 천천히 일정한 속도로 앞으로 가거나 뒤로 가는 것은 큰 문제가 아니다. 속도조절 노브를 돌려서 맞추면 간단히 해결된다. 무엇보다 유심히 보아야 하는 것은 막대가 일정하지 않게 움직이는 것이다. 정지한 듯 하다 앞으로 가거나 뒤로 가는 현상이 주기적으로 반복되는 것이 특징이다. 원인은 아이들러형 턴테이블이라면 아이들러 한쪽이 눌린 것이고, 벨트형 턴테이블이라면 벨트가 오래 되어 부분적으로 늘어나 있는 것이다. 드물게 벨트가 신품인데도 이런 증상이 있는 경우가 있다. 규격보다 작은 벨트를 무리하게 늘려 끼워서 벨트가 일정하게 늘어나지 않아 생기는 현상이다. 플래터의 속도를 체크할 때 이 부분을 가장 유심히 보아야 한다. 이런 문제는 아이들러나 벨트를 정품 새것으로 교체하기 전에는 해결할 수 없기 때문이다. 이럴 때는 턴테이블

 최윤욱의 아날로그 오디오 가이드

구입을 포기하거나 정비해서 사용할 것을 전제로 싼 값에 구입하는 것이 좋다.

이제 톤암만 확인하면 점검이 끝난다. 톤암을 올리고 내리는 톤암 리프트는 이미 앞에서 정상적으로 작동하는지 확인했다. 외관을 살피고 침압을 주는 노브나 무게추가 잘 움직이는지 안티스케이팅 조절 노브가 잘 움직이는지 확인하면 된다. 다음은 톤암의 제일 중요한 기능을 살펴볼 차례다. 톤암의 헤드셸 부분에 있는 손잡이를 잡고 위 아래로 살짝 움직여본다. 아마 부드럽게 움직일 것이다. 이번에는 톤암을 플래터의 스핀들 쪽으로 천천히 움직여 본다. 톤암이 정상이라면 여기서도 부드럽게 움직일 것이다. 만약 미세하게라도 중간에 뭔가 걸리는 느낌이 있다면 톤암에 이상이 있는 것이다. 대부분 톤암 베어링에 문제가 있는 경우인데, 전문 수리점에서도 수리하기가 쉽지 않다. 이런 경우는 구입을 포기하거나 톤암을 수리해 쓸 각오를 하고 구입해야 한다.

헤드셸 잡은 모습(듀얼)

턴테이블
안전하게 포장하기

점검이 끝났으니 판매자에게 금액을 지불하고 턴테이블을 들고 와야 한다. 판매자가 미리 얘기하지 않은 문제가 점검 중에 나온 경우가 아니라면 가격을 깎아달라는 얘기는 하지 않는 것이 좋다. 가격협상을 원하면 방문 전에 에누리가 가능한지 물어보는 것이 좋다. 점검 결과 상태가 좋다면 기분 좋게 대금을 지불하고 이동을 위한 준비를 해야 한다.

턴테이블은 아주 민감한 기기이므로 이동시 적절한 조치를 취해야 이동 중 손상을 예방할 수 있다. 플로팅이나 절충형 턴테이블은 이동시 서브섀시(플로팅)나 플린스(절충형)를 고정하는 나사가 있다. 벨트형 턴테이블은 벨트를 먼저 벗기고 플래터를 들어내는 것이 좋다. 벗겨진 벨트는 축 베어링 부분에 있는 오일에 닿지 않게 따로 보관한다. 고무벨트는 오일이 닿으면 급속도로 삭기 때문이다. 플래터를 들어내면 플린스 위에 세 개나 네 개의 나사머리가 보인다. (사진 2와 3 참조). 이 나사를 조여서 서브섀시나 플린스가 출렁거리지 않게 한다. 나사 머리를 잡고 위로 당긴 다음 반 시계 방향으로 돌리면 나사가 위로 올라

    최윤욱의 아날로그 오디오 가이드

1. 플래터 분리   2. 나사머리 모습   3. 나사 조여진 상태   4. 신문지 끼운 모습   5. 테이프로 마무리한 모습

※ 참고로 리지드 방식 턴테이블은 2, 3번 과정을 생략하고 1, 4, 5번 과정만 하면 된다.

오면서 조여진다.* 다음 순서는 플래터를 끼운 후 플래터와 플린스 사이에 신문지나 마분지를 접어서 끼워 넣는다. 종이 두께가 5mm 이상 되게 해서 플래터와 플린스 사이의 간격이 평소보다 더 넓어지게 해야 한다. 이렇게 하는 이유는 운반 중에 무거운 플래터가 움직이면서 충격으로 축 베어링이 손상되는 것을 막기 위해서다. 더스트 카버 역시 아크릴 재질이라 파손되기 쉬우니 분리해서 따로 들고 오는 것이 좋다. 교통편도 택시나 승용차를 이용하는 것이 파손 위험을 줄일 수 있어서 좋다.

승용차처럼 안전한 교통수단으로 이동할 경우라면 더 간단하게 포장하는 방법이 있다. 절충형이나 플로팅의 경우를 먼저 설명하겠다. 먼저 1번처럼 플래터를 제거하고 2번처럼 고정나사를 조여 출렁거리지 않게 한 뒤 다시 플래터를 제자리에 끼운다. 그 다음 테이프로 플래터와 몸체를 스핀들 축을 중심으로 교차하는 십자가 모양으로 팽팽하게 묶는다. 이렇게 하면 플래터와 스핀들 본체가 한 몸이 되어 어지간한 충격에도 손상되지 않는다. 리지드의 경우는 아무런 사전 작업 없이 플래터의 스핀들을 중심으로 십자가가 되도록 테이프로 팽팽하게 본체와 플래터를 묶으면 된다. 플래터의 포장이 끝나면 톤암도 흔들리지 않게 테이프나 끈으로 고정한다. 마지막으로 전원 케이블과 포노선을 둘둘말아 테이프로 본체에 고정한다. 이렇게 해야 이동 중에 늘어뜨려진 케이블을 밟아서 생기는 사고를 막을 수 있다.

턴테이블은 직접 귀로 소리를 듣고 눈으로 상태를 확인하고 구입하는 것이 좋다. 거리가 멀다는 이유로 택배를 이용하기도 하는데 파손 확률이 상당히 높다. 고속버스 운송은 그나마 조금

---

* 듀얼 턴테이블의 경우에 해당한다. 나사를 시계방향으로 돌려 나사머리가 플린스와 닿게 조여야 하는 경우도 있다.

 최윤욱의 아날로그 오디오 가이드

6. 간이 포장(신문지 없이 테이프로 마무리한 모습)

나은 편이지만, 판매자가 앞서 얘기한 대로 조치를 취한 후 다시 박스에 이중으로 포장을 해도 운반 중에 충격으로 파손되는 일이 비일비재하다. 다시 한번 얘기하지만 턴테이블만큼은 직접 보고 사는 것이 좋다.

턴테이블 구입 매장

:: **용산**(전자랜드, 나진상가)
금강전자(신품) T. 3272-7100
반월음향(신품 및 중고) T. 706-0131
카잘스 오디오(신품) T. 703-4350
쇼팽케이블(신품) T. 3272-0754
바오로전자(중고) T. 777-4747

:: **서초동**(국제전자센터)
아나로그(신품) T. 3465-0244

턴테이블 수리점

바오로전자(용산) T. 777-4747
성음오디오(군포) T. 010-8906-8272

턴테이블 살펴보기

SUCCESS FOR YOUR SELECT

chap. 3

턴테이블을 장만하기 위해 자문을 구하거나 인터넷 검색을 하면 정말 다양한 턴테이블이 추천되고 있다. '이게 최고다!' '저게 최고다?' 말들이 많아서 갈피를 잡기가 쉽지 않다. 대부분 입문용 턴테이블을 사용하는 사람이 추천을 하게 되는데 경험이 충분치 않은 경우가 많아 자기가 써본 턴테이블 중에서 추천한다. 서너 개의 입문용 턴테이블을 사용해본 경험의 부족도 문제지만 각 개인이 가지는 소리와 음악 취향의 차이도 무시할 수 없다. 같은 입문용 턴테이블을 사용했어도 각자의 음악 취향이 달라 정반대의 평가를 하기도 한다. 일관된 평가를 위해서는 한 사람이 다양한 입문용 턴테이블을 직접 경험해보는 수밖에 달리 방법이 없다.

다양한 입문용 턴테이블을 경험했다고 해서 추천에 있어서의 문제가 다 해결된 것은 아니다. 고급 턴테이블을 사용해본 경험이 없으면 정확하게 소리를 판단하는 데에 어려움이 있다. 고급 턴테이블을 사용한 경험이 있어야 좀 더 객관적으로 입문용 턴테이블을 바라볼 수 있다. 소나타 이상의 고급차를 전혀 경험 해보지 못한 사람이 있다고 하자. 그 사람이 소나타와 동급의 다양한 중형차를 평가한다면 당신은 그 사람의 평가를 충분히 신뢰할 수 있을까? 아마 어느 정도 참고는 하겠지만 충분히 신뢰하지는 못할 것이다.

고급 턴테이블을 사용해본 사람이라면 누구라도 입문용 턴테이블을 추천하는 데 아무런 문제가 없는 것일까? 그렇지 않은 이유는 간단하다. 보통 고급 턴테이블 사용자는 두세 개 정도의 입문용 턴테이블을 사용한 후에 고급 턴테이블로 업그레이드한 경우가 태반이다. 고급으로 업그레이드한 후에는 입문용 턴테이블에 관심이 적어져 다양한 입문용 턴테이블을 접하지 않게 된다. 결국 의미 있는 추천을 하려면 다양한 입문용 턴테이블에 대한 경험도 가지고 있고, 고급 턴테이블도 사용해 정상급 턴테이블이 어떤 소리를 내는지도 알고 있어야 한다.

이 장에서는 앞서 추천한 입문용 턴테이블을 하나씩 자세히 살펴보고자 한다. 턴테이블의 구조에 대해 배운 지식을 토대로, 구체적으로 어떤 턴테이블이 나에게 맞는지 판단할 수 있게 해줄 것이다. 앞서 추천된 턴테이블은 대부분 많은 사람들 입에 자주 오르내리는 제품이다. 그동안 세간의 평가가 좋은 턴테이블을 중심으로 리스트를 작성했지만 각각의 턴테이블에 대한 평가는 세상에 알려진 명성에서 자유로워야 한다고 생각한다. 그래서 턴테이블을 직접 구입해 내부 구조를 낱낱이 살피고 다양한 카트리지를 사용해 성능의 한계를 알아보는 테스트를 거쳤다. 이 과정에서 구체적으로 명성은 높지만 실제로는 약간 아쉬운 턴테이블도 있었고 이름은 알려져 있지 않지만 소리는 기대 이상으로 좋은 턴테이블이 있다는 것을 알게 되었다. 실제 사용하면서 알게 된 각 턴테이블의 성능에 대한 평가도 가능한 한 솔직하게 표현하고자 했다.

 최윤욱의 아날로그 오디오 가이드

소리의 좋고 나쁨을 떠나 각 턴테이블이 가지는 소리의 고유한 개성이 존재한다. 같은 레코드라도 어떤 턴테이블로 플레이하느냐에 따라 음색과 다이내믹이 다르게 표현된다. 가능한 한 그 턴테이블이 가지는 장점을 발견하려고 노력하고 단점을 발견하는 일에도 게을리 하지 않았다. 턴테이블이 가지는 개성을 솔직하게 밝힘으로써 입문자가 자신의 취향에 맞는 턴테이블을 선택할 때 도움이 되도록 했다. 턴테이블이 가지는 소리의 특징을 밝히는 것 외에 각 턴테이블에 잘 어울리는 장르를 찾기 위해서 충분한 시간을 두고 다양한 음악을 들어보았다.

마지막으로 각 턴테이블의 세세한 속내와 기계적인 장점과 단점도 밝혔다. 잘 알려져 있지 않은 노하우나 감춰진 팁도 덧붙여 실제로 턴테이블을 사용하는 사람에게 도움이 될 수 있도록 했다. 이 장만 꼼꼼히 읽는다면 입문용 턴테이블을 선택해 실제로 사용하는 데 있어서 별다른 어려움을 없을 것이다.

⊙ **턴테이블에 달린 파워 케이블을 바꾸면 음질이 변할까?**
턴테이블에서 파워 케이블은 모터의 전원을 공급하는 역할만 하기 때문에 소리에 아무런 영향이 없다고 생각하기 쉽지만 실상은 그렇지 않다. 파워 케이블을 바꾸면 앰프에서 파워 케이블 바꾼 것처럼 소리가 변한다.

전설의 턴테이블
AR-XA

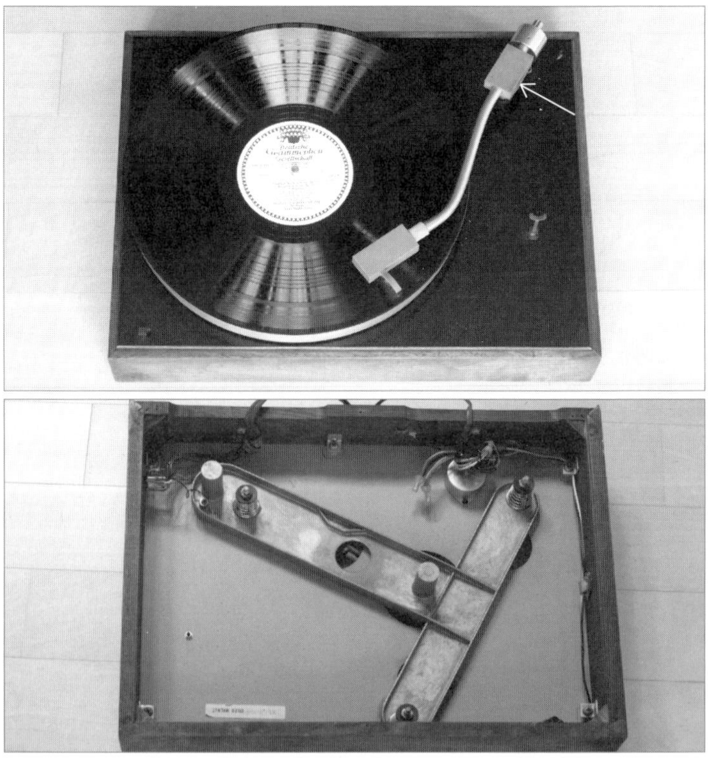

AR-XA. 화살표 아래에 있는 볼트를 풀면 톤암을 앞뒤로 움직여 오버행을 맞출 수 있다.

 최윤욱의 아날로그 오디오 가이드

AR(Acoustic Research)은 오디오 역사에서 빼놓을 수 없는 업적을 남긴 회사다. 커다란 나무판이나 뒷면이 없는 후면개방형 박스에 구멍을 내고 스피커 유닛을 끼워 넣던 것이 고작이던 시절에 과학적인 이론을 바탕으로 밀폐형 스피커를 최초로 개발한 회사가 AR이다. 최초 개발이라는 수식어는 아날로그 분야에서도 그대로 이어진다. 플래터와 톤암만을 서브섀시에 결합시켜 스프링으로 본체와 격리시키는 '플로팅 서스펜션' 개념을 최초로 실현한 것이 AR-XA다. 이 혁신적인 구조는 린 LP12와 오라클(Oracle)로 발전하면서 턴테이블의 구조를 양분하는 플로팅 턴테이블로 자리잡게 된다.

AR-XA는 원목을 사용한 목재 베이스에 검은색으로 칠해진 철제 상판, 그 위에 얹은 원형의 플래터와 톤암이 전부다. 심플한 구조지만 원목 베이스의 목질감에 검은색 상판, 그 위에 얹은 은빛의 원형 플래터 배치가 미학적이다. 거기다 S라인을 연상시키는 톤암의 미려한 곡선과 그 끝에 위치한 직사각형의 헤드셸 조합은 보는 사람의 눈을 잡아두기에 충분하다. LP를 얹고 카트리지를 주행시키면 까만색 LP 위에 놓인 사각형 헤드셸이 주는 배치가 시각적으로 묘한 느낌을 준다. 모노시대가 끝나고 스테레오가 시작할 즈음인 1962년에 처음 발매된 턴테이블이라고 믿기 어려울 정도로 현대적인 심플함과 세련미를 갖추고 있다. 설계자인 에드가 빌처의 천재적인 미적 감각을 느낄 수 있는 턴테이블이다.

AR-XA 턴테이블의 제일 큰 문제는 사각형의 헤드셸이다. 사각형 박스에 카트리지 장착을 위한 너트 구멍 두 개 있는 것이 전부다. 사진에서 보듯 초기형은 암나사 부분이 플라스틱이라 카트리지를 몇 번 장착하다 보면 쉽게 망가진다. 후기에 나온 헤드셸은 암나사 부분이 금속이라 조금 나아지기는 했지만 역시 부실한 편이다. 그런대 이 문제는 엄밀히 따지면 사용자의 부주의가 원인이다. 헤드셀의 암나사는 우리가 보통 사용하는 밀리미터(mm) 단위의 나사산이 아니라 미국에서 사용하는 인치(inch) 단위의 나사산이다. AR-XA외에 레코컷(REK-O-KUT) 턴테이블의 헤드셀 암나사도 인치나사다. 그래서 우리가 보통 사용하는 밀리 나사인 볼트로 조이면 한 바퀴 정도는 문제없이 돌아가지만 그 이상은 인치 나사산의 암나사를 뭉개면서 조여진다. 이렇다 보니 두세 번만 볼트를 조여도 암나사가 망가질 수밖에 없다. 인치 나사산을 가진 볼트를 구해 카트리지를 장착하면 금속 암나사의 경우 반영구적으로 헤드셀을 사용할 수 있다.* 거기다 톤암과 연결하는 부분도 플라스틱이라 조금만 힘을 주거나 자주 사용하다 보면 손상되기 쉽다. 헤드셀을 톤암에 결합하거나 분리할 때는 주의를 기울여야 한다. 파손이 잘되는 탓에 헤드셀이 부서져서 구하려고 하면 귀해서 5만원 주고도 구하기가 쉽지 않다.

헤드셀 리드선도 표준과 달라서 연결 할 때 주의해야 한다. AR-XA 헤드셀 리드선은 우측채널의 +가 하얀색이고 −가 녹색이고, 좌측채널의 +가 빨간색이고 −가 청색이다. 일반적인 카트리지의 단자배치와 위치 배열은 동일하고 단자의 색깔만 다르다. 따라서 리드선의 색깔을 무시하고 단자위치 그대로 카트리지의 단자에 연결하면 정상적으로 소리가 난다.**

---

* 인치 나사산을 가진 볼트는 청계천 볼트 가게에서 구입할 수 있다. 볼트의 규격은 Ø 2.6m/m #3-48 x 3/8이고 길이는 카트리지에 맞게 선택하면 된다.

** 헤드셀에 나사 구멍이 고정되어 있어서 오버행 조정이 되지 않는 것으로 알고들 있는데 오버행 조정이 가능하다. 톤암 축과 톤암 파이프가 만나는 부분(62페이지 위 사진에서 화살표 표시한 곳)에 볼트가 있다. 이것을 반시계 방향으로 돌려서 풀면 톤암 파이프가 앞뒤로 움직인다. 짧으면 파이프를 앞으로 당기면 되고 길면 뒤로 밀면 된다. 거리를 맞춘 후 볼트를 다시 조여 주면 오버행 조정이 성공적으로 끝난다.

    최윤욱의 아날로그 오디오 가이드

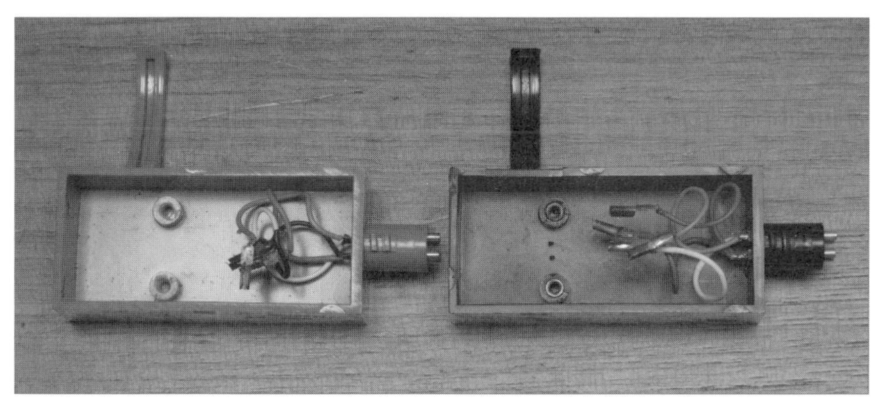

AR 헤드셀(구형,신형)

AR-XA는 이미 밝혔다시피 플로팅 방식에 벨트 드라이브를
채택한 턴테이블이다. 여기에서 대략의 음질 특징을 추측해볼
수 있다. 실제로 저음은 충분치 않지만 소리결이 매끄럽고 자연
스러운 편이나. 특히 실내악이나 보컬 같은 소편성 음악에 장점
이 있다. 하지만 비슷한 가격대의 듀얼1219 같은 턴테이블과 비
교하면 소극적이고 답답한 소리가 난다. 같은 카트리지로 1219
턴테이블과 비교해보면 바로 확인할 수 있다. 명기라고 해서 구
입했다면 처음에 상당히 당황스러울 정도로 소리가 답답하다.
답답한 소리가 날 수밖에 없는 이유는 톤암 내부의 케이블 때문
이다. 테스터기로 재어보면 불과 1미터도 되지 않는 길이의 케
이블 저항이 2Ω 이나 된다. 톤암내부의 케이블의 저항이 너무
높아서 음질을 깎아먹고 있는 셈이다. 보통 슈어나 그라도의
MM 카트리지를 달면 더 답답한 소리가 되기 십상이다. 수미코
(Sumiko)의 블루포인트 스페셜이나 오토폰의 MC20, 데논 DL-
110 같이 고음이 화려하고 뻗는 스타일의 MC 카트리지를 물려
줘야 답답하지 않은 소리를 얻을 수 있다.

AR-XA는 소극적이고 내향적인 음색이 매력적이긴 하지만

AR-XA 투모터

보편적으로 많은 사람이 좋아할 만한 소리를 내는 턴테이블은
아닌 듯하다. 실제로 초보자가 사용하기에는 세팅과 조정도 간
단하지 않다. AR-XA에 대한 추억이 있는 사람에게는 어떤 원
형과 같은 턴테이블이어서 듣는다는 것, 사용한다는 것 자체가
행복일 수 있다. 이런 저런 턴테이블 다 써본 마니아가 AR-XA
의 독특한 매력에 끌려 사용하는 것이라면 충분히 이해가 된다.
턴테이블 본체 값에 육박하는 MC 카트리지를 달아주고 세팅을
세심하게 하면 그윽한 커피향 분위기의 아날로그 음을 맛볼 수
있다. 그러나 초보자나 입문자에게 '아날로그 음은 이런 것'이
라고 추천하기에는 망설여지는 턴테이블이다. 가격은 싸지만
비싼 MC 카트리지를 붙여주고 세심하게 세팅해야 제소리가 나
는 턴테이블이다. 명기라고 하면 무조건 좋은 줄 알고 덜컥 사
서 고생하는 초보자가 없기를 바란다.

     최윤욱의 아날로그 오디오 가이드

AR-XA 턴테이블을 떠나보내고 아쉬움이 남았다. AR이라는 회사가 이 정도 밖에 되지 않는 회사인가 하는 생각이 들어서다. AR이라는 회사의 턴데이블에 디헤 좀 더 정확히 알기 위해 AR에서 출시한 다른 턴테이블들도 들어봐야 했다. 마침 소리전자 장터에 ES-1을 판다는 글이 있어서 바로 구입했다. 외관은 나무로 테두리를 둥그렇게 마무리해서 고급스러워 보인다. 더스트 커버도 일체형으로 옆면이 비스듬하게 떨어져서 둥그런 나무 테두리와 자연스럽게 만난다.

기본 구조는 XA와 같이 벨트 드라이브에 플로팅 서스펜션을 채택하고 있다. XA에 비해 모터가 좀 더 고급으로 개량되었고 톤암은 별매로 사용자가 선택할 수 있다. 보통 LINN의 베이직 플러스나 아키토 톤암이 달려 있는 경우가 많다. 시청한 제품은 제조사를 알 수 없는 일제로 추정되는 톤암이 달려 있었다. 아마도 출고 때부터 달려 나왔던 모델인 듯 싶다. 톤암의 구조를 확인하기 위해 완전 분해를 해보았는데 상당한 정밀도와 완성도를 갖춘 톤암 이었다. 안티스케이팅 조절도 가능하고 카트리

 최윤욱의 아날로그 오디오 가이드

지 리드선까지 접점 없이 일체형으로 케이블을 설치했다. 기본적으로 음질 손실을 막기 위해 헤드셸 일체형으로 접점을 줄이는 탄탄한 구조로 제작했다.

ES-1 턴테이블은 출고 당시에 다양한 액세서리를 포함하고 있다. 사진에서 보는 것처럼 카트리지 청소용 솔과 플래터 베어링에 사용하는 오일, 카트리지 장착용 드라이버 등이 따라온다. 이밖에 투명한 플라스틱으로 만든 시소형 침압계와 무게추도 있는데 앤틱 분위기가 있어 보는 즐거움이 있다. 밖에서 보이진 않지만 ES-1은 플래터 축 베어링이 사파이어다. 사파이어 베어링은 요즘 기백만 원 넘는 고급 턴테이블에서나 사용하는 것이다. 사파이어 베어링을 사용했다는 것으로 미루어 ES-1이 당시 기준으로 상당히 고가의 하이엔드 턴테이블이었다는 것을 짐작할 수 있다. 간혹 이 사파이어 베어링이 충격에 의해 깨지는 경우가 있다. 플래터를 들어내서 우윳빛의 사파이어 베어링이 온전한지 확인하는 것이 좋다. 플래터 축을 빼낸 구멍을 면봉으로 기름을 닦아내고 회중전등으로 비추어 보면 반짝거리는 사파이

AR ES-1 액세서리

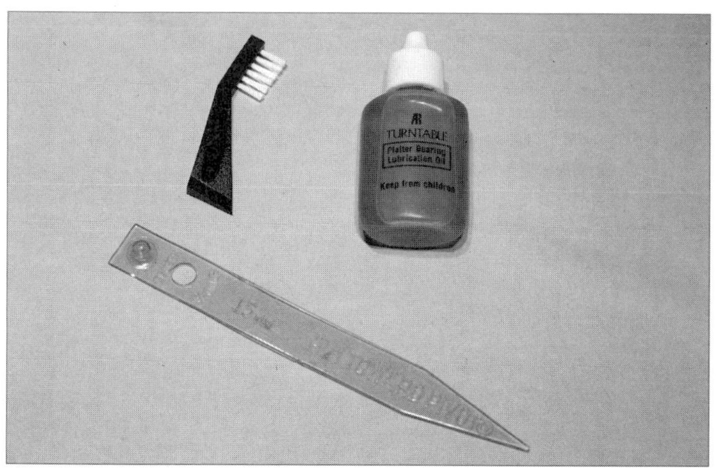

어를 볼 수 있다. 사파이어 베어링이 깨져 있으면 플래터가 돌 때 사각사각하는 마찰음이 들린다.

소리가 만만치 않다는 생각에 중급에서는 누구에게도 밀리지 않았던 PE2020과 한판 싸움을 붙여보았다. 마침 슈어의 대표모델인 V15 typeIII 카트리지가 두 개 있어서 간단히 바늘만 갈아 끼우면 쉽고 정확한 비교시청이 가능했다. 중역이 탄탄한 카트리지인지라 우열을 가리기는 힘들지만 슈어의 참맛을 느끼기에는 PE2020이 약간 더 나았다. 특히 묵직한 느낌의 저역은 아이들러 턴테이블인 PE2020이 듣기에 더 좋았다.

이왕 시작한 김에 끝장을 보자는 생각에 비싼 MC 카트리지를 달아보기로 했다. MC 카트리지는 하나를 번갈아 장착해야 해서 무척 번거로웠지만 느낌이 올 때를 놓치고 싶지 않았다. 오토폰의 MC20mk2가 간택되었다. PE 2020에서 먼저 시청을 하고 느낌이 식지 않도록 재빠르게 ES-1에 장착을 하고 기대감 속에 첫 소리를 기다린다. 바이올린 독주가 시작하는 부분에서 ES-1이 PE 2020에 회심의 한방을 날린다. 실크 감촉의 바이올린 선율이 향 연기가 자연스럽게 S라인을 그리면서 피어오르듯 올라간다. 하늘하늘한 고역을 장점으로 하는 플로팅 턴테이블의 진가를 그대로 보여준다. 저음의 묵직함에서는 PE 2020이 우위를 점했지만 섬세한 해상력을 바탕으로 그려내는 현악기의 질감은 ES-1이 단연 앞선다. 온화하면서도 선명한 바이올린 음색은 ES-1 턴테이블의 장점이 무엇인지를 실감하게 해준다. 대편성 곡에서는 PE 2020이 약간 앞서는 느낌이지만, 소편성에서는 질감 표현과 음색의 윤기에서 ES-1이 앞선다. 특히 섬세하게 표현하면서도 윤기가 있는 현악기의 음색은 음악에 자연스럽게 빠져들게 한다. 현악기 소리에 관한 한 이 책에서 언급되는 턴테이블 중에서 가장 고급스런 소리를 들려주는 턴테이블

AR-77XB

중에 하나임이 확실하다. 역시 AR의 명성은 그냥 얻어진 것이
아니었음을 ES-1 턴테이블을 통해 확인할 수 있었다. 초보자나
중급자 가리지 않고 추천할 만한 턴테이블이다. 장터에서도 자
주 보이지 않지만 상태 좋은 것을 구한다면 기다린 보람을 느낄
만큼 좋은 소리를 들려주는 턴테이블이다. 특히 현악기와 실내
악을 좋아하는 사람이라면 이 가격대에서 대안이 별로 없다.

모델별 출시 시기		
AR-XA	1963년	
AR-XB	1975년	톤암 리프팅 기능 추가
AR-77XB	1979년	
AR-EB-1		
AR-EB101	1980년	
AR-ES-1	1980년	톤암은 옵션
AR-ETL-1	1980년	톤암은 옵션

멋진 턴테이블
Empire 698

엠파이어 698

처음 보면 '와!' 하는 탄성이 절로 나올 정도로 잘 생겼다. 모양
과 디자인에서 이 턴테이블을 능가하는 턴테이블은 없을 것이
다. 한번 보면 이름은 기억하지 못해도 앤티크한 분위기의 디자

 최윤욱의 아날로그 오디오 가이드

인은 기억에 남는다. 누가 봐도 반할만한 클래식한 디자인으로 한번쯤 써보고 싶은 마음이 들게 하는 턴테이블이다. 아날로그나 턴테이블에 대해 잘 모르는 사람도 아는 턴테이블이 바로 엠파이어 698이다.

몸체는 휘황찬란한 황금색이고 우드 베이스에 더스트 커버까지 나무와 유리를 사용해 만들었다. 톤암도 황금색이라 보는 이로 하여금 눈이 휘둥그레지게 한다. 전원을 넣고 턴테이블을 작동시키면 앞에 있는 투명 아크릴 단자에 은은한 불이 들어와서 고급스런 분위기를 뿜어낸다. 찬찬히 살펴보면 엠파이어 턴테이블은 외모만 뛰어난 것이 아니라는 것을 알 수 있다. 황금색으로 도금한 멋진 플래터는 가공이 정밀할 뿐만 아니라 묵직한 무게를 자랑한다. 상부 플린스도 얇은 철판이 아니라 주물로 튼튼하게 제작되어 있다. 잡음과 밀접한 관계가 있는 플래터 축 베이링도 시피이이로 제작히는 호사를 부렸다. 무엇보다 압권은 독일 팹스트(Papst)사의 우수한 회전 품질을 자랑하는 고급 모터를 채용했다는 점이다. 이 모터는 노이만, 페어차일드 등 이름 있는 중량급 빈티지 턴테이블에 사용한 것으로 진동이 적기로 유명하다.

기본적인 턴테이블의 구조에서도 물량 투입을 느낄 수 있다. Y자 모양의 프레임에 플래터와 톤암을 얹어 스프링으로 본체와 격리되는 전형적인 플로팅 방식을 취하고 있다. 플로팅 방식이라 모터의 진동이 플래터나 톤암으로 전달될 가능성이 적다. 그런데도 모터를 고무링을 이용해 본체와 결합해 진동이 본체로 넘어가지 않도록 했다. 모터의 진동이 플래터나 톤암에 전해지려면 본체와 결합하는 고무링을 지나 다시 플래터와 톤암을 공중에 띄우고 있는 스프링을 지나야 한다. 이중 삼중의 진동 차단을 하고 있는 셈이다. 외모뿐만 아니라 내부 구조에서도 아낌없

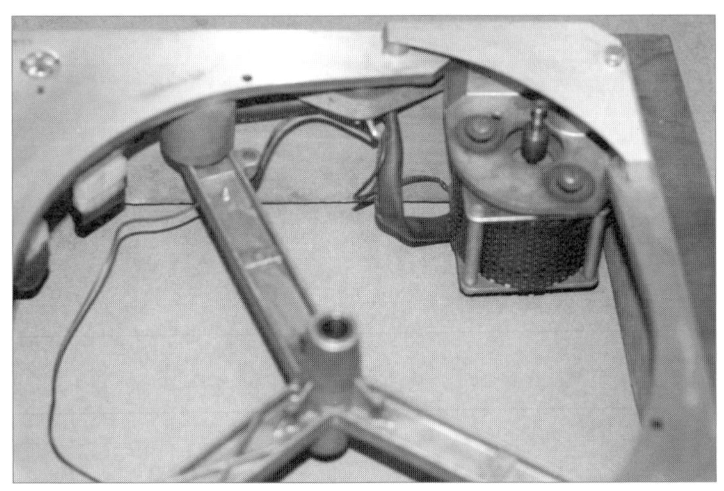

서브 섀시와 모터

이 물량을 투입한 턴테이블이다. 전 세계 GDP 절반을 차지하던 풍요롭던 시절의 미국을 상징하는 턴테이블이라고 할 수 있다.

아낌없는 물량 투입과 막강한 구조를 갖춘 엠파이어 698에게도 나름의 약점이 있다. 수동식이던 598의 업그레이드 버전으로 출시한 698은 전자식으로 톤암을 올리고 내리는 것과 레코드 연주가 끝나면 톤암이 돌아오는 기능을 추가했다. 플린스 전면 투명 아크릴에 접촉하면 작동하는 방식인데 세월이 흐르면서 고장이 잘 난다. 실제로 정상적으로 작동하는 698 턴테이블을 만나기가 쉽지 않다. 698의 결정적인 문제는 헤드셸과 톤암의 결합부가 파손이 잘 된다는 점이다. 심하냐 경미하냐의 차이가 있을 뿐 7~80%는 손상이 있다고 보면 된다.

보통 오리지널 벨트는 수십 년의 세월 탓에 늘어져 있는 경우가 대부분이다. 일반형으로 1만원에 구할 수 있는 가장 긴 40cm 벨트를 사용하면 속도가 약간 빠르다. 벨트 길이는 접어서

 최윤욱의 아날로그 오디오 가이드

41.5cm 규격품을 사용해야 정속도가 나온다.* 약간의 미세 조
정은 전면 좌측에 금속 캡을 제거하고 모터를 고정하는 세 개의
볼트를 조정하면 정확히 맞출 수 있다.

기대 속에 들어본 엠파이어 698 소리는 여운이 많고 울림이
풍부했다. 나름의 장점이 있는 소리로 특히 금관악기나 재즈에
강점을 보여주었다. 플로팅 턴테이블인데도 무대의 빈 배경이
생각보다 깨끗하지는 않다는 점이 아쉬웠다. 엄청난 물량 투입,
진동 방지에 효과적인 플로팅 구조를 갖추고도 배경이 깨끗지
못한 이유가 무엇일까 궁금했다. 이 궁금증이 자연스럽게 풀린
것은 이전 모델인 398(298)을 듣게 되면서다.** 698의 플래터는
여러 개의 부속을 결합하게 되어 있는데 398(298)은 플래터가
통으로 한 몸이다. 물론 398은 플로팅 방식이 아니라 리지드 방
식을 취하고 있다. 리지드 방식임에도 398(298)은 플래터가 통
으로 한 몸이라 698보디 니은 소리를 들려주었다. 실제로 음질
이 시장원리에 냉정하게 반영되어 298이 698보다 발매 당시 가
격은 낮지만 현재 중고 가격은 훨씬 높다.

698은 외모와 디자인으로 보자면 최고의 명품 턴테이블이지
만 들려주는 음질은 명품이라는 단어에 어울리지 않게 아쉬움

---

* turntablebasics.com에서는 FRM31.5라는 모델을 추천한다. 31.5가 인치 기준이니 센티
미터로 환산하면 31.5×2.54=80.1로, 접어서 40cm다. 이것보다는 phono-audio.com(남전
자)에서 파는 41.5cm짜리를 추천한다.

** 많은 사람들이 298을 398과 전혀 다른 턴테이블로 알고 있다. 아래를 보면 알 수 있듯 본
체는 동일하고 톤암만 다른 턴테이블이다.

208 = Turntable, no arm, no base, satin chrome

208 + Empire arm (no base) = 288

208 + Empire arm + base = 298

208 + Empire 98 arm (no base) = 388

208 + Empire 98 arm + base = 398

이 있었다. 배경이 플로팅 턴테이블 답지 않게 깨끗하지 못하고, 헤드셸 접촉부의 부실함, 전자식 반자동 장치의 내구성 문제를 생각하면 선뜻 추천하기가 힘들다. 헤드셸 접촉부도 상대적으로 튼튼하고 수동이라 고장 날 염려가 없는 598이나 498을 선택하는 것이 더 나을 것 같다. 498과 598 모두 플로팅 서스펜션에 벨트 드라이브 형으로 가장 이상적인 구조를 하고 있다. 좀 더 묵직하고 진중한 음을 원한다면 리지드 방식에 벨트 드라이브를 채택한 298을 선택하는 것도 좋을 것이다. 698은 오디오에서 보는 맛이 중요하지만, 보기에 최고인 턴테이블이 음질은 그저 그럴 수도 있다는 것을 보여주었다.

    최윤욱의 아날로그 오디오 가이드

추억의 턴테이블
Pioneer PL-41

파이오니어 PL-41

햇볕이 뜨거운 어느 여름날 초등학교 다니는 딸과 아들을 데리
고 황학동에 놀러 갔다. 딱히 살 것이 있어서는 아니고 그냥 여

기저기 구경하다 출출해지면 포장마차에서 파는 잔치국수를 사 먹곤 한다. 잔치 국수는 매운 것을 좋아하는 딸내미가 좋아하는 별미다. 잔치국수를 맛있게 먹고는 아는 수리점에 들러 박카스 한 병 얻어먹고 청계천변에 있는 가게를 둘러보고 있었다. 시원하게 야자수가 그려진 남방에 검은색 레이밴을 쓴 육십 줄의 아저씨가 무언가를 힘들고 들고 온다. 거리가 가까워져 보니 턴테이블 위에 LP가 10여장 얹어져 있다. 오디오 가게 앞에 내려놓고는 주인과 가격을 흥정한다. 주인은 5만원을 부르고 초로의 레이밴 신사는 10만원을 달라고 한다. 주인이 물러설 기미를 보이지 않자 초로의 신사가 난감해 하는 눈치다.

호기심에 가까이 가서 "팔러 나오셨냐?"고 여쭈니 그렇단다. 월남전에 참전했다 귀국할 때 사온 것인데 그동안 듣지 않게 되어 뒷방에 보관해왔단다. 이번에 이민을 가게 되어 부득이 팔러 나왔단다. 둘러싼 비닐을 풀어보니 턴테이블에는 PIONEER PL-41이라고 적혀 있고 LP도 10장이 되었다. 처음 보는 턴테이블이라 10만원을 주고 살 가치가 있는지 고민이 되었다. 지금 생각해보면 시세보다 한참 싼 것이지만 사용해본 적이 없는 기기라 당시엔 시세를 몰랐다. 더구나 입문자에게 인기가 있는 턴테이블인 줄도 전혀 몰랐다. 잠깐의 고민 끝에 바로 10만원을 건네고 턴테이블과 LP를 넘겨받았다. 옆에 있던 딸내미는 "아빠. 집에 턴테이블이 네 개나 있는데 또 사는 거야?" 하고 거든다. 언제부터인가 마누라보다 딸내미의 잔소리가 더 귀를 자극한다.

집안에 먼지 묻은 물건 들여오는 것을 마누라가 좋아할 리 없다. 하지만 이번에는 딸내미가 미리 전화로 일러바친 탓에 별 문제 없이 들여올 수 있었다. 턴테이블에 딸려온 LP는 상태가 좋았지만 전부 라이선스였다. 박스 LP라고 생각한 것은 신기하

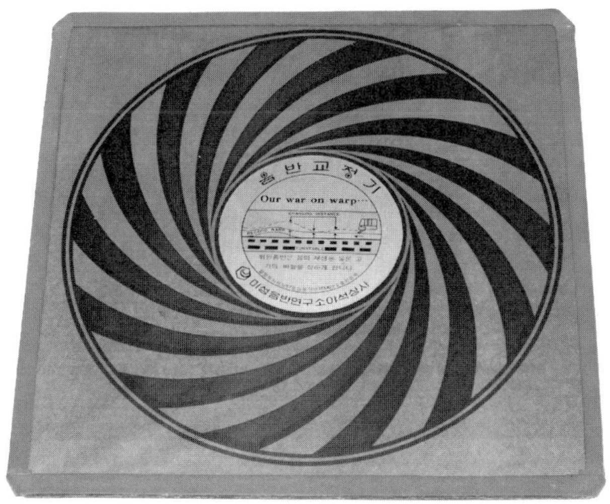

LP판 펴는 기구

게도 휘어진 판을 펴는 수동식 LP 펴는 기구였다. 검은색의 천과 유리로 된 제품으로 휘어진 LP를 사이에 끼운 채 햇볕에 오랜 시간 노출시켜 휘어진 것을 바로잡는 기구다.

먼지를 털고 플래터를 들어내어 베어링을 살펴보았다.* 보통은 축 아래에 강철 구슬을 끼우는 방식인데 축 끝을 둥글게 가공한 일체형이었다. 이렇게 제작하면 구조는 간단하지만 장시간 사용하면 베어링 끝이 마모되면서 축 높이가 낮아진다. 축이 낮아지면 축 위에 얹어져 있는 플래터도 낮아지면서 플린스와 닿게 된다. 오래된 PL-41의 고질적인 문제 중 하나가 바로 플래터가 낮아지면서 플린스에 닿아 소리가 나는 것이다. 이런 문제

＊ PL-41 플래터를 분해하는 방법은 다음과 같다. 플래터 위에 있는 매트가 두 개인데 중심부에 있는 매트를 들어내면 네 개의 구멍이 보인다. 이 구멍에 손가락을 넣고 플래터를 들어올리면 빠진다. 오랫동안 묵혀서 꽉 낀 경우는 플래터가 잘 빠지지 않는다. 이 때는 네 개의 구멍에 손가락을 단단히 끼우고 고무망치로 플래터 축을 톡톡 치면 축과 플래터가 쉽게 분리된다.

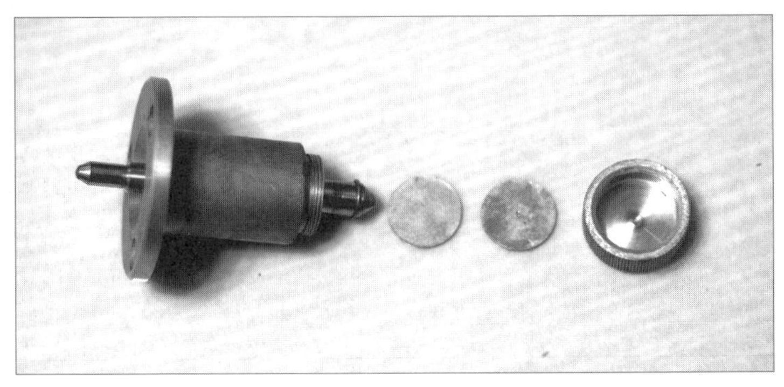

스핀들 베어링

를 제작자도 예상했는지 축 베어링 받침에 동전 크기의 플라스틱판으로 받쳐 놓았다. 축은 닳지 않고 플라스틱 받침만 닳도록 한 것이다. 만약 플라스틱 받침이 닳아서 축이 내려앉으면 책받침 같은 것을 50원짜리 동전 크기로 오려서 받치면 플래터가 제 높이로 올라간다.

플래터와 축을 올리는 다른 방법도 있다. 베이스와 축 받침 사이에 마분지 등을 도넛 모양으로 오려서 끼워 조립하는 것이다. 플래터 높이를 많이 올리면 베이스와 닿을 확률이 적어져서 좋다. 그렇지만 모터와 플래터가 벨트로 연결되기 때문에 플래터 높이가 너무 높아지면 벨트가 걸리지 않고 벗겨질 수 있다. 플래터가 회전하면서 플린스에 닿지 않을 정도로만 높이는 것이 좋다. PL-41이 오래된 턴테이블이다 보니 벨트가 삭거나 늘어져 있는 경우가 대부분이다. 범용으로 나온 벨트 중에 가장 긴 것이 접어서 40cm 짜리다. 이 벨트를 사용하면 플래터가 정상보다 약간 빠르게 회전한다. 접어서 44cm인 벨트를 서울 남전자(phono-audio.com)나 해외 인터넷 사이트 turntablebasics.com*이나 elexatelier.com에서 구입해 장착해야 정확한 속도를 얻을 수 있다.

    최윤욱의 아날로그 오디오 가이드

음악을 들을 때는 화살표로 표시된 나사머리를 반시계 방향으로 돌려서 풀어야
모터의 진동이 플린스에 전달되지 않는다.

PL-41 모터는 교류 싱크로너스(히스테리시스) 모터로 전원 주파수에 동기되어 일정한 속도로 회전한다. 플래터를 들어내면 50Hz와 60Hz를 선택하는 스위치와 110V와 220V를 선택하는 스위치가 보이는데, 60Hz와 220V에 놓고 사용하면 된다. 모터 주위의 작은 구멍에 'OIL'이라고 음각된 표시가 있는데 이곳에 기름을 두 세 방울 떨어뜨리면 모터 축 하부 베어링으로 오일이 흘러 들어가게 된다. 모터 주위로 살펴보면 붉은 페인트가 칠해진 일자 볼트 머리 세 개가 보인다(사진의 화살표 참조). 이것이 모터의 진동이 베이스에 전달되지 않도록 스프링으로 완충시키는 장치다. 사용시에는 이것을 풀어 모터와 베이스가 스프링에 의해 완충이 되도록 해야 한다. 이동시에는 이 볼트가

＊ turntablebasic.com에서 파는 PL-41용 벨트는 접어서 43cm 짜리다.

위로 올라오도록 조여 모터가 베이스에 단단하게 고정되도록 하는 것이 좋다. 간혹 나사를 조여 볼트가 위로 올려진 상태로 음악을 듣는 경우가 있는데, 이렇게 사용하면 모터의 진동이 흘러 들어와 음이 탁해진다.

PL-41의 톤암은 상당히 잘 만들어진 톤암이지만 안티스케이팅을 조절할 수 없다는 것이 흠이다.* PL-41의 톤암에 달려 있는 오리지널 헤드셸은 오버행 조정을 간단히 할 수 있게 되어 있다. 헤드셸 위에 있는 조그만 나사를 손으로 살짝 풀고 카트리지를 앞뒤로 평행하게 움직여 쉽게 오버행을 조정할 수 있다. 헤드셸 형태는 일반적인 유니버설 타입과 같아서 다른 회사 제품을 끼울 수는 있다. 하지만 일반 헤드셸은 오리지널에 비해 가벼워서 카트리지를 장착하고 적정 침압을 줄 수가 없다. 톤암 뒤에 있는 무게 추를 최대한 앞으로 당겨도 수평이 되지 않기 때문이다. 가능하면 오리지널 헤드셸을 구하는 것이 좋다. 사정이 여의치 않아 일반 헤드셸을 사용해야 한다면 헤드셸 위에 동전을 붙이는 등의 편법을 써서 헤드셸 무게를 무겁게 해주면 된다.**

PL-41이 들려주는 소리는 가격을 떠나서 만만치 않은 수준이다. 입문용 턴테이블은 고역이나 중역은 그런대로 재생하지만 저역은 메마르거나 빈약한 경우가 많다. 20만 원대의 입문용 턴테이블이라고 믿기지 않을 만큼 저음을 풍부하게 재생해준다. 리지드 방식을 채택하고 2.2kg의 무거운 플래터를 사용했

---

* PL-50은 기본적으로 PL-41과 같은 구조 톤암에 안티 스케이팅 기능과 오토리턴 기능이 추가된 모델이다. PL-50L은 다이렉트 턴테이블이라 완전히 다른 형태의 턴테이블이다.
** 침압계 없이도 정확한 침압을 줄 수 있다. 오버행을 맞춘 후 무게 추를 돌려 톤암이 수평이 되게 한다. 그 다음 무게 추를 붙잡고 무게 추 앞에 있는 눈금이 새겨진 것만 돌려서 맨 위에 0이 오게 한다. 그 다음 눈금과 무게 추를 잡고 반시계 방향으로 돌리면 추가 앞으로 전진한다. 눈금 하나당 0.5g이니 1.5g을 주어야 한다면 세 눈금만 돌리면 된다.

기 때문으로 추측된다. 물론 단정하고 깊은 저역은 아니지만 저음의 양이 충분하다는 것은 입문기로서 상당한 장점이다. 중역도 살집이 적당히 올라서 야위거나 마르지 않은 편이라 듣기에 자연스럽다. 고음에서 따뜻하면서 온화한 느낌이 있어야 아날로그 음으로 이상적인데 아주 약간 가볍게 날리는 느낌이 든다. 이유는 알루미늄 재질의 플래터 탓이다. 아연 합금의 플래터를 채택한 독일제 턴테이블(PE, DUAL, ELAC)에 비해 약점이라고 생각되는 부분이다.

여러 장르 음악을 들어보았는데 재즈와 올드팝이 PL-41의 장점을 가장 잘 부각시키는 것 같았다. 약간 뜻밖이지만 트로트라고 불리는 전통가요도 실감나게 들려주었다. 자주 듣는 곡 중에 하나인 심수봉의 '남자는 배 여자는 항구'를 구성지게 들려주었다. PL-41이 월남전 참전 용사들을 통해 국내에 들어와 음악다방 같은 곳에서 주로 사용되었다는 점을 생각하면 가요나 경음악에 강점을 보이는 것은 어찌 보면 당연한 것이다. 클래식의 경우 피아노는 음의 핵이 다소 부푸는 성향이어서 명징하고 투명한 맛이 충분히 살아나지 않았다. 바이올린을 비롯한 현악기 음색은 무난한 편이었지만 화사한 음색으로 호소력 있게 다가오지는 않았다.

PL-41은 심각하게 클래식을 주로 듣는 사람보다는 가볍게 가요나 올드팝, 경음악 등을 주로 듣는 사람에게 어울리는 턴테이블이다. 벨트 드라이브 방식으로 규격에 맞는 벨트만 사용해주면 정확하게 속도가 나온다. 벨트 같은 소모품을 제외하면 사실상 고장날 것이 거의 없다. 특히 초기형에 장착된 듬직한 크기의 모터는 독일제 싱크로너스 모터로 진동이 적고 튼튼해 기름만 제 때 보충해주면 반영구적으로 고장 없이 사용할 수 있다.

　클래식을 주로 들으면서 세팅과 조정을 심각하게 따지고 고민하는 사람에게 PL-41은 어울리는 턴테이블이 아니다. 마음 편하게 옛 가요나 경음악 같은 것을 아날로그 분위기로 즐기고자 하는 입문자에게 적당한 턴테이블이다. 베이스도 나뭇결이 아주 고풍스럽고 지게 작대기 받치듯이 세워서 고정시키는 더스트 카버도 상당히 아날로그다운 분위기를 낸다. PL-41은 부담 없이 예전에 음악다방에서 듣던 소리를 떠올리면서 가요나 올드팝을 듣고자 하는 목적에 안성맞춤인 턴테이블이다.

듀얼 1219

소리 좋은 신품 턴테이블은 가격이 비싸고, 값싸고 소리가 좋은
빈티지 턴테이블은 구하기 힘들다. 저렴한 비용으로 좋은 소리
를 즐기려면 인터넷 장터를 수시로 확인해야 하는 수고를 감수

해야 한다. 그런 수고가 싫다면 돈을 더 주고 신품 턴테이블을 사는 수밖에 없다. 가격이 올라가면 소리가 좋아지는 것은 당연한 이치로, 싼 값에 소리 좋은 턴테이블을 찾는다는 것 자체가 이율배반이라고 할 수 있다. 적은 돈으로 질 좋은 소리를 듣고자 하는 것은 욕망과 가격부담의 희비쌍곡선에서 최적점을 찾고자 하는 몸부림일 것이다.

아무리 값에 비해 소리가 좋다 해도 몇 달에 한번 장터에 출몰하는 턴테이블 사자고 시도 때도 없이 인터넷 장터에 죽치고 있을 수는 없다. 그렇다고 1백만 원 가까이 주고 새 제품을 사기에는 부담스럽다. 이런 입문자에게 권할만한 턴테이블이 바로 듀얼 1219 시리즈다. 비슷한 메커니즘으로 추천되는 PE2040이나 ELAC Miracord 10H, 50H가 있지만 PE는 가격이 너무 올랐고 엘락도 듀얼보다 가격이 약간 더 비싸다. 현재 PE의 가격은 70만원 정도이고 엘락은 45만원 정도인 것을 감안하면 둘 중 엘락을 선택하는 것이 합리적이다. 특히 엘락의 10H, 50H 모델은 모터가 교류 모터로는 최상급에 속하는 독일 팹스트 사의 통돌이 모터다. 대개 모터는 외부 원통은 고정되고 내부 로터(회전

엘락 Miracord 10H

엘락 10H 모터(주름이 있는 외주 통이 회전한다)

 최윤욱의 아날로그 오디오 가이드

자)가 회전하는데 비해 통돌이 모터는 이와 반대로 바깥에 있는 원통이 회전을 한다. 이런 이유로 통돌이 모터는 힘(토크)이 좋으면서 회전 안정성도 좋아서 가격이 비싸다. 물량 투입이 인상적인 엠파이어 턴테이블에도 이 계열의 모터를 사용했다.

PE나 엘락 모두 듀얼보다 시장에 잘 안 나오는 턴테이블이다. 듀얼 1219 소리는 PE나 엘락과 옆에 놓고 비교하면 약간 밀리지만 그 차이가 그다지 크지는 않다. 듀얼 1219는 30만 원이면 구할 수 있는 부담 없는 가격과 구입이 쉽다는 점 때문에 입문자에게 추천하기 가장 좋은 턴테이블이다.

듀얼 1219는 잘 알려져 있다시피 아이들러로 플래터를 돌리는 방식을 채택하고 있다. 가라드 301이나 EMT930 같은 거함급 빈티지 턴테이블과 같은 방식이다. 같은 아이들러 방식이라도 아이들러의 두께에 따라 소리가 달라진다. 가라드301나 EMT930처럼 두꺼우면 모터이 힘이 더 화실하게 전달되기 때문에 음에 힘이 더 붙는다. 대신 모터의 진동도 플래터에 더 잘 전달되기 때문에 잡음과 노이즈도 많아지게 된다. 듀얼은 이 점에 착안해서 질긴 실리콘 재질의 아이들러를 두께가 얇게 제작했

아이들러

다. 아이들러의 장점인 강한 회전력을 얻으면서도 모터의 진동이 적게 전달되도록 한 것이다. 실제로 듀얼 1219에서는 가라드 301에서 흔하게 있는 속도가 천천히 오르락내리락 하는 현상이 거의 없다. 가라드301에 비해 모터 소음의 유입도 현저히 줄어들었다. 이러한 노하우의 핵심은 바로 질기고 가벼우면서 두께가 얇은 아이들러에 있다.

듀얼1219는 많은 독일제 빈티지 턴테이블이 그렇듯 절충형 서스펜션을 채택하고 있다. 모터와 플래터, 톤암을 플린스에 올려놓고 그 플린스 아래에 스프링을 달아 베이스와 연결되도록 했다. 리지드 방식에 비해 절충형은 저음의 양이나 질에서 약간 손실이 있지만 외부의 진동은 효과적으로 차단할 수 있다. 저음은 아이들러 방식인 탓에 충분하게 내줄 수 있어서 리지드가 아닌 절충형을 선택해도 저음의 감쇄는 문제되지 않는다. 다만 아쉬운 점은 목재 베이스가 충분히 튼튼하지 못하다는 점이다. 사진에서 보는 것처럼 천원 숍에서 파는 나무로 된 옷걸이를 사서 분해한 후 목재 본드를 사용해 베이스를 보강해주면 더욱더 탄탄한 소리를 즐길 수 있다.

1. 베이스 보강 모습
2. 베이스 보강용 목재

최윤욱의 아날로그 오디오 가이드

듀얼 1219 턴테이블을 언급하면서 헤드셀에 대해 이야기하지 않을 수 없다. 헤드셀 캐리어에 카트리지를 끼우고 아래에서 위로 밀어 넣은 후 헤드셀 손잡이를 앞쪽으로 당기면 장착이 완료된다. 헤드셀 손잡이가 잘 당겨지지 않는다고 억지로 당기면 안 된다. 헤드셀 캐리어가 헤드셀에 제대로 끼워지지 않으면 손잡이가 앞으로 당겨지지 않는다. 일반적인 헤드셀에 비해 불편해 보이는 방법인데 숙달되면 어렵지 않게 헤드셀 캐리어를 갈아 끼울 수 있다. 특히 여분의 헤드셀 캐리어와 카트리지를 갖추면 아주 쉽게 번갈아 가면서 다양한 카트리지를 즐길 수 있다. 흔히 자주 비교되는 PE나 엘락의 전용 헤드셀 캐리어에 비하면 듀얼의 헤드셀 캐리어는 구입이 상대적으로 쉬운 것도 장점이다.*

톤암이 약간 허접스럽게 보이지만 성능은 결코 만만한 수준이 아니다. 스프링의 힘으로 침압을 주는 다이내믹 밸런스 타입으로 레코드의 소릿골을 추적하는 능력이 좋다. 더구나 안티스케이팅도 바늘이 원형(conical)인지 타원형(elliptical)인지** 구분해 조정할 수 있게 되어 있다. 입문용 턴테이블로 가격이 30만 원 근처인 것을 감안하면 톤암은 훌륭한 수준이다.

슈어나 피커링의 MM 카트리지를*** 장착해 LP 소리를 듣고 있노라면 '아날로그에서 더 이상 바랄게 뭐가 있는가?' 하는 생각이 든다. 적당히 웅장한 저음에 살집이 자연스럽게 잡힌 중음

---

* 1219의 헤드셀 캐리어는 부품 번호 TK14/24로 호환되는 기종은 다음과 같다. 461, 481, 491, 502, 504, 510, 521, 601, 604, 621, 701, 704, 721, 731, 1209~12, 1214~6, 1218~20, 1222, 1224~6, 1228~9, 1234(A)~7, 1239, 1241~2, 1245~6, 1249.
** 카트리지의 바늘 형태를 말하는 것으로 카트리지 편에서 자세히 다룬다.
*** Moving Magnet의 약자로 카트리지 편에서 자세히 다룬다.

거기에 아이들러 턴테이블답지 않게 섬세하고 안정된 고음까지 전체적으로 균형 잡힌 밸런스를 보여준다. 물론 더 비싼 턴테이블은 더 좋은 소리가 나겠지만 듀얼 1219 정도면 아날로그의 매력을 느끼기에 부족함이 없다.

1백만 원 이하의 입문용 턴테이블을 여럿 써본 마니아들이 '이것저것 써보아도 듀얼1219가 가장 기억이 난다'는 얘기를 자주 한다. 소리가 조금 나은 턴테이블도 있지만 값싸고 사용하기 무난하고 속도 맞춰주면 오래 써도 변함없이 일정한 속도를 유지하는 믿음직함이 듀얼 1219에 있기 때문이다. 1019와 1219, 그리고 1229가 듀얼의 다양한 턴테이블 중에서 추천되는 삼형제다. 세 모델 다 턴테이블을 이루는 구조는 동일하다. 1219가 표준적인 듀얼 사운드라고 한다면 나중에 출시된 1229는 1219에 비해 소리가 조금 더 밝다. 톤암의 침압도 3g까지만 줄 수 있는 구조라 2g 이내의 경 침압 카트리지가 잘 어울린다. 1229는 묵직한 맛이 줄어든 대신 고역의 해상력이 좋아지면서 보다 현대적이고 화사한 사운드를 내준다.

삼형제 중 가장 형님 격인 1019는 플래터가 10인치로 크기는 작지만 무게는 오히려 더 무겁다. 톤암도 1219 보다 굵고 유효질량이 무거워서 중침압인 슈어 M3D 같은 카트리지도 장착이 가능하다.* 무거운 플래터와 굵직한 톤암으로 인해 1019는 좀더 묵직하고 고전적인 음을 내준다. 셋 중 1019가 클래식에서는 제일 낫다는 평가를 받는다. 다만 1019는 헤드셀 크기가 커서 1219나 1229의 헤드셀 캐리어와 호환이 되지 않는다. 1019용

---

* 1219 톤암도 5g까지 침압을 줄 수 있어서 슈어 M3D를 달 수는 있지만 톤암 유효질량이 1019보다 가벼워 좋은 소리를 내지 못한다. 슈어 M3D는 1219보다 1019 톤암에 더 잘 어울린다.

 최윤욱의 아날로그 오디오 가이드

듀얼 1019

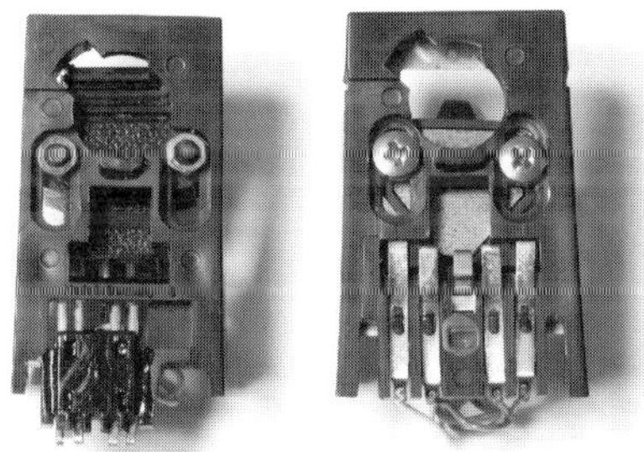

1219 헤드셸 캐리어(좌), 1019(1015) 헤드셸 캐리어(우)

헤드셸 캐리어만 사용이 가능하다. 그런데 이것이 상대적으로 구하기가 더 어렵다. 1019는 소리가 조금 나은 대신에 전용 헤드셸 캐리어를 구해야 하는 어려움이 따른다. 이런 저런 문제를 따져보면 삼형제 중 어느 모델을 택해도 되지만 1219가 여러 가지 면에서 무난한 선택이라고 생각한다.

⊙ 자동 턴테이블에서 자동장치를 제거하면 소리가 좋아진다는데?

자동 턴테이블은 자동으로 작동하기 위해서 플린스 아래에 다양한 장치를 부착하고 있다. 이런 장치들이 플래터의 회전과 카트리지가 주행 중에 발생하는 진동에 의해 미세하게 흔들리게 되고 이 흔들림이 음을 혼탁하게 할 수 있다. 이런 이유로 자동 장치를 제거하면 사용은 조금 불편해지지만 음은 더 깨끗해진다.

⊙ 듀얼 턴테이블에서 소리가 안 나거나 험이 잡히지 않을 때?

듀얼 턴테이블에서 접촉 불량이 가장 빈번하게 일어나는 부분은 톤암 파이프와 헤드셀이 만나는 부분이다. 헤드셀 캐리어의 단자가 접촉되는 부분의 부속이 내려앉거나 틀어져 있는 경우가 많다. 문제 해결을 위해서 꼭 체크해야할 포인트다.

    최윤욱의 아날로그 오디오 가이드

레가 P1

턴테이블을 생산하는 메이커 중에서 REGA만큼 독특한 브랜드
이미지를 갖춘 회사도 없다. LINN이나 오라클이 독특한 디자인
으로 애호가의 사랑을 받고 있긴 하지만 세월이 흐르면서 명성

이 예전만 못한 것이 사실이다. 레가는 실용성을 기반으로 중가 오디오 시장에서 자신의 위치를 확고히 하고 있는 브랜드로, 특히 아날로그 부분에서 확실한 지지층을 확보하고 있다. 플래너의 약자인 P 시리즈 턴테이블과 RB 시리즈 톤암은 공전의 히트를 기록했다. 현재 출시되는 중가 턴테이블의 경우 60% 이상이 레가의 RB 300 톤암을 장착해 판매하고 있다. 중가 톤암 시장은 사실상 레가가 석권을 했다고 할 수 있다. 독특하게 레가의 톤암에는 좌우 채널 신호선 외에 별도의 어스선이 없다. 정상적으로 연결이 되면 어스선 없이도 '웅~' 하는 험이 별로 없다.

P1 턴테이블은 레가의 P시리즈 중에서 막내 모델이다. 레가의 턴테이블이 다 그렇듯이 보고 있으면 레코드에서 소리를 뽑아내기 위해 꼭 필요한 것만 갖추고 있다는 생각이 든다. 모터와 플래터, 톤암, 그리고 베이스와 그 밑을 받치는 발 세 개가 전부다. 한마디로 심플함 그 자체를 보여주고 있는 턴테이블이다. 아무리 그래도 보는 맛을 무시할 수 없는데, 허전하다는 느낌을 지울 수 없다.

플래터의 재질은 고강도 MDF를 정교하게 가공해서 제작했다. 사진에서 보듯 모터가 작은 하부 플래터를 돌리는 벨트 드라이브 방식을 하고 있다. 톤암은 RB100으로 톤암 축을 올리고 내리는 VTA 조정이 안 되는 것을 제외하면 가격대비 성능이 훌륭하다. 안티스케이팅을 조정할 수 있는 장치까지 구비하고 있다. 특히 상급 모델인 P3 이상 모델에 사용되는 RB300 톤암부터는 스프링의 힘으로 침압을 주는 다이내믹 밸런스라는 방식을 채택하고 있다. 다이내믹 밸런스 방식은 무게, 즉 중력으로 침압을 주는 스태틱 방식에 비해 카트리지 바늘이 좀 더 효과적으로 소릿골을 추적하게 해준다.* 실제로 RB300 톤암을 사용

레가 P1 구동부

해보면 왜 이 톤암이 베스트셀러가 되었는지 충분히 납득하게 된다.

　P1 턴테이블의 구조를 살펴보면 모터가 벨트로 플래터를 돌리는 벨트 드라이브 방식에 베이스를 고무발이 받치고 있는 리지드 방식을 택하고 있다. 이상과 같은 턴테이블 구조로 미루어 추측해본 P1 소리는 배경이 깨끗하고 정숙하면서 저음이 단단하고 풍부할 것이라고 예상된다. 보통 리지드 방식 턴테이블은 외부 진동의 유입에는 불리하지만 단단하고 풍부한 저음을 내주고 고음은 섬세하고 깔끔하지 못한 편이다. 그런데 P1 턴테이블을 시청해보면 저음이 충분치 않다. 대신 고음은 리지드 턴테이블이라고 생각되지 않을 만큼 깔끔하고 산뜻한 느낌을 준다. 왜 리지드 방식이면서도 리지드 방식이 일반적으로 갖는 특성을 갖지 않는 것일까? 이유는 가벼운 플래터와 베이스에 있다. 리지드 방식이지만 베이스와 플래터를 가볍게 해서 리지드의 단점을 최대한 줄이는 방향으로 제작했기 때문이다. 리지드지

✽ 다이내믹 밸런스와 스태틱 밸런스 방식 톤암에 대한 설명은 카트리지 편에서 자세하게 다룬다.

만 플로팅 턴테이블이 가지는 음질 방향으로 튜닝했다는 의미다. P1 턴테이블 소리는 리지드와 플로팅의 중간쯤이라고 생각하면 된다.

저음의 양이 충분하지는 않지만 단정하고 깔끔하다. 중음은 해상력과 섬세함이 좋은 편이다. 고음은 특유의 선명함과 깔끔함으로 레가가 추구하는 음의 방향이 무엇인지를 보여준다. 레가 P1의 소리는 푸근하고 풍성한 느낌의 소리는 아니다. 그런데 음악을 듣고 있으면 음악에 집중하게 하는 묘한 매력이 있다. 특히 상급 모델인 P25 턴테이블로 음악을 듣다보면 귀를 기울이게 하는 묘한 매력을 실감하게 된다. 레가 턴테이블이 가지는 '독특한 매력의 정체가 무엇일까?' 하는 의문을 한동안 가지고 있었다.

음악을 즐기는 데에도 다양한 측면이 있다. 음악에서 소리가 변화무쌍하게 변하는 다이내믹을 즐기기도 하고 악기가 내는 소리의 촉감, 즉 음색을 즐기는 경우도 있다. 레가 P1을 듣고 있으면 음악에서 느껴야 할 부분이 다이내믹이나 음색 외에 다른 것이 있다는 것을 알게 된다. 음악을 듣다보면 '다음 멜로디는 어떻게 전개가 될까?' 하는 궁금증이 생기면서 음악에 귀를 기

레가 턴테이블 모델 개요

P1 턴테이블	RB100 톤암(스태틱 밸런스 방식)	
P2 턴테이블	RB250 톤암(스태틱 밸런스 방식)	
P3 턴테이블	RB300 톤암(다이내믹 밸런스 방식)	
P25 턴테이블	RB600 톤암(다이내믹 밸런스 방식)	턴테이블 톤암 모두 생산중지
P5 턴테이블	RB700 톤암(다이내믹 밸런스 방식)	
P7 턴테이블	RB700 톤암(다이내믹 밸런스 방식)	현재 수입 중단된 모델
P9 턴테이블	RB1000 톤암(다이내믹 밸런스 방식)	생산 중지된 RB900의 업그레이드 톤암

    최윤욱의 아날로그 오디오 가이드

울이게 되는 경우가 있다. 이것이 바로 다이내믹이나 음색 외에 음악의 골격, 즉 구조를 듣게 되는 경우다. 레가 P1 턴테이블로 음악을 듣고 있으면 유난히 멜로디 전개에 귀 기울여지고 집중하게 되는 것을 발견하게 된다.

다양한 장르를 무난하게 울려주지만 클래식 음악에 장점을 보여주는 턴테이블이다. 특히 바로크 고음악에서 진가를 발휘한다. 음악의 골격을 훤히 드러나게 해서 구조를 파악하게 해주는 독특한 매력이 있는 턴테이블이다. 음악의 감성적인 느낌보다는 음악의 이성적인 구조에 집중하게 만드는 개성 있는 턴테이블이다. 음색은 약간 여운이 적은 편이다. 풍성한 음색을 즐기는 애호가보다는 깔끔하고 담백한 소리를 좋아하는 음악 애호가에게 맞는 턴테이블이다. 확실한 것은 신품으로 이 가격에 이런 소리를 내주는 턴테이블은 찾아보기 힘들다는 점이다.

아날로그계의 이단아
–다이렉트 턴테이블

한때 다이렉트 턴테이블이 최고의 턴테이블로 치부되던 때가 있었다. 오디오는 스펙이 모든 것을 말해준다고 믿던 시절이었다. 앰프에서 네거티브 피드백(Negative Feedback)*을 많이 걸면 왜곡은 줄어들지만 소리에 향기가 사리지고 생생함이 줄어든다. 하지만 앰프는 피드백을 많이 걸어 왜곡을 나타내는 수치가 적어야만 좋은 줄 알았던 시절이 있었다. 턴테이블도 정확하게 1분에 33회전을 돌기만 하면 좋은 줄 알았다. 그런데 정확하게 도는 다이렉트 턴테이블의 소리가 자연스럽지 않다는 것을 아는 데는 시간이 그다지 오래 걸리지 않았다. 기술력을 자랑하는 일본 업체들이 질 낮은 보급형 다이렉트 턴테이블을 대량 생산하면서 다이렉트 턴테이블에 대한 이미지는 급속도로 나빠졌다.

세상의 인심이란 무척 냉정해서 한번 몹쓸 것으로 낙인찍히고 나면 두 번 다시 쳐다보지도 않는다. 다이렉트 턴테이블이

---

* 네거티브 피드백회로란 증폭회로에서 이미 증폭되어 나간 출력의 일부를 입력부로 되돌리는 것을 말한다. 우리말로는 되먹임 회로라고도 부르는데 피드백을 많이 걸수록 계측기로 측정되는 입력신호 대비 출력신호의 왜곡은 줄어든다.

　최윤욱의 아날로그 오디오 가이드

바로 그런 경우다. 한때는 최고로 대접을 받았지만 이제는 나쁜 턴테이블의 대명사가 되어 천덕꾸러기 신세가 되었다. 다이렉트 턴테이블이 아이들러형이나 벨트형에 비해 자연스럽지 못한 소리를 내는 것은 사실이지만, 그렇다고 다이렉트 턴테이블 전체가 다 나쁜 것은 아니다. 이 책에서는 나쁘다고만 인식했던 다이렉트 턴테이블에 대해 관심을 가지고, 그 중 가격대비로 좋은 소리를 내주는 턴테이블이 있다면 기꺼이 추천하고자 한다.

싸고 좋은 다이렉트 턴테이블을 소개하기 전에 다이렉트형 턴테이블에 대해 좀 더 깊게 알아보자. 턴테이블 편에서 밝혔듯 다이렉트 방식이란 모터 축에 회전하는 플래터를 직접 연결하는 방식이다. 이렇게 되면 모터가 1분에 $33\frac{1}{3}$이라는 아주 낮은 속도로 정확하게 회전해야 한다. 그래서 회전을 감시하고 조정하는 장치가 필요하게 된다. 다이렉트형 턴테이블을 보면 쿼츠락(Quartz Lock)이나 PLL(Phase Locked Loop)이라고 써진 것이 많은데 이것이 바로 회전을 감시하고 조정해서 정확하게 돌게 만드는 장치다. 우리말로 쉽게 풀어쓰면 속도를 측정해서 지정한 속도보다 빨리 돌면 감속을 시키고 천천히 돌면 가속을 시켜 주어진 속도에 오차 없이 돌게 한다는 의미다. 쿼츠 락 기능이 있는 다이렉트 턴테이블은 정확한 속도로 회전한다는 것을 자랑처럼 광고하기도 한다. 그러나 속도가 정확하다고 소리가 꼭 좋은 것은 아니라는 게 문제다. 초기에 만들어진 다이렉트형 턴테이블 중에는 쿼츠 락이나 PLL방식을 채택하지 않은 제품이 있다. DUAL 701과 721이 바로 그런 제품이다. 이런 턴테이블은 속도는 상대적으로 정확하지 않지만 소리는 더 자연스럽고 좋다. 왜 정확한 속도로 돌게 하는 쿼츠 락을 채용한 턴테이블이 소리가 좋지 않다는 것일까?

운전을 한 지 얼마 되지 않은 운전기사가 있다고 하자. 뒷자리에 타면서 "김 기사! 정확히 70km/h로 달려야 해!"라고 명령을 내렸다. 기사는 출발과 동시에 70km/h에 도달하기 위해서 액셀을 깊게 밟을 것이다. 속력이 71km/h가 되면 액셀에서 발을 떼고 69km/h가 되면 다시 액셀을 밟는다. 차는 평균시속 70km/h로 달리지만 앞뒤로 꾸준히 울컥거리면서 달리게 된다. 만약 노련한 운전기사에게 "박 기사! 70km/h 정도로 편안하게 운전해줘"라고 했다면 시동을 걸고 액셀을 지그시 밟아 70km/h가 되기를 천천히 기다릴 것이다. 71km/h가 된다고 해서 바로 액셀에서 발을 떼지도 않고 69km/h라고 해서 액셀을 더 깊게 밟지도 않는다. 속도계가 70km/h 근처를 가리키고 있다면 액셀에 댄 발을 움직이지 않을 것이다. 차는 69km/h나 71km/h로 달릴 수 있지만 차 안에 탄 사람은 울컥거림 없이 아주 편안하게 드라이브를 즐길 수 있다.

고지식하게 70km/h를 맞추기 위해 급하게 출발하고 중간에 계속 액셀을 눌렀다 떼었다를 반복하는 것이 바로 쿼츠 락의 작동 원리다. 그래서 쿼츠 락을 채용한 턴테이블은 1~2초 이내에 정상속도인 $33\frac{1}{3}$에 도달하지만 부드럽게 회전하지 못하고 울컥거리면서 돌게 된다. 그에 비해 액셀에 얹은 발을 거의 움직이지 않고 운전해 안락한 승차감을 만드는 것은 쿼츠 락이 없는 다이렉트형 턴테이블이라고 할 수 있다. 이런 턴테이블은 $33\frac{1}{3}$의 정속도에 이르는 시간도 쿼츠 락보다는 느리고, 평균속도도 정해진 속도보다 약간 빠르거나 느릴 수 있지만 부드럽고 일정하게 회전한다. 쿼츠 락을 채용한 턴테이블이 왜 소리가 나빠질 수 있는지 이해할 수 있을 것이다. 다이렉트형 턴테이블이라고 다 같은 것이 아니다. 쿼츠 락이라는 장치는 자동으로 속도를 정확히 맞춰줘서 수시로 속도를 확인하고 조정해줘야 하는 불

   최윤욱의 아날로그 오디오 가이드

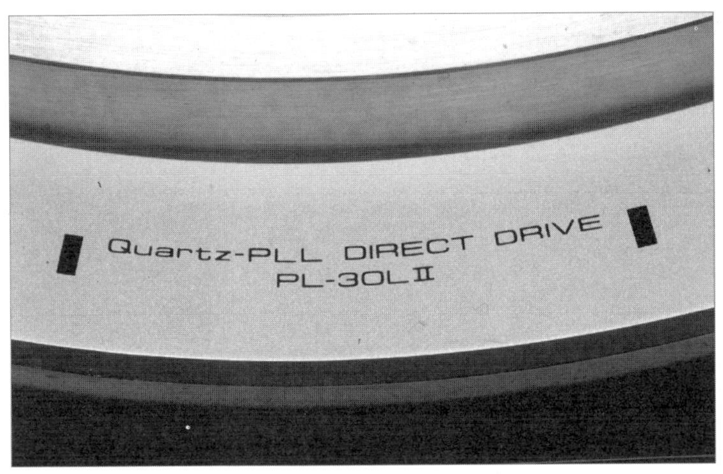

쿼츠 락(PLL)

편함이 없지만 소리는 오히려 더 좋지 않을 수 있다.

보다 진보한 기술인 쿼츠 락이 오히려 소리를 더 좋지 않게 만든나는 사실을 믿기 힘들나변 산난히 스위치 하나로 ㄱ 차이를 시험해볼 수 있다. DUAL 741Q는 스위치 하나로 쿼츠 락을 작동시키기도 하고 풀 수도 있어서 간단한 스위치 조작만으로 소리가 어떻게 변하는지 확인할 수 있다. 그렇다면 '쿼츠 락을 채용한 다이렉트 턴테이블은 다 소리가 나쁘냐?' 면 꼭 그렇지는 않다. 다만 조건이 같을 때 쿼츠 락이 음질을 더 나빠지게 한다는 것이다. 쿼츠 락을 아주 정교하게 작동하도록 하거나 플래터 무게를 늘려서 쿼츠 락으로 인한 떨림 현상을 효과적으로 줄인 다이렉트 턴테이블이 있다. Kenwood L-07, Technics SP-10mk3, Yamaha GT-2000 등이 그 예라고 할 수 있다. 우리는 자동차를 타면서 얼마나 정확히 정해진 속도로 갔느냐보다 얼마나 편안하게 갔느냐를 더 중요하게 생각한다. 음악도 정확한

속도를 맞추는 것보다 흐름이 얼마나 음악적으로 자연스럽고
매끄러운지가 중요하다. 이제 같은 다이렉트 턴테이블이라도
쿼츠 락을 선택한 턴테이블이 왜 소리가 좋지 않을 수 있는지
알게 되었을 것이다.

듀얼 701

다양한 다이렉트 턴테이블 중에서 가장 기억에 남는 모델은 듀얼의 701이다. 701은 듀얼사 최초의 다이렉트 턴테이블이다. 플래터가 아주 무겁고 모터 크기가 무척 커서 보기에도 상당히 신경 써서 만든 제품이라는 것을 알 수 있다. 무엇보다 소리가 다이렉트 턴테이블 같지 않다. 플래터 무게가 2.9kg에 달하고 플래터를 돌리는 모터 무게도 족히 5kg은 되어 보인다. 회전체 전체 무게가 7kg이 넘는 것이니 보급형 턴테이블로는 대단한 물량투입이다. 더구나 플래터의 재질이 소리 좋기로 유명한 아연합금 재질이다. 듀얼의 1219 시리즈, PE2040, 엘락 등 소리 좋다고 인정받는 턴테이블은 모두 아연 합금 플래터를 채용하고 있다.

듀얼 701 소리를 처음 듣고 과연 다이렉트 턴테이블이 맞나 싶은 생각이 들었다. 다이렉트 턴테이블이라면 힘이 있으면서 고음이 날카롭게 들리면서 전체적으로 가볍게 날리는 인상을 주는 것이 맞다. 그런데 701은 묵직하게 깔리는 저음에 차분한 중음이 흡사 듀얼의 아이들러 턴테이블을 듣는 것 같은 착각에 빠져들게 했다. 실제로 듀얼 사의 자료에서도 701이 아이들러 형인 1229와 소리가 아주 흡사하다고 밝히고 있다. 701이 721로 바뀌면서 모터 성능은 개량되었지만 플래터의 무게가 반으로 줄어들었다. 721의 소리는 고음 해상력은 좋아졌지만 701 특유의 진중하고 묵직한 느낌은 줄어들었다. 701이나 721이 가지는 장점 중에 하나는 스프링의 힘으로 침압을 주는 다이내믹 밸런스 타입의 톤암이다. 또한 아이들러 형인 1219 시리즈와 헤드셸 캐리어가 호환된다는 점도 매력적이다. 아이들러형 턴테이블의 무겁고 차분한 사운드를 좋아한다면 다이렉트 형이지만 701의 소리에도 만족하며 즐길 수 있을 것이다. 듀얼 701은 다이렉트형 답지 않은 소리를 내는 턴테이블로 추천할 만한 좋은 턴테이블이다. 특히 클래식 대편성 곡도 잘 소화하는 편이라 클래식 감상에 어울리는 보기 드문 다이렉트 턴테이블이다.

퀴츠 락 기능이 있는 731Q나 741Q는 소리에서는 701이나

듀얼 731Q

721보다 못한 것이 사실이다. 701에 비해 묵직한 느낌이 없고 가볍게 날리는 듯한 소리를 내준다. 쉽게 말해 다이렉트 특유의 단점이 좀 더 부각되는 사운드다. 음악은 클래식은 조금 아쉬운 느낌이 있고, 이것저것 잡식성으로 부담 없이 다양한 음악을 즐기는 사람에게 어울린다. 다만 구하기가 상대적으로 쉽고 가격이 싼 편이라 부담 없이 사서 즐긴다는 차원에서 사용해볼만 하다. 아쉬운 점은 731Q나 741Q의 헤드셸 캐리어는 이전 모델들과 호환이 되지 않을 뿐만 아니라 구하기도 더 어렵다. 가격이 싸기 때문에 쓰다가 고장 나면 부품용으로 싸게 판다는 생각으로 구입하는 것이 좋다.

아마 세상에서 가장 많이 팔린 턴테이블이 테크닉스의 1200 시리즈일 것이다. 음악다방의 턴테이블부터 디스코텍이나 나이트클럽의 스크래칭 용도까지 다양하고 광범위하게 팔려나갔다.

테크닉스 SL-1400mk2

장점은 영업용으로 만들었기 때문에 다루기 쉽고 내구성이 좋아 튼튼하다는 것이다. 단점은 고음이 좀 거칠고 저음은 양이 많으면서 약간 풀어지는 경향이 있다. 고급형인 SP-10mk2나 3는 이런 단점이 많이 개선되었다. 하지만 테크닉스 턴테이블은 기본적으로 가장 다이렉트형 턴테이블다운 소리를 내준다. 에너지가 넘치면서 약간 거친 소리를 내는 턴테이블로 록이나 헤비메틀, 사이키델릭 같이 약간 자극적인 음악에 잘 어울린다.

　다이렉트 턴테이블을 언급하면서 데논의 DP 시리즈를 언급하지 않을 수 없다. 붉은 빛이 감도는 베이스와 듬직해 보이는 외관이 사람의 시선을 잡아끌기에 부족함이 없는 턴테이블이다. 데논의 DP시리즈 턴테이블은 테크닉스에 비해 디자인만 나은 것이 아니라 모터의 성능도 더 뛰어난 편이다. 테크닉스의 모터가 회로기판에 부착된 형태인데 비해 데논은 별도의 독립된 모터로 보기에도 훨씬 튼튼해 보이고 실제로 회전시 진동도

　최윤욱의 아날로그 오디오 가이드

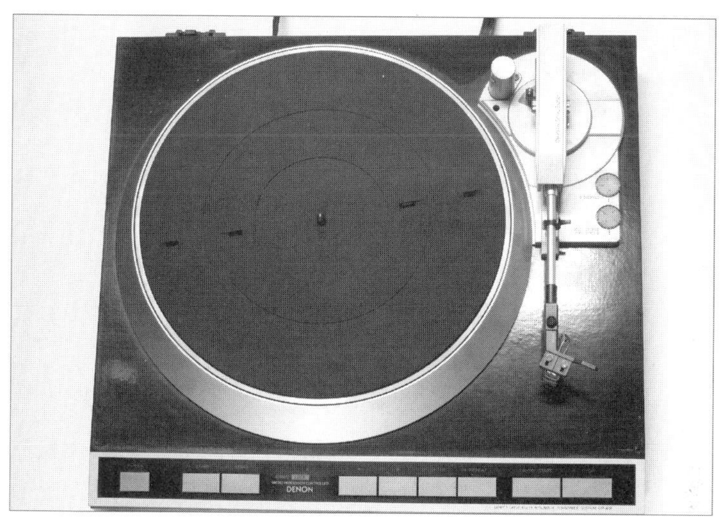

데논 DP-45F

더 적은 편이다. 플래터도 가벼운 알루미늄이긴 하지만 이중으로 제작해 모터의 진동이 레코드에 직접 전달되지 않도록 했다. 이런 노력 덕분에 DP 시리즈는 테크닉스에 비해 고음이 좀 더 부드럽고 자연스러워졌다. 가요나 올드팝에 강점을 보이고 클래식도 무난하게 재생하는 편이다. 다만 자동 모델은 고장이 나면 수리가 어려우므로 수동이나 반자동 모델을 선택하는 것이 좋다. DP라는 모델 뒤에 숫자가 있고 맨 마지막에 붙는 영문 글자로 자동인지 수동인지 구분할 수 있다. F는 전자동이고 L은 반자동, M은 수동이다. 예를 들어 입문용으로 저렴한 DP-300F는 자동기능이 있다는 얘기고, 가장 많이 추천하는 50L이나 59L은 반자동 기능만 있다는 의미다. 고급 모델인 DP-80은 모터와 플래터 본체만 있고 베이스와 톤암은 구해서 조립해야 턴테이블로 완성되는 고급형이다.

롯데 LP-2000

다이렉트 턴테이블이 보편적으로 가격이 싼 편이지만, 특히 국산인 롯데 LP-2000은 20만 원도 되지 않는 가격에 거래가 되기도 한다. 외모는 검은색 피아노 마감에 전체적으로 깔끔한 느낌을 준다. 20만 원도 안 되는 가격이라 우습게 보기 쉬운데 소리는 결코 20만 원짜리가 아니다. 다이렉트 턴테이블인데도 고음에 자극이 별로 없는 자연스럽고 부드러운 소리를 내준다. 자동 기능이 고장이 잘난다는 단점이 있지만 수동으로 사용한다고 생각하면 별 문제가 안 된다. 뜻밖에 클래식을 잘 울려주는 턴테이블이다. 소리로 따진다면 굳이 돈 더 주고 데논 턴테이블을 살 필요를 느끼지 않게 해준다.

 최윤욱의 아날로그 오디오 가이드

토렌스 126mk3

가정용 하이파이 턴테이블로 세계에서 가장 많이 팔린 브랜드
가 토렌스(Thorens)다. 그런 토렌스 턴테이블이 추천 리스트에
두 개 밖에 없는 것을 이상하게 생각할 수도 있다. 토렌스

126mk3는 가격도 비싸지 않고 소리 좋기로 유명한 턴테이블이다.* 126mk3는 삼점지지 스프링으로 플래터와 톤암을 받치는 플로팅 턴테이블이다. 이런 구조는 외부의 진동을 차단하는 데 아주 효과적이다. 일설에는 린에서 126mk3의 형님격인 토렌스 125를 참고해 LP12라는 턴테이블을 설계했다는 말도 있다. 오리지널 톤암이 달려 있는 경우도 있고 SME 톤암이 장착되어 있는 경우도 있다. 기본구조에서 유추할 수 있듯 배경이 무척 깨끗하고 고음의 선율이 매끄럽고 자연스러운 소리를 내준다. 클래식, 특히 현악이나 성악에서 가격을 생각하면 발군의 실력을 보여준다.

126mk3의 단점은 린 LP12가 그렇듯이 삼점지지 플로팅 서스펜션을 세팅하기가 쉽지 않다는 것이다. 제대로 세팅되면 소리는 아주 좋은데 제대로 세팅하기까지 만만치 않은 시간과 노력이 필요하다. 또한 모터의 속도를 조정하는 전원부가 고장 나면 수리가 쉽지 않다는 점도 아쉽다. 따라서 구입시 무엇보다 유심히 보아야 할 것은 속도가 정확한지, 속도조정 노브를 돌리면 속도가 제대로 조정되는지를 꼭 확인해야 한다.

토렌스 제품이 많이 팔렸지만 그 중에서 가장 많이 팔린 모델은 TD-320이다. 20년 전만 해도 오디오 좀 한다 하는 집 두 집 중 하나는 토렌스 TD-320 턴테이블을 쓴다고 해도 될 정도로 많이 팔렸다. 기본적으로 126mk3와 같은 플로팅 방식이지만 좀 딱딱한 서스펜션으로 눌러봐도 별로 출렁거리는 느낌이 없다. 320 오리지널 모델은 TP 시리즈 톤암이 달려 있고 레코드 연주가 끝나면 톤암이 올라가고 모터가 멈추는 반자동 기능이

---

* 126 Centennial은 126mk3를 개량해서 100주년 기념으로 출시한 모델이다. 플린스가 황금색이라 126mk3와 쉽게 구분이 된다.

 최윤욱의 아날로그 오디오 가이드

토렌스 TD-320

있다. 시중에 판매되는 제품들은 대부분 반자동 기능을 포기하고 새롭게 SME의 저가 톤암을 장착한 모델들이다.

턴테이블을 분해해 보면 보기와 달리 정밀하게 제작되었나는 느낌이 들지 않는다. 이전 모델로 유명한 TD-124나 126mk3의 정밀한 메커니즘과 비교하면 TD-320은 동일한 회사의 제품인지 의심이 들 정도로 아쉬움이 느껴진다. 상급 모델인 TD-520도 부품의 정밀함에서 아쉬움을 주기는 TD-320과 별반 다르지 않다. 이런 정밀함의 문제는 음질에 그대로 나타난다. 저음의 양이 많긴 하지만 풀어지고 흐릿한 느낌을 주며 중역도 풍성한 편인데 섬세함과는 거리가 있는 편이다. 좋게 말하면 따뜻하고 풍성한 음이라고 말할 수 있지만 나쁘게 말하면 다소 둔하고 멍청한 음이라고 할 수도 있다. 가요나 올드팝을 듣는다면 문제가 없지만 클래식의 경우 악기의 섬세한 배음이나 음색을 표현하기에는 역부족이다. 배경음악 용도라면 문제가 없지만 클래식을 집중해서 감상하는 용도로 쓰기에는 다소 부족한 면이 있다. TD-520의 경우 롱암을 사용할 수 있다는 장점이 있지만 음질 성향은 TD-320과 크게 다르지 않은 편이다.

듀얼에서 다양한 모델을 소개했는데, 왜 듀얼 골든 1(Golden 1)이 추천 리스트에서 빠졌는지 궁금해질 것이다. 듀얼 골든 1은 벨트 드라이브 방식으로 듀얼 사의 후기 제품으로는 상대적으로 고급 턴테이블이다. 골든 1이라는 이름에서 알 수 있듯 검은색 피아노 마감의 베이스에 황금색으로 도금한 플래터와 톤암이 만들어내는 미적 조화는 보는 이를 즐겁게 하기에 충분하다. 그런데도 골든 1 턴테이블을 배제한 데에는 나름의 분명한 이유가 있다. 우선 플래터를 보면 알루미늄으로 아주 빈약하게 제작되었다. 같은 벨트 방식의 듀얼 601의 플래터도 알루미늄이지만 골든 1보다 훨씬 튼튼하다. 실제 소리도 601이 좀 더 안정적이고 차분한 소리를 들려준다. 결정적으로 601보다 나은 소리를 들려

듀얼 601

    최윤욱의 아날로그 오디오 가이드

주지 못하면서도 가격은 두 배가 넘는 40만 원대에 거래된다. 이런 이유로 추천 제품에서 탈락할 수밖에 없었다. 골든 1의 가격은 소리에 기인한 것이 아니라 멋진 디자인 때문이다.

린의 베이직(Basik)과 액시스(Axis)는 벨트 드라이브 방식을 채택하고 있고 서스펜션은 리지드에 가까운 방식을 취하고 있다. 톤암은 아키토(Akito)나 베이직 플러스(Basic Plus)가 장착되어 있는 경우가 많다. 베이직 플러스와 아키토 톤암은 모양이 비슷해서 거의 같은 톤암으로 알고 있지만, 아키토 톤암이 좀 더 고급으로 MC 카트리지도 무난하게 사용할 수 있다. 유명한 LP12의 하위 모델로 현악기의 표현에 특별한 장점을 보여준다. 저음이 많거나 무대를 크게 그려내는 능력은 부족하지만 현악기의 질감 표현에는 상당한 실력을 발휘한다. 그래서 클래식 중에서도 특히 실내악에 좋은 것으로 알려져 있다.

헤이 브룩(Hey Brook) TT2 턴테이블은 마크만 가려놓고 보면 린의 LP12라고 해도 믿을 만큼 디자인과 모양이 비슷하다. 구조도 린 LP12와 똑같은 벨트 드라이브에 스프링으로 플래터와 톤암을 받치는 전형적인 플로팅 방식을 취하고 있다. 실제 소리도 린의 LP12와 비슷한 수준으로 알려져 있다. 톤암까지 달린 채로 70만 원 정도에 거래되는데, 수백만 원 하는 LP12의 가격을 감안하면 성능은 그 가격을 한참 넘는다고 하겠다. 특히 린의 링고(Lingo)처럼 별도의 전원부도 있는데 이것을 붙이면 소리의 질은 급격히 상승한다. 하지만 중고장터에 1년에 하나 나올까 말까 할 정도로 구하기 힘들다는 점이 문제다.

1백만 원 이하 턴테이블 추천에서 마이크로 세이키(Micro Seiki) BL-77을 빼놓을 수 없다. 붉은 빛이 감도는 나뭇결 베이스와 정교해 보이는 톤암이 이루는 시각적 매력이 만만치 않다. 겉만 번지르르하고 속은 엉성한 턴테이블이 많지만 BL-77은 겉

마이크로 세이키 BL-77

마이크로 세이키 MA-505 톤암

 최윤욱의 아날로그 오디오 가이드

모습도 정교해 보이고 속도 아주 정밀하게 제작되었다. 보통 톤암은 MA-505mkⅢ가 장착되어 있는 경우가 많은데 입문용 턴테이블에 장착되어 있는 톤암이라고 생각하지 못할 만큼 정밀하다. 이 톤암은 스프링으로 침압을 주는 다이내믹 밸런스 타입에 안티 스케이팅 기능도 갖추고 있다. BL-77의 기본 구조는 벨트 드라이브에 리지드 방식을 취하고 있다. 리지드 방식이지만 베이스 전체를 받치는 발이 일반 고무발이 아니고 진동을 효과적으로 차단하기 위해 특수하게 제작한 것을 사용한다. 소리는 구조에서 예상할 수 있듯 무대도 크고 저음도 입문용으로는 충분하게 내준다. 무엇보다 정밀한 톤암 덕택에 해상력과 섬세한 음색 표현이 탁월하다. 아주 세밀하고 섬세하게 그려진 그림을 보는 듯한 소리를 들려준다. 클래식 감상에도 손색없는 편이며 재즈에도 나름의 매력을 발산한다. 소릿결이 두툼하고 풍성한 스타일이 아니라서 올드팝이나 가요는 약간 아쉬움이 있다. 단점은 음을 아주 섬세하고 디테일하게 표현해주지만 따뜻한 느낌이 약간 부족하다는 것이다. 약간 서늘한 느낌을 주는 음색이라고 할 수 있다. 그런데도 1백만 원 이하 턴테이블이 보여줄 수 없는 해상력과 섬세함을 갖췄다. 70만원대 거래가 되는데 구하기가 쉽지 않다. 이유는 한번 들어가면 잘 내놓지 않기 때문이다. 클래식 감상용으로 가격대비 만족도가 높은 턴테이블 중 하나다.

마이크로 세이키 BL-77과 비슷한 가격대의 턴테이블로 VPI의 HW-19도 추천 할만 하다. 이 턴테이블의 구조를 살펴보면 리지드 방식이긴 하지만 약간 변형된 구조를 하고 있다. 상부 플린스와 베이스 사이에 고무 완충재를 사용해 진동을 줄인 후 베이스 전체를 고무발로 지지하는 방식이다. 리지드인데도 베이스와 풀린스 사이에 고무 완충재가 있어서 전통적인 리지드 방식보다 진동 차단이 잘 되는 구조다. 이런 구조가 소리에도 그대

VPI HW-19mk2

로 반영되어 고음의 섬세함이 상당히 좋다. 물론 저음은 전통적인 리지드 방식보다 양에서 조금 밀리는 편이다. 전체적인 소리는 선율이 가늘지 않고 적당한 굵기를 유지하고 있다. 특히 VPI 턴테이블의 단점으로 지적되는 무미건조한 느낌이 적어서 여러 장르의 음악을 무난하게 소화할 수 있다. 세팅도 무척 쉬운 편이라 기기 다루는 데 약한 사람에게 잘 어울리는 턴테이블이다.

끝으로 값이 좀 비싸더라도 고장이나 수리에 신경 쓰기 싫어서 신품으로 턴테이블을 구입하기를 원할 때 적당한 몇 종의 신품 턴테이블을 추천하고 싶다. 레가 턴테이블은 이미 얘기를 했고 그 외 브랜드로 프로젝트 오디오(Pro-Ject Audio)와 뮤직홀(Music Hall), 클리어오디오(ClearAudio)를 들 수 있다. 낮은 가격부터 언급하면 프로젝트 오디오의 Debut Ⅲ(55만원)가 있고 뮤직홀 MMF-5(78만원)가 있다. 가격을 좀 더 올려 1백만 원대로는 클리어오디오의 Emotion(120만원)과 록산(Roksan) Radius5(160만원)가 있다. 그런데 이 제품들은 대부분 최근 유로화 강세로 가격이 계속 오르고 있고 수입도 원활치 않은 상태다. 때문에 신품으로 구입하기가 쉽지 않다. 중고로 구할 수 있다면 출시된 지 얼마 지나지 않은 제품이라 상태가 좋을 것이다. 신품으로 2백만 원대까지 살펴보면 최근 발매된 젠오디오(Zen Audio)의 Nature와 클리어오디오의 챔피언 시리즈를 눈여겨볼만 하다.

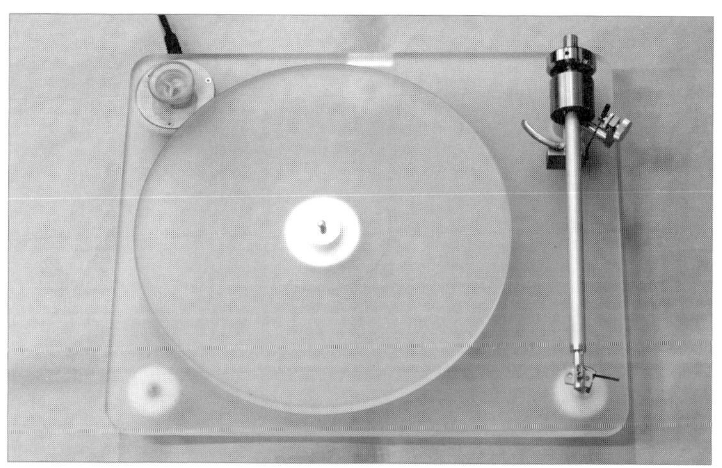

클리어오디오 Emotion

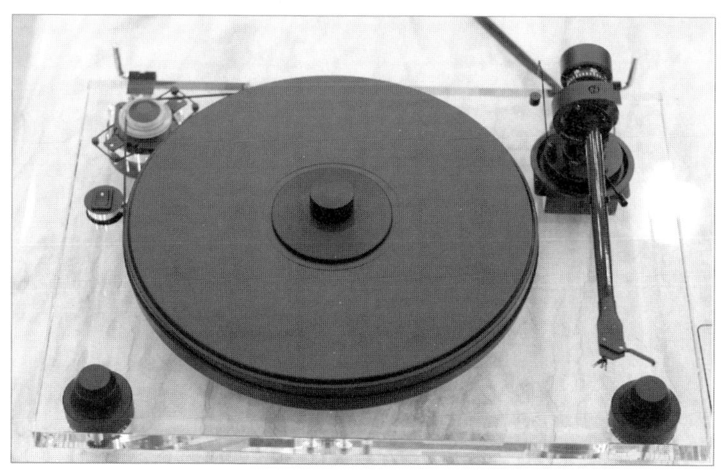

프로젝트 오디오 X-2

포노앰프 왜 필요한가?

앰프의 포노단자

턴테이블을 구입했으면 이제 레코드로 음악을 들을 수 있는 첫
단추는 무사히 채운 셈이다. 턴테이블이 있다고 곧바로 음악을
들을 수 있는 것은 아니다. 우선 사용하고 있는 인티 앰프나 프

리앰프에 포노 입력 단자가 있는지 살펴보아야 한다. 만약 있다면 여기에 턴테이블에서 나온 톤암 케이블의 RCA 잭을 연결해 바로 레코드로 음악을 들을 수 있다. 그러나 2000년대 이후에 나온 대부분의 인티 앰프나 프리앰프는 포노단자를 갖추고 있지 않다. 우선 앰프의 뒷면을 보자. 앰프 뒷면에 RCA 잭을 꼽을 수 있는 단자가 서너 쌍(좌, 우) 배치되어 있을 것이다. 단자 위에 보면 CD, Tuner, Line, Aux 같은 글자가 보일 것이다. 글자 내용은 달라도 이런 단자들은 기능이 사실상 똑같다. 그래서 CD플레이어를 CD가 아닌 튜너나 Aux 어디에 연결해도 아무런 문제없이 소리가 잘 난다. 하지만 이런 보통 라인단자에 턴테이블을 연결하면 음악을 제대로 들을 수 없다. 'Phono' 라고 써진 단자가 있어야 턴테이블을 연결해 음악을 들을 수 있다. 그러니까 문제의 핵심은 Phono라고 써진 단자가 있느냐이다.

Phono라고 써진 단자가 있다면 거의 예외 없이 'Ground' 나 'Earth' 라고 써진 RCA 단자와 다른 형태의 한 개 뿐인 단자가 있을 것이다. 어스 단자는 보통 너트로 풀고 조일 수 있는 구조로 되어 있다. 가끔 글자가 아닌 '그' 같은 기호로 표현되어 있는 경우도 있다. 이것이 바로 일반 소스기기인 CD플레이어나 튜너와 달리 턴테이블에만 있는 어스(그라운드)선을 연결하는 단자다. 턴테이블은 좌우 한 쌍의 RCA 단자를 연결하고 이 어스 단자도 연결해주어야 '웅~' 하는 험* 없이 음악을 즐길 수 있다.

앰프에 포노단자가 없다고 낙담할 필요는 없다 포노앰프만

---

* 험은 가정용 전원이 교류이기 때문에 발생한다. 턴테이블에 모터를 돌리기 위해 들어가는 60Hz 교류전원선과 모터가 회전하면서 생기는 전자기장이 작은 신호를 검출하는 민감한 카트리지에 영향을 주어 발생한다.

  최윤욱의 아날로그 오디오 가이드

추가하면 앰프에 포노단자가 있는 경우보다 더 좋은 아날로그 음을 즐길 수 있다. 물론 포노앰프를 새로 사야 하는 부담이 있기는 하다. 그렇지만 앰프에 한 몸으로 들어가 더부살이 하는 포노단자보다 혼자 독립되어 있는 포노앰프의 소리가 더 좋다. 앰프 한쪽에 자리를 차지하고 있는 포노단은 전기적으로 프리앰프의 간섭을 받을 수밖에 없다. 1백배 이상 증폭해야 하는 포노의 특성상 프리앰프에서 발생한 노이즈가 유입되기 쉽다. 이에 비해 독립된 포노앰프는 별도 전원을 공급받고 외부와 격리된 공간에서 증폭이 이루어져 노이즈 차단에 유리하다. 앰프에 포노단자가 있다면 간편하게 아날로그 음을 즐길 수 있지만, 포노단은 포노앰프에 비해 노이즈도 많고 음질도 밀리는 경우가 대부분이다.

포노앰프는 무슨 일을 하는가?

자, 이제 본격적으로 포노앰프의 역할에 대해서 알아보자. 왜 턴테이블에서 나온 케이블을 앰프에 바로 연결하면 소리를 들을 수가 없다는 것일까? 그 이유를 따져보면 포노앰프가 어떤 역할을 하는 것인지 자연스럽게 알게 된다. 실제 앞서 얘기한 CD나 Tuner, AUX 같은 라인단자에 그냥 턴테이블을 연결해보면 소리가 나기는 한다. 다만 제대로 된 소리가 아니다. 볼륨을 끝까지 올려도 모기 소리처럼 작은 소리만 난다. 왜 이렇게 되는 것일까? 신호가 작으면 소리가 작게 난다는 것쯤은 누구나 짐작할 수 있을 것이다. 그래서 턴테이블에서 나오는 신호가 CD플레이어에서 나오는 신호보다 아주 작기 때문이라고 추측할 수 있을 것이다.

전기신호 1백배 증폭

CD플레이어나 튜너, 카세트덱에서 나오는 전기신호는 최대

   최윤욱의 아날로그 오디오 가이드

1V 정도이고 보통은 0.3V 정도 된다. 일반 건전지가 1.5V 정도니 그리 큰 전기(전압)는 아닌 셈이다. 그런데 MM 카트리지가 레코드를 긁으면서 발생시키는 전기신호는 3㎷정도 밖에 안 된다.* 0.3V를 ㎷단위로 환산하면 300㎷가 된다. 3㎷인 MM 카트리지 신호를 CD플레이어나 튜너 수준인 300㎷가 되게 하려면 1백배 증폭해야 한다. 증폭이라는 단어가 낯설 수도 있는데 쉽게 얘기하면 뻥튀기를 한다는 것이다. 쌀을 뻥튀기 하면 크기가 커지듯 3㎷를 1백배가 되게 뻥 튀겨서 일반적인 CD플레이어의 출력 수준인 300㎷가 되게 만든다는 것이다. 그래서 MM 카트리지를 장착한 턴테이블에서 나온 RCA 단자를 바로 라인단에 연결하면 볼륨을 한참 올려도 모기소리만 하게 나오는 것이다. 결국 포노앰프의 첫 번째 역할은 MM 카트리지의 작은 전기신호를 CD플레이어나 튜너 같은 기기에서 나오는 수준으로 증폭하는 것이다.

여기서 하나 짚고 넘어갈 문제가 있다. 포노앰프는 MM 카트리지의 신호를 1백배 증폭하는데, 단순히 신호만 증폭되는 것이 아니고 턴테이블에 들어오는 60㎐ 교류전원에서 유도되는 미약한 노이즈도 똑같이 1백배 증폭된다. 미약한 노이즈라도 1백배로 증폭되면 상당히 큰 소리가 된다. 이것이 바로 60㎐의 '웅~' 하는 험이다. 원인이 교류전원에서 비롯된 것이라 전원 험이라고도 부른다.

그럼 포노앰프의 역할은 MM 카트리지에서 나온 미약한 전기신호를 1백배 증폭하기만 하면 되는 것일까? 3㎷를 1백배 증

---

* MC 카트리지는 보통 MM 카트리지의 1/10 수준인 0.3㎷정도의 출력 밖에 내지 못한다. MC 카트리지가 MM 카트리지에 비해 출력이 현저히 낮은 이유는 카트리지 편에서 자세히 다룬다.

폭해서 300 ㎷로 만들어 일반 CD플레이어나 튜너의 출력 수준으로 만들어주었으니 이젠 된 것 아니냐고 생각할 것이다. 그렇게 간단히 증폭만 해줘서 문제없다면 좋겠는데 실상은 그렇지가 않다. 그냥 백배로 전기신호만 증폭해서 앰프에 연결해보면 그 이유를 단번에 알게 된다. 고음은 엄청나게 세고 저음은 양이 적은 이상한 소리가 난다. 왜 그럴 수밖에 없는지 그 이유를 알아보자.

사람이 들을 수 있는 소리의 주파수는 20Hz에서 20,000Hz 까지라고 알려져 있다. 헤르츠(Hz)라는 생소한 단위가 나왔는데 별로 어려운 내용이 아니다. 1초 동안 몇 번 출렁거렸나를 나타내는 단위다. 예를 들어 독수리가 날면서 1초 동안 날개를 20번 퍼덕거렸다면 20Hz인 것이다. 독수리가 1초 동안 20번 날갯짓을 해서 날고 있다면 20Hz의 '퍼드덕 퍼드덕' 하는 저음을 낸다.* 크기가 훨씬 작은 모기는 1초 동안 20번 날갯짓을 해서는 제대로 날 수 없다. 보통 초당 600번은 날갯짓을 해야 한다. 그래서 모기소리는 상대적으로 높은 음인 '앵~' 하는 소리를 낸다. 여기서 소리가 낮은 저음이냐 높은 고음이냐는 결국 초당 몇 번 퍼덕거리느냐 하는 횟수로 결정된다는 것을 알 수 있다.

저음은 줄이고 고음은 늘려 원래 신호에 가깝게 재현

좀 더 생각을 진전시켜보자. 저음을 내는 독수리는 날개가 크고, 상대적으로 고음을 내는 모기는 날개가 작다. 곰곰이 생각

＊ 실제로는 기본 주파수인 20Hz 외에 정수배인 40, 60, 80Hz …… 이런 식으로 다양한 주파수가 혼합된 소리를 낸다.

 최윤욱의 아날로그 오디오 가이드

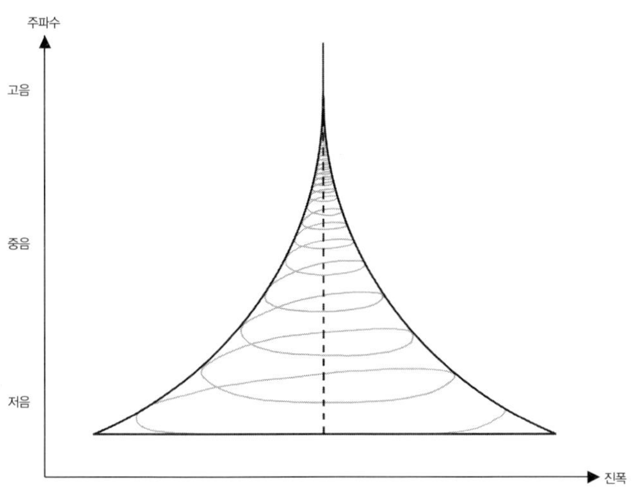

주파수와 진폭

해보면 그럴 수밖에 없다. 왜냐하면 독수리처럼 큰 날개를 1초에 600번이나 퍼덕거리게 하는 건 쉽지 않고, 모기가 조그만 날개로 1초에 20번 퍼덕거려서는 제대로 날 수 없기 때문이다. 날개가 큰 독수리가 날갯짓을 할 때 위아래로 움직이는 거리는 족히 50cm는 될 것이고, 날개가 작은 모기는 기껏해야 3mm 정도 움직일 것이다. 날개가 움직이는 거리를 굳이 언급한 이유는 진폭을 설명하기 위해서다. 저음을 내는 독수리 날개의 진폭은 50cm나 되고 모기 날개의 진폭은 3mm에 불과하다.

살펴본 대로 저음은 진폭이 아주 크고 고음으로 갈수록 진폭이 작아진다. 위의 그림은 인간이 들을 수 있는 주파수 대역의 진폭을 간단히 표시한 것이다. 낮은 주파수인 20Hz는 진폭이 엄청 크고 20,000Hz의 고음은 진폭이 극히 미미할 정도로 작다. 음악 소리는 저음부터 고음까지 골고루 섞여 있어서 그대로 레코드에 심으려면 진폭이 큰 저음을 기준으로 아주 넓은 소릿골이 될 수밖에 없다. 저음을 기준으로 한 넓은 소릿골을 레코드 면에 그대로 새겨 넣으면 채 몇 분의 음악 밖에는 심을 수가 없다. 레코드 면에 보다 긴 시간의 음악을 심기 위해서 진폭이 큰 저음을 줄일 수밖에 없다.

저음만 줄이면 음악신호를 레코드에 새겨 넣는 문제가 모두 해결될까? 그렇지 않다. 높은 고음은 진폭이 너무 작아서 저음과 반대로 카트리지의 바늘이 제대로 추적할 수 없다. 그래서 주파수가 높은 고음의 진폭은 일정한 크기 이상이 되도록 늘려야 바늘이 효과적으로 소릿골을 추적할 수 있다. 이렇게 주파수가 높은 고음의 작은 진폭을 늘리면 일정한 크기의 카트리지 바늘로도 쉽게 추적할 수 있다.

저음은 진폭을 줄이고 고음은 진폭을 일정 수준으로 늘리는 것은 녹음된 소리를 레코드에 심기위해 필히 거쳐야 하는 이퀄라이징 과정이다. 또 이퀄라이징이라는 생소한 단어가 나왔다. 별 뜻이 아니고 음의 크기를 늘리고 줄인다는 뜻이다. 집안에 콤포넌트 오디오를 살펴보면 아래 사진과 비슷한 이퀄라이저라는 것이 있을 것이다. 아래위로 움직일 수 있는 노브가 있고 그

이퀄라이저

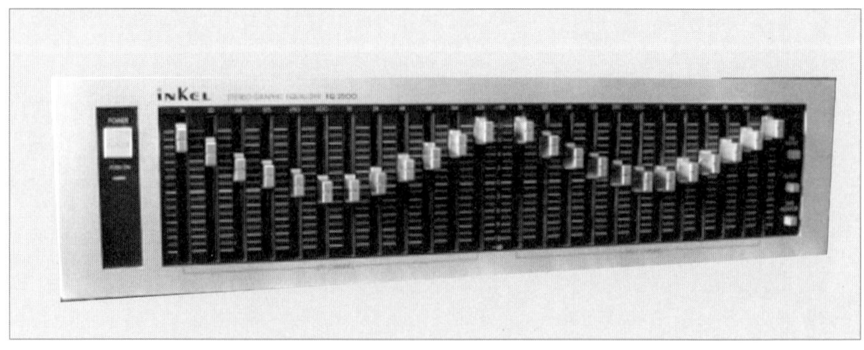

 최윤욱의 아날로그 오디오 가이드

아래 주파수 대역을 나타낸 숫자가 있다. 이 노브는 보통 중간에 있는데 위로 올리면 그 주파수대의 소리가 커지고 아래로 내리면 작아진다. 쉽게 얘기하면 소리를 레코드에 심기 위해서 저음 쪽 노브는 내려서 소리 크기를 작게 하고 고음 쪽 노브는 올려서 소리를 크게 만드는 것이다. 이렇게 저음은 줄이고 고음은 늘리는 과정을 거친 후에 레코드에 음을 새기게 되는 것이다.

RIAA 보정이란 무엇인가?

레코드를 생산하던 초창기에는 몇 Hz 이하의 저음을 얼마나 줄이고 몇 Hz이상의 고음을 얼마나 늘리냐 하는 것이 회사마다 달랐다. 저음을 어느 지점에서 줄이고 고음은 어디부터 늘리는가 하는 수치는 회사마다 달랐지만 저음은 줄이고 고음은 늘려서 레코드에 심는다는 기본 원칙은 동일했다. 음반사마다 수치가 다르다 보니 같은 녹음이라도 음반사가 다르면 레코드에서 전혀 다른 소리가 나기 일쑤었다. 이런 문제는 표준을 정하면 간단하게 해결이 된다. 결국 1955년 미국음반산업협회(RIAA. Recording Industry Association of America) 주도로 표준을 정하게 된다. 이 때 표준으로 채택된 RIAA 커브가 레코드에 음악을 심을 때 표준 규격으로 자리를 잡게 된다.*

녹음된 음악 신호를 레코드에 효율적으로 새겨 넣기 위해 저음은 줄이고 고음은 늘렸다는 것을 알게 되었다. 그렇다면 레코

---

* 1955년 이전의 레코드는 회사마다 다른 규격을 사용한 탓에 이런 레코드를 제대로 감상하려면 RIAA 외에 다양한 커브를 갖춘 그람슬리(Graham Slee)의 재즈클럽(Jazz Club) 같은 포노 앰프가 필요하다.

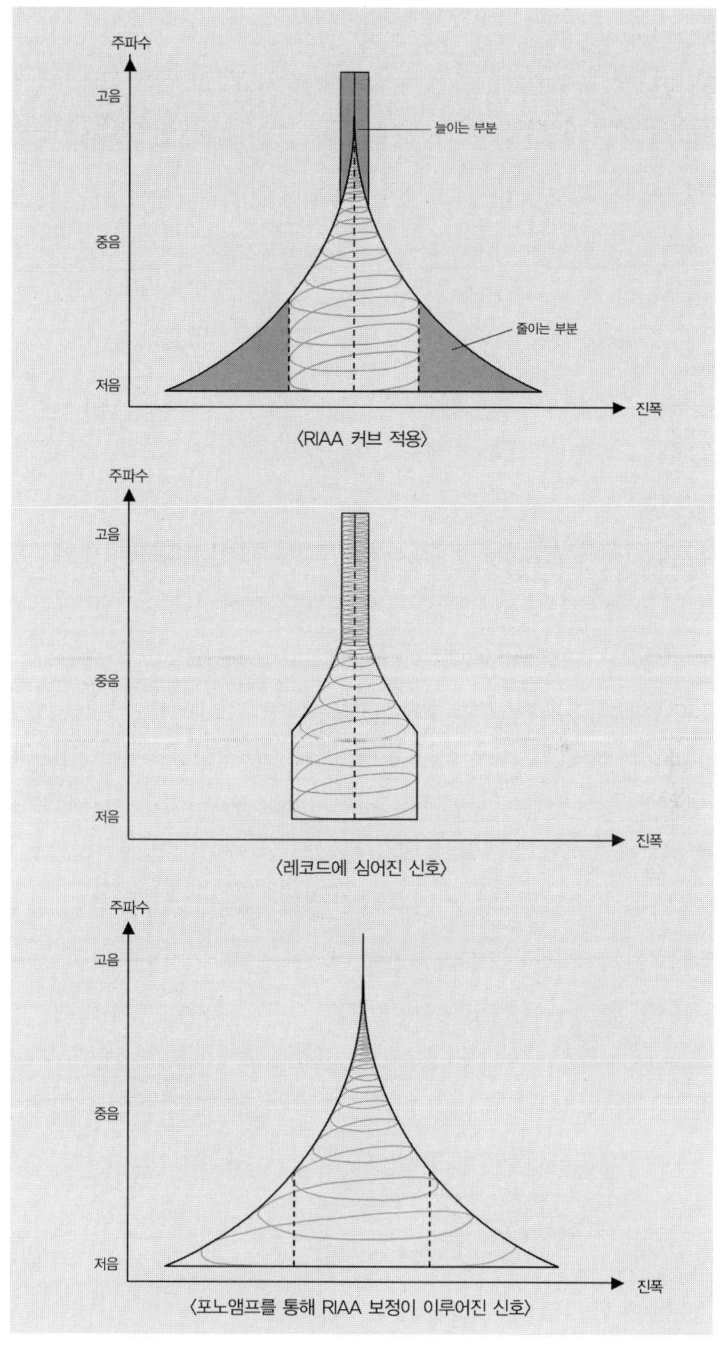
〈RIAA 보정 과정〉
주파수
고음
중음
저음
진폭
늘이는 부분
줄이는 부분
〈RIAA 커브 적용〉
주파수
고음
중음
저음
진폭
〈레코드에 심어진 신호〉
주파수
고음
중음
저음
진폭
〈포노앰프를 통해 RIAA 보정이 이루어진 신호〉

드에 새겨진 신호를 뽑아내서 다시 음악신호가 되게 하려면 반대의 과정을 거쳐야 할 것이다. 저음은 줄인 만큼 다시 늘려주고 고음은 늘린 만큼 다시 줄여줘야 원래 녹음된 음악신호와 같아질 것이다. 이와 같이 저음은 늘리고 고음은 줄여서 원래의 음악신호와 같아지게 하는 과정을 RIAA 보정이라고 부른다. RIAA 규격에 맞춰 레코드에 심은 소리를 원래 상태로 회복하는 것을 RIAA 보정이라고 부른다. 이 RIAA 보정 과정은 마땅히 포노앰프가 해줘야 하는 일이다. 앞 페이지 그림의 첫 번째와 두 번째 그림은 녹음된 원 신호에서 RIAA 규격에 의해 저음은 줄이고 고음은 늘려서 레코드에 심는 과정을 보여준다. 두 번째와 세 번째 그림은 레코드에서 나온 신호를 저음은 늘리고 고음은 줄여서 원래의 음악신호로 원상복구(RIAA 보정)하는 과정을 보여준다.

독립된 포노앰프는 MM 카트리지에서 나온 저음은 적고 고음은 늘어난 신호를 원상태로 회복시키고 튜너나 CD플레이어 수준의 전기신호로 증폭하는 두 가지 일을 하게 된다. 따라서 포노앰프는 턴테이블과 프리앰프나 인티 앰프 사이에 설치해야 한다. 턴테이블에서 나온 좌우 신호선과 어스선을 포노앰프의 입력단자에 연결하고 포노앰프의 출력단자를 프리앰프나 인티 앰프의 입력 단자에 연결하면 된다.

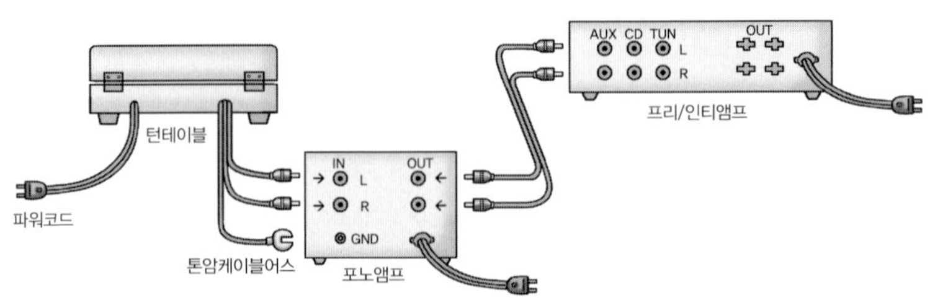

턴테이블과 포노앰프 연결

이제 포노앰프가 하는 일을 충분히 이해했을 것이다. 첫 번째는 레코드에서 나온 신호를 약 1백배 정도 뻥튀기 해주는 일이고 두 번째는 저음은 늘리고 고음은 줄여 원래 녹음된 신호에 가깝게 만들어주는 것이다. 말로 하면 간단한데 백배 증폭하는 것이 생각처럼 쉽지 않다. 신호를 1백배 증폭하면 노이즈노 같이 1백배 증폭되기 때문이다. 노이즈는 효과적으로 줄이면서 신호만 증폭해야 하기에 포노앰프 설계자의 실력이 뛰어나야 한다. 그래서 앰프 제작자들 사이에선 포노앰프 만들기가 제일 어렵다고들 한다.

전기신호를 증폭하는 소자로 진공관과 트랜지스터(TR)를 주로 사용한다.* 진공관은 음색이 따뜻하고 섬세해서 잘 만들기만 하면 트랜지스터보다 더 아날로그다운 소리를 내준다. 그러나 진공관은 크기가 커서 상대적으로 주변으로부터 노이즈 유입이

---

* 진공관과 트랜지스터의 작동원리는 〈굿모닝 오디오〉 앰프 편에서 자세하게 설명했기 때문에 여기에서는 깊이 언급하지 않았다.

더 잘 되는 편이라 제작이 어렵다. 이런 이유로 비싸지 않은 입문용에서는 진공관 포노앰프가 드물다.

　지금까지 MM 카트리지에 연결해서 사용하는 MM용 포노앰프에 대해서 살펴보았다. 만약 MM 카트리지보다 출력신호가 1/10 불과한 MC 카트리지*를 사용하고 싶다면 MM용 포노앰프 앞에 적은 출력을 10배 정도 증폭해서 보충해주는 승압트랜스나 헤드앰프가 추가로 있어야 한다.** 포노앰프 중에는 저출력의 MC 카트리지까지 사용할 수 있는 제품이 있는데 입문용에서는 흔치 않은 편이다. 아날로그에 입문하는 입장에서 MM포노단이 달린 프리앰프를 구입하거나 MM용 포노앰프를 선택하는 것이 무난하다. MC 카트리지라 하더라도 1.5~2mV의 고출력을 내는 고출력 MC 카트리지는 MM용 포노앰프에 승압트랜스나 헤드앰프 같은 추가 장치 없이 직접 연결해 음악을 들을 수 있다. 물론 앰프의 볼륨을 좀 더 올려야 적당한 음량으로 음악을 들을 수 있다.

　포노앰프를 선택할 때 몇 가지 살펴보아야 할 것이 있다. 우선 증폭률이 최소한 40 dB(약 1백배)은 되어야 한다. 두 번째로 보아야 할 것은 S/N비라고 부르는 신호 대비 잡음비율이다. 수치가 높을수록 잡음이 적은 것으로 보통 MM용 포노앰프를 기준으로 75 dB 이상 되어야 한다. 이론적으로야 숫자가 높을수록 잡음이 적지만 스펙만 믿을 수는 없다. 똑같이 80 dB의 S/N비라고 되어 있어도 실제 시청에서 느끼는 잡음의 차이는 분명 존재

＊ Moving Coil의 약자. ‘카트리지 업그레이드’ 편에서 자세히 다룰 예정이다.
＊＊ 승압트랜스와 헤드앰프에 대한 정보는 〈아날로그의 즐거움〉에서 자세히 기술해놓았으니, 그 책을 참고할 것.

한다. 이 때문에 각각의 포노앰프에 대한 스펙을 따로 기재했지만 본문에서 청감상 잡음이 어느 정도인지도 밝혔다.

아날로그에 처음 입문하는 입장에서는 상대적으로 고가인 진공관 포노앰프보다 가격이 저렴하면서도 노이즈가 적은 트랜지스터 방식의 포노앰프를 구입하는 것이 좋다. 특히 최근에는 집적회로인 IC를 사용한 소형 포노앰프가 많다. 크기가 작다고 우습게 보아서는 안 된다. 작아도 음질이 상당히 좋은 제품이 많다. 꼭 진공관이고 덩치가 커야만 좋은 소리를 내는 것은 아니다.

앞으로 소개할 포노앰프는 실제 리뷰나 시청을 통해 그 음질을 확인한 제품 중에서 선별했다. 소리가 좋아도 가격이 비싸면 입문용으로 맞지 않아서 제외하고, 현실적으로 입문자가 선택하기에 부담이 적은 가격대에서 음질이 좋은 것만을 골랐다. 특히 진공관 포노앰프는 상대적으로 가격이 저렴하면서도 음질이 좋은 국산 제품을 중심으로 소개할 생각이다. 어느 제품을 선택해도 문제는 없지만 포노앰프마다 소리의 특징이 각기 다르기 때문에 자세히 읽어보고 선택하는 것이 좋다.

...tip

⊙ **잡음이 적은 포노앰프를 고르는 한 가지 방법?**
포노앰프의 케이스 재질이 무엇인지 확인한다. 철로 케이스를 만든 제품이 잡음과 노이즈가 적다. 이유는 자성체인 철이 자기장까지도 막아주기 때문이다.

풀뿌리 아날로그
Winsound Lab 풍악 Trillo

1. 풍악 TRILLO 구형   2. 풍악 TRILLO 신형

제원 증폭 게인 48dB (MM) 주파수특성 5Hz(−3dB)~200KHz(−0.2dB) S/N비 96dB (MM) 입력 감도 3mV 47kΩ RIAA 정확도 20Hz~20KHz (−0.1dB) 출력임피던스 100Ω 왜율 10V 출력시 THD 0.01% **최대출력(RMS)** 2.5V 채널분리도 96dB 전원 교류 12V 500mA(부속 어댑터)

최윤욱의 아날로그 오디오 가이드

'화무십일홍(花無十日紅)'이라 했던가? 잘 나가던 인터넷 사이트가 시들해지고 그저 그렇던 사이트가 눈부시게 성장하기도 한다. 오디오 관련해서는 몇 년 사이 '와싸다'(www.wassada.com)의 약진이 눈에 띈다. 얼마 전만 해도 AV 위주였고, 하이파이 오디오는 초보자들이 모여 노는 수준이었다. 그러던 것이 저변 인구가 늘어나고 초보자들이 성장하면서 다양한 기기와 의견이 오가는 오디오 전문 사이트로 성장했다.

와싸다 사이트에서 진공관 앰프를 제작·판매하면서 성장한 브랜드가 바로 풍악이다. 하도 좋다고 난리를 쳐서 도대체 어떤 포노앰프이기에 그러는가 싶어 시청을 해 보았다. 풍악의 초기형은 높이가 낮고 가로로 긴 스타일로 MM과 MC를 모두 지원하는 포노앰프였다. 이 제품의 MC단에 화이트 노이즈가 있고 음질이 기대에 못 미친다는 의견이 있자 MC단을 제거하고 폭을 좁히고 높이를 높인 MM 전용 포노앰프 트릴로(Trillo)를 발표했다. 이 제품은 20Hz 이하의 낮은 주파수를 잘라주는 서브소닉 필터(Subsonic Filter)를 장착했다.*

트릴로는 어댑터를 통해 12V의 교류를 공급받아 작동하게 되어 있다. 쉽게 구할 수 있는 직류 어댑터를 사용하지 않고 특별하게 교류 어댑터를 사용한 이유는 +12V와 −12V로 양 전원을 사용하는 회로를 구성하기 위해서다. +12V만 사용하는 단전원에 비해 대칭되는 +와 − 양 전원을 사용하면 커플링 콘덴서가 필요 없고 충분한 증폭 게인을 얻을 수 있다. 이런 방식은 커플링 콘덴서를 없애 주파수 대역에서 생기는 왜곡을 줄일 수 있는 장점이 있다.

---

* 서브소닉 필터란 인간의 가청 범위 아래인 20Hz 이하의 초저 주파수를 잘라주는 기능을 말한다. 턴테이블의 회전 불균형이나 LP가 휘어진 경우 20Hz 이하의 낮은 주파수가 발생될 수 있다. 낮은 주파수일수록 에너지가 강해서 앰프나 스피커에 무리를 주어 고장을 내기 쉽다.

첫 음을 듣고 왜 많은 사람들이 열광하는지 알 수 있었다. 제원을 보면 알 수 있듯 MM용 포노앰프가 증폭 게인이 48dB로 아주 높은 편이라 소리가 시원시원하게 나온다. 제원에서 신호대비 잡음비가 96dB로 적혀 있지만 실제 시청에서 잡음이나 노이즈가 여타 포노앰프에 비해 좋다는 느낌은 받지 못했다. 잡음이나 노이즈는 보통 수준으로 보면 될 것 같다. 재생 주파수 대역도 상당히 넓은 것으로 표시되어 있는데 이것 역시 시청시 특별히 그런 느낌을 받지는 못했다.

요즘 아날로그를 시작하는 사람들은 대부분 CD플레이어로 음악을 즐기던 사람들이다. 그래서 턴테이블과 포노앰프를 장만해서 LP로 음악을 들어 보는데 아날로그 소리라는 게 처음엔 힘없고 부드럽기만 한 소리로 느껴지기 쉽다. 좋긴 좋은 것 같은데 마음 한구석이 허전한 느낌이 드는 것도 사실이다. 인공 조미료로 맛을 내는 보통 자장면을 먹던 사람이 천연 조미료로 만든 자장면을 먹으면 싱겁고 밋밋한 맛이라고 느끼는 것과 같다. 이처럼 디지털 소스만 듣다가 처음 듣는 아날로그 음은 자연스럽기는 하지만 밋밋하고 싱겁게 느껴진다. 이런 허전함을 느꼈던 사람들에게 풍악의 트릴로 포노는 뭔가 아쉬웠던 2%를 채워주는 가뭄에 단비 같은 존재로 느껴질 수밖에 없다.

중역이 두툼하고 무대가 상당히 큰 편이다. 무엇보다 사운드 스테이지가 스피커 연결선에서 앞으로 나오는 것이 특징이다. CD플레이어로 듣다가 LP를 들어도 힘이나 다이내믹스에서 밀리지 않는다. 특히 팝이나 가요를 들어보면 음색을 약간 과장하는 풍악 포노의 특징 덕분에 더 호소력 있게 다가온다. 열광하는 마니아가 있는 데에는 다 이유가 있다. 풍악의 이런 특징은 클래식에서는 오히려 단점으로 부각된다. 바이올린 총주에서 선율이 섬세하게 한 올씩 분리되지 않고 엉킨 채로 두루뭉술하

 최윤욱의 아날로그 오디오 가이드

게 나온다. 현악기의 선율표현에서 섬세한 표현력이 조금 아쉽기는 하지만 음색을 망가트린다거나 귀를 피곤하게 하지는 않는다.

풍악 포노에 대한 평가는 극과 극이다. 열광하거나 수준 이하의 제품이라고 폄하하기 일쑤다. 이런 극단적인 평가는 아날로그에 대한 경험의 차이와 즐겨 듣는 음악 장르에서 기인하는 바가 크다. 디지털 소스를 주로 즐기다가 아날로그를 시작했거나 팝이나 가요 같은 음악을 주로 즐기는 사람은 풍악 포노의 시원시원한 소리에 열광하기 쉽다. 아날로그를 오래 했거나 클래식이나 재즈를 주로 즐기는 사람은 너무 공격적인 소리라고 싫어할 만하다.

풍악 포노의 진면목은 열렬한 지지자와 냉정한 비판자의 중간쯤에 있다고 보면 된다. 사실 디지털 소스만 든던 입문자는 아날로그 음을 접하면서 부드럽기는 하지만 귀를 쫑긋하게 하는 강렬함이 없다고 느끼는 것이 당연하다. 이런 입문자에게 풍악 포노는 아날로그에 자연스럽게 정을 붙이게 하는 포노앰프로 그 가치가 충분히 있다. 아날로그 입문자에게 권할 수 있는 포노앰프로 풍악만한 것도 별로 없다. 구형은 중고로 20만원 안팎에 구입이 가능하고 신품이라도 30만원이면 구입이 가능하다. 그리고 무엇보다 기존에 든던 디지털 소스와 비슷한 힘과 에너지 넘치는 음을 들려줘서 아날로그 음에 대한 낯가림도 줄일 수 있다. 제2, 제3의 풍악 포노가 나와서 보다 많은 사람들이 아날로그를 즐기게 되었으면 좋겠다. 한마디로, 풍악 포노는 아직도 많지 않은 아날로그 인구의 저변을 지키는 풀뿌리 같은 존재다.

ProJect Audio Phono Box II

프로젝트 오디오 Phono Box II

제원 입력 임피던스 47kΩ, 120pF(MM) / 100Ω, 120pF(MC) **증폭 게인** 40dB(MM) / 60dB(MC) S/N비 86dB (MM) / 68dB(MC) **RIAA 정확도** 20Hz~20KHz (−0.5dB) **정격출력** 0.3V(MM모드에서 3mV 입력시) **왜율** 0.01%(MM) / 0.05%(MC) **전원** 교류 16V (부속 어댑터) **크기(WHD)** 10.3× 3.8×11.5cm

프로젝트 오디오(ProJect Audio)는 입문용 턴테이블로 유명한 업체지만 솔직히 내가 관심을 갖지 않았던 브랜드다. 프로젝트 오디오의 입문용 턴테이블을 몇 번 들어보았는데 가볍고 날리는 소리가 나서 마음에 들지 않았기 때문이다. 물론 백만 원 정도로 가격이 올라가면 쓸 만한 소리를 내주지만 비슷한 값의 다른 브랜드 제품에 비해 더 나은 소리를 내주지도 않았다. 이런 저런 이유로 프로젝트 오디오 제품에 대한 관심이 멀어질 수밖에 없었다. 아날로그 입문 책을 준비하면서도 특별하게 프로젝트 오디오 제품에 관심을 두지 않았다.

초고를 완성하고 사진 촬영을 위해 용산에 나갔다가 우연히 포노박스Ⅱ를 보게 되었다. 주인장과 이런 저런 얘기를 주고받으며 다른 포노앰프만 찍고 나오려는데 포노박스는 왜 찍지 않냐고 그가 물었다. 시큰둥한 표정으로 C라는 포노앰프가 입문기로 쓸 만해서 굳이 프로젝트 오디오의 포노앰프에는 관심이 없다고 답했다. 주인장이 "C포노보다 소리가 좋은데요?"라고 반문한다. 그러나 프로젝트 오디오사 제품인데다 담뱃갑보다 조금 큰 크기의 포노앰프가 나의 관심을 끌지 못했다. 그래도 혹시나 하는 마음에, 빌려줄 수 있냐고 물으니 흔쾌히 그렇게 해주겠단다.

집에 가져와서 연결하면서도 솔직히 별 기대를 하지 않았다. 내부를 열어보니 크지도 않은 공간의 대부분이 비어 있고 입출력 단자가 달린 뒤쪽에 작은 IC 여러 개가 보일 뿐이었다. 신품가 20만원에 MM 전용도 아니고 MC까지 지원하는 포노앰프라니 소리가 좋기는 어렵다고 짐작하는 것이 당연했다. MM이라도 제소리가 나나 보자는 심산으로 승압트랜스를 걸어 포노박스를 연결했다. 첫 소리가 귀를 별로 자극하지 않는다. 바이올린 선율의 음색이나 해상력이 수준급이다. '어쭈, 제법인데?' 라고 생각하며 총주에서는 어떤지 귀를 세우고 들어본다. 총주에서도 입문기 치고는 엉키거나 흐트러지지 않는다. 물론 무대의 크기나 저음의 깊이에서 풍악의 트릴로에 밀리지만 음색의 표현이나 해상력은 오히려 더 좋은 편이다. 트릴로가 힘으로 밀어붙이는 스타일이라면 포노박스는 힘을 빼고 좀 더 자연스럽게 음악을 표현해 준다. 고음의 투명함이나 해상력에서 클리어오디오의 Smart에 약간 밀리지만 가격을 감안하면 훌륭하다. 포노박스는 약간 밝은 스타일인 스마트보다 덜 밝아서 음조는 전체적으로 적당한 톤을 보여준다.

포노박스는 MM 포노의 성능만으로 캠브리지 오디오의 540P와 크릭의 OBH 시리즈를 나가떨어지게 했다. MM단의 성능이 이 정도라면 MC의 성능은 어떨까 궁금하지 않을 수 없었다. '그래, MC는 형편없을 거야!' 라는 생각과 'MM이 좋으니 MC도 좋을 거야!' 라는 상반된 생각이 동시에 꿈틀거렸다. 저출력 MC 카트리지를 바로 연결하니 게인이 약간 낮아서 볼륨을 조금 더 올려야 했다. 시청을 해보니 아이러니하게도 MM보다 MC단 소리가 더 자연스럽고 부드러웠다. MM단도 돈값을 충분히 하는데 MC단까지 좋으니 금상첨화다.

분명히 포노박스Ⅱ는 풍악의 트릴로보다 저음의 양이나 무대의 크기가 작다. 심지어 캠브리지 오디오의 540P보다도 약간 작은 편이다. 그런데도 악기의 음색 표현이 좋고 해상력이 좋으면서 아날로그다운 소리를 내준다. 가격이 두 배 비싼 스마트에 비하면 고음의 해상력과 투명함에서 밀리지만 중음이나 저음에서는 밀린다는 느낌을 그다지 주지 않는다. 더구나 60 dB로 어지간한 중출력 MC 카트리지는 무리 없이 지원하는 포노박스Ⅱ의 MC단은 54 dB로 게인이 부족한 스마트의 MC단을 무색하게 하기에 충분하다. 이 가격에 MC단까지 제대로 소리를 내주는 포노앰프는 일찍이 없었다.

포노박스Ⅱ를 칭찬할 수밖에 없는 이유 중 하나는 낮은 가격인데도 청감상 노이즈가 아주 적다는 점이다. 스펙에서 S/N비가 86dB (MM)로 좋은 수치를 보이기도 하지만 실제 들어보면 스펙이 정확하다는 것을 느낄 수 있다. 포노박스Ⅱ가 높은 S/N비를 갖추고 있는 이유는 철로 이루어진 섀시를 들 수 있다. 입문용 포노앰프들은 대부분 알루미늄을 몸체로 사용한다. 간혹 캠브리지 오디오의 540P나 풍악의 트릴로처럼 철을 사용하는 경우가 있기는 하지만 두께가 얇고 섀시 전체를 철로 만들지는 않는다. 포노박스Ⅱ는 2mm의 두꺼운 철 재질로 몸체를 전부 둘러싸다 보니 외부 노이즈에서 충분히 자유로울 수 있다. 포노앰프의 중요한 요소 중에 하나인 노이즈 레벨도 입문기기로는 과분할 정도로 낮다.

이 가격대에서 이런 성능과 소리를 보여주는 포노앰프는 본 적이 없다. 처음 아날로그에 입문하는 입장이고 포노앰프에 20만원 정도 예산을 지출할 생각이라면 프로젝트 오디오의 포노박스Ⅱ는 최선의 선택이다.

작지만 매운 고추
Clear Audio Smart

클리어오디오 Smart

제원 입력 임피던스 47kΩ, 220pF 증폭 게인 35dB (MM), 54dB (MC) RIAA 정확도 +/- 0.3 dB S/N비 84dB (MM), 68dB (MC) 크기(WHD) 10×3.6×9cm

  최윤욱의 아날로그 오디오 가이드

정말 이렇게 작은 크기로 포노앰프를 만들 수 있을까 싶을 정도
로 아주 작은 사이즈의 포노앰프다. 조금 과장을 하면 정말 담
뱃갑만 하다. 크기가 작아서 앞서 언급한 포노박스Ⅱ보다 조금
더 작다. 뒷면에 입출력 RCA 단자 네 개를 배치한 공간이 비좁
아 보일 정도다. 특이하게 좌우 듀얼 모노 구조로 한 채널의 인
풋과 아웃풋이 붙어 있는 형태다. 보통 인풋은 인풋끼리 아웃풋
단자는 아웃풋 단자끼리 배치하는 것이 일반적인데, 공간의 제
약 때문에 어쩔 수 없이 한 채널의 인풋과 아웃풋 단자가 붙어
있는 구조를 한 것 같다.

작지만 앙증맞고 당돌한 느낌을 주는 디자인이다. 클리어오
디오라는 브랜드에 걸맞게 마감도 수준급이다. 밑면에 MM과
MC를 선택할 수 있는 푸시 스위치가 있는데 스위치를 누른 상
태에서는 MC로 작동한다. 하지만 MC라고 해도 54 dB밖에 안
되기 때문에 약간 증폭 게인이 높은 MM 정도리고 생각하면 정
확하다. 그럼 MM은 과연 몇 dB이나 되나 싶어 살펴보니 놀랍게
도 35 dB이라고 표시되어 있다. 이렇게 작은 사이즈의 포노앰프
도 처음이지만 35 dB이라는 낮은 증폭 게인의 MM용 포노도 흔
하지 않다. 전원은 BASIC과 비슷하게 21V 교류를 어댑터에서
공급받는 형태를 취하고 있다. 어댑터를 확인해보니 230V에 50
Hz라고 적혀 있다. 그렇다면 본체에 공급되는 전원은 정확하게
21V일 것 같다. 확인해보고 싶었는데 어댑터와 전원선이 일체
형에다 어댑터가 분해가 불가능한 구조였다.

처음에 슈어의 MM 카트리지를 연결하고 스마트의 스위치를
MM에 놓고 시청했다. 역시나 소리가 작아서 볼륨이 12시 방향
을 넘어가야 들어줄만한 소리가 나왔다. 그래서 볼륨을 낮춘 후
과감하게 MC 스위치를 누르고 시청을 해봤다. 이런 실험은 바

람직한 것은 아니지만 스마트 포노의 가능성을 확인해보기 위해 시도한 것이다. 53dB이니 볼륨 위치가 7, 8시 정도에서 적당한 볼륨으로 별다른 문제없이 소리가 잘 나온다. 사실 톤암에 MM 카트리지를 장착하고 포노앰프의 MC단에 연결하는 것은 정상적인 연결이 아니다. 증폭게인이 높은 MC단에 출력 전압이 높은 MM 카트리지를 연결하면 엄청나게 큰 소리가 나오게 된다. 소리가 커지는 것 외에 임피던스 매칭도 틀어져 있을 가능성이 크다. 여기서 잠깐 임피던스 매칭에 대해서 알아보자.

오디오는 케이블을 통해 하나의 기기에서 다른 기기로 연결된다. 케이블만 제대로 연결하면 아무런 문제가 없냐면 그렇지 않다. 케이블을 통해서 음악신호를 주는 기기와 받는 기기 사이의 임피던스 매칭이 잘 이루어져야 한다. 임피던스 매칭을 쉽게 설명하면 전기 신호를 주는 쪽보다 받는 쪽이 임피던스가 같거나 높아야 한다.* 예를 들어 카트리지 내부 임피던스보다 포노앰프의 입력 임피던스가 높아야 한다. 포노앰프에서 인티 앰프로 갈 때도 마찬가지다. 포노앰프의 아웃풋(나가는) 임피던스보다 (프리)앰프의 인풋(받아들이는) 임피던스가 높아야 한다. 그래야 음악신호가 손실 없이 온전히 전해지게 된다. 임피던스 매칭이 틀어지면 저음은 양이 적어지고 고음은 신경질적으로 바뀌면서 듣기 피곤한 소리가 나게 된다.

MM 카트리지는 규격으로 정해진 MM용 포노앰프의 인풋 임피던스인 47kΩ에 맞게 제작한다. 보통 MC용 포노앰프의 입력 임피던스는 수 Ω에서 1kΩ 정도인 것이 일반적이다. 만약 스마

트 포노앰프가 MC일 때 입력(받는) 임피던스가 47kΩ이 아니고 일반적인 MC 포노처럼 1kΩ 정도의 수치를 가졌다면 이상하게 틀어진 소리가 나왔을 것이다. 그런데 슈어의 MM 카트리지를 연결해서 소리가 이상 없이 잘 나왔다. 결국 스마트 포노의 MC 인풋 임피던스도 47kΩ으로 MM과 같은 값이라는 것을 알 수 있다. 실제로 매뉴얼에 MM은 47kΩ으로 나와 있지만 MC의 임피던스 수치는 나와 있지 않다.

MC단을 이용해 MM 카트리지를 듣는 편법을 동원하고서야 제대로 된 소리를 들을 수 있었다. 저출력 MC를 쓰는 사용자라면 6배 정도의 승압트랜스를 통해서 스마트의 MC단에 연결하면 제대로 된 음량으로 음악을 들을 수 있다. 안타깝게도 MM단은 보통의 MM 카트리지를 쓸 때에는 게인이 부족해서 쓸모가 많아 보이지 않는다. 결국 스마트 포노의 MC단에 MM 키트리지를 연결해서 레코드를 들을 수밖에 없다. 그러면 소리가 커서 볼륨을 줄여 들어야 하지만 MM단에 놓고 볼륨을 크게 올려 듣는 것보다는 낫다. 스마트 포노에 가장 잘 맞는 카트리지는 고출력 MC 카트리지가 아닐까 한다.＊

스마트 포노의 소리는 상급기인 베이식(Basic)과 여러모로 비교가 되었다. 우선 고역의 해상력이 좋고 은빛 광채가 나는 음색을 띠었다. 저역의 양이나 힘도 예상보다 좋아서 듣기에 부족함이 없었다. 고역의 광채가 베이식은 약간 과한 듯한데 스마트는 그보다 덜해 듣기에 더 좋았다. 저역과 고역의 밸런스도 베이식보다 더 잘 잡혀 있었다. 은빛 광채를 느끼게 하는 높은 중

＊ 고출력 MC 카트리지로 출력이 1.5~2㎷ 정도면 잘 맞을 것 같다.

역은 약간 강조가 되어 있고 낮은 중역은 베이식처럼 약간 야윈 듯한 느낌이 든다. 게인이 너무 낮아서 MC단을 MM단처럼 써야 하는 이상한 상황이긴 하지만, 솔직히 상급기인 베이식보다 소리는 더 좋다. 고역의 광채도 덜하고 대역 밸런스도 균형 잡혀 있고 저역도 약간 더 깊게 내려가는 느낌이다.

제작자가 의도한 바는 아니겠지만 가격을 떠나 판단해도 베이식보다 스마트의 손을 들어줄 수밖에 없다. 이 가격대의 포노 중에서 추천해도 될 만큼 괜찮은 음질이다. 베이식 사용자는 아쉽겠지만 베이식은 게인이 높아서 저출력 MC 카트리지를 사용할 수 있다는 점을 빼고는 스마트 보다 나은 점을 발견하기 힘들었다. 난감하겠지만, 소리는 형님인 베이식보다 동생인 스마트가 더 좋다.

    최윤욱의 아날로그 오디오 가이드

따스한 온기의
Musical Fidelity V−LPS

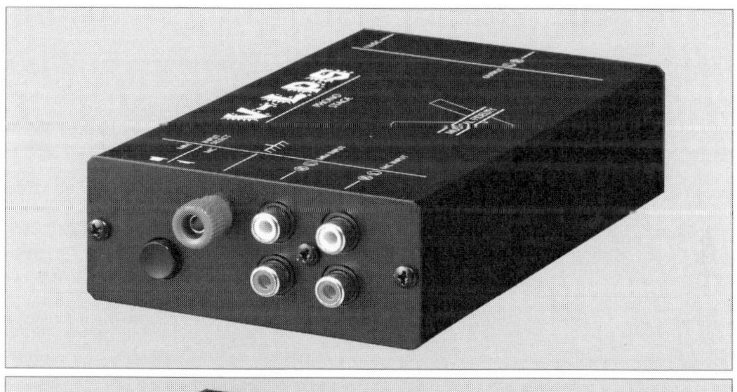

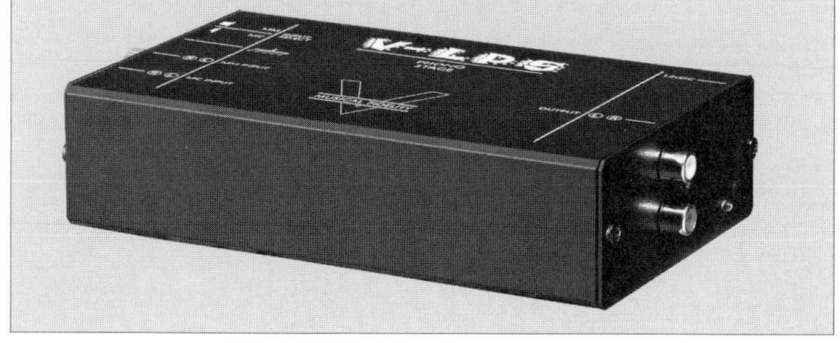

뮤지컬 피델리티 V−LPS

제원 입력 임피던스 47kΩ(MM), 100Ω(MC) 입력 감도 3.5mV(MM), 0.45mV(MC) RIAA 정확도 +/− 0.25dB S/N비 80dB(MM), 70dB(MC) THD 0.01% 크기(WHD) 9.5×17×4cm

계란 프라이가 가능하다는 얘기가 돌 정도로 뜨거운 앰프가 있다. 유명한 하이엔드 앰프인 마크 레빈슨이나 크렐이 아닌 뮤지컬 피델리티의 A1-X라는 입문용 인티 앰프를 두고 하는 말이다. 엄청난 열만큼이나 따뜻하고 화사한 음색으로 많은 사랑을 받았다. 공전의 히트를 기록하고 후속 제품이 나왔지만 A1-X의 명성에 미치지 못했다. 신포니아(Sinfonia)에 이르러서는 명성 우려먹기의 약발도 다해 간다는 느낌마저 들었다. 그렇게 뮤지컬 피델리티라는 브랜드는 사람들의 기억 속에서 서서히 잊혀져 갔다.

몇 년 전부터 뮤지컬 피델리티가 X 시리즈라는 작은 원통형 디자인 제품을 선보이면서 다시 돌아왔다. 이번에 접하게 된 LPS는 V 시리즈 제품으로 포노앰프 외에 DAC, 헤드폰 앰프 등과 모양이 같다. 기판과 섀시를 공유함으로써 원가를 낮추는 전략을 택했다. 입력과 출력 RCA 단자가 앞면과 뒷면 양쪽으로 나누어 배치되어 있는 게 특이하다. 어른 손바닥만 한 사이즈로 오디오 사이에 쉽게 수납이 가능하다. 본체는 알루미늄 케이스이고 앞뒤 면은 철판을 사용했다. 내부는 IC와 탄탈 콘덴서가 많이 보이는데 부품 배치나 회로 레이아웃은 경쟁 제품에 비해 정돈되었다는 느낌을 주지는 않았다. MM과 MC 카트리지 모두 지원하고 있고 간단하게 버튼을 눌러 선택할 수 있다.

어댑터에서 직류 12V를 공급받는 구조를 취하고 있는데, 오리지널 어댑터가 유럽용(50Hz)이라 다소 높은 전압인 16.5V가 나왔다. 부랴부랴 12V 정전압 어댑터를 찾아 어댑터 둘을 비교 시청했다. 오리지널 어댑터의 높은 전압일 때 전체적으로 음조(톤)가 약간 올라간 듯 하면서 고음이 화사하고 선명한 느낌이 들었다. 한마디로 진한 느낌의 소리였다. 12V 정전압 어댑터로 바꾸자 음조가 내려가면서 진한 화장을 한꺼풀 벗겨낸 듯 자연스러운 소리로 바뀌었다. 사람에 따라 호불호가 갈릴 수 있지만 내구성과 안전을 생각한다면 정전압 어댑터가 나을 것 같아 수입상에 연락을 취했다. 정식 판매할 때에 12V 정전압 어댑터를 채용해 판매할 예정이라는 대답을 수입상으로부터 들었다.

LPS 포노앰프를 들으면서 뮤지컬 피델리티야말로 입문자들이 어떤 소리를 좋아하는지 정확히 알고 있다는 생각이 들었다. 제원에서 밝히는 S/N비는 다른 포노앰프들과 비슷하지만 청감상 느끼는 S/N비는 떨어진다. LPS로 레코드를 들으면 배경이 덜 정숙하고 악기의 이미지도 작고 정확하게 잡히지 않는다. 하지만 음색에 묘한 매력이 있어 음악적 호소력이 아주 좋다. 사실 포노앰프에서 S/N비를 높이기 위해서는 만만치 않은 노하우와 비용이 들어간다. 뮤지컬 피델리티는 이런 점을 잘 알고 있다. 그래서 뛰어난 S/N비를 추구하기보다 적절한 선에서 타협하고, 대신 음색을 호소력 있게 함으로써 음악 듣는 즐거움을 느낄 수 있도록 했다. 사실 입문자는 악기가 없는 빈 배경이 얼마나 깨끗한지 악기 위치가 얼마나 잘 잡히는지가 그다지 중요하지 않다. 초보자에게는 무엇보다 음악이 귀에 솔깃하게 들어오는지가 중요한 관심사다.

무대 크기도 LPS의 크기를 생각하면 상당히 크게 그려낸다. 저음도 타이트하지는 않지만 양이 풍성하고 호방한 느낌을 준다. 상대적으로 비싼 포노앰프들이 적당한 크기의 무대에서 정밀하고 세련되게 음악을 표현하려고 한다면 LPS는 더 큰 무대에 세밀하지 못하고 성긴 느낌이지만 호소력 있는 음색으로 음악을 그려낸다. 분명 더 고급스럽고 세밀한 사운드를 들려주는 포노앰프가 있지만 LPS가 들려주는 호방하고 따뜻한 음색이 사람의 마음을 더 사로잡는다. 아날로그다운 소리라고 하면 깔끔하고 정갈하고 단정하기보다는 약간 느슨해서 여유도 있고 풍성하면서 따뜻한 음색의 소리일 것이다. LPS 포노앰프는 비록 S/N비가 뛰어나지 않고, 악기 이미지도 정확하게 표현해주지 못하지만 호소력 있고 따뜻한 느낌의 음색에 풍성한 저음을 갖추고 있다. 음색이 화려하고 따뜻한 편이라 슈어의 MM 카트리지를 물려도 고음이 잘 나온다. 고음이 다소 어두운 듯한 느낌의 슈어 카트리지를 물려도 아쉬움이 별로 느껴지지 않는다는 건 분명한 장점이다.

LPS는 입문기지만 충분히 아날로그적인 소리를 내주는 포노앰프다. 시청을 마친 상태에서 LPS의 가격을 확인했다. 크릭의 OBH 포노와 비슷한 가격대지만 음질은 확실히 한수 위다. 무엇보다 우리 귀를 즐겁게 하는 것이 무엇인지 잘 알고 있는 포노앰프다. 이 가격대에 이런 호소력 있는 소리를 내주는 포노가 있다는 사실이 반가울 따름이다.

   최윤욱의 아날로그 오디오 가이드

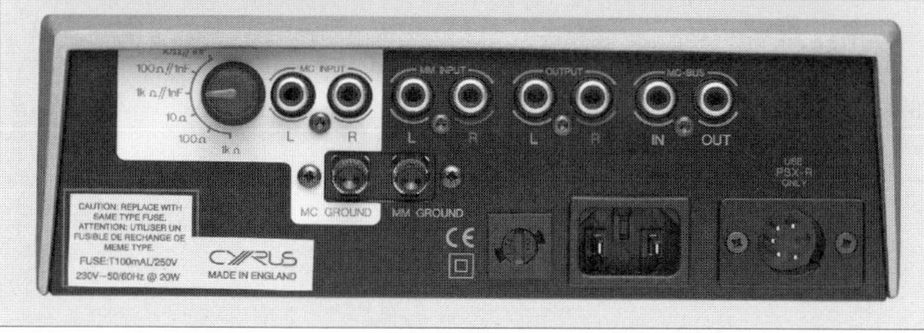

사이러스 Phono-X

제원 입력 임피던스 47kΩ(MM)/10Ω, 100Ω, 1kΩ(MC) 입력 감도 5㎹(MM), 0.39㎹(MC)
S/N비 92dB(MM), 84dB(MC) 출력 임피던스 47Ω 크기(WHD) 21.5×73×36cm

구형 미션 사이러스 앰프는 포노단이 기본으로 장착되어 있다. 아날로그 입문자에겐 반가운 일이 아닐 수 없다. 언젠가부터 미션 사이러스는 미션은 스피커, 사이러스는 앰프로 분리되었다. 그 과정에서 아쉽게도 사이러스 앰프에서 포노단이 사라졌다. 하긴 요즘 나오는 대부분의 앰프에 포노단이 없으니 사이러스를 탓할 것도 아니다. 대신에 독립된 포노앰프인 Phono-X를 출시했다.

외관은 미션 사이러스의 전통답게 알루미늄 다이캐스팅제의 일체형 섀시를 쓰고 있다. 다이캐스팅 주물로 된 케이스의 완성도는 구형에 비해 약간 떨어진다. 내부 배치는 뒤쪽에 기판과 회로를 배치하고 앞쪽에 포노앰프용이라고 하기엔 다소 큰 원형의 토로이달 전원트랜스를 탑재했다. 전원 스위치와 MM과 MC를 선택할 수 있는 스위치를 전면에 배치해 사용자 편의성을 높였다. 전면 우측에 IEC라고 적힌 특이한 선택 스위치가 있는데, 휜 판을 재생할 때 발생하는 20Hz 이하의 초저역 신호를 걸러주는 서브소닉 필터 기능을 한다. 이런 기능 외에 뒷면에 MC 카트리지의 임피던스를 조정할 수 있는 선택 스위치를 설치해 10Ω, 100Ω, 1kΩ 선택이 가능하고, 캐퍼시턴스(capacitance)* 도 두 단계로 선택할 수 있다. MC부터 MM까지 광범위하게 사용할 수 있는 명실상부한 전용 포노앰프로서의 면모를 갖췄다.

매뉴얼 어디를 찾아봐도 MM단의 증폭 게인은 나와 있는데 MC단의 증폭 게인은 나와 있지 않다. 경험으로 미루어 보건대 66dB 정도로 생각된다. 일반적인 프리앰프에 연결했을 때 볼륨이 11시를 넘는 일은 없을 것 같다. 첫 소리를 들자마자 과장하

---

* 캐퍼시턴스는 콘덴서의 용량 값을 의미한다. MM 카트리지는 캐퍼시턴스 값에 따라 소리의 변화가 크다. MC 카트리지는 캐퍼시턴스 값에 의한 소리의 변화가 작고 대신 임피던스 값에 의한 소리의 변화가 크다. 이 책 끝부분에서 자세히 다룬다.

거나 해상력을 뽐내는 스타일이 아니라는 것을 알 수 있었다. 중역대의 자연스러움이 TR(IC)소자의 포노앰프가 맞는가 싶을 정도다. 고역은 자연스럽게 중역을 받쳐주고 있고 저역도 무리하게 힘을 주거나 양을 욕심내지 않는다. 첫 소리부터 귀에 확 어필하는 스타일이 아니고 자연스럽게 음악에 젖어들게 하는 소리다. 이미징*이나 무대 크기, 저역의 무게감 등 여러 항목에서 B+학점 이상을 줄 수 있는 모범생이다. 음색은 좀 더 후한 점수인 A−를 주어도 될 정도로 자연스러웠다.

MC 카트리지를 사용할 때는 임피던스 선택 스위치를 사용해 최적의 음을 찾을 수 있다. 고에츠 블랙 카트리지의 경우 100Ω이 제일 소리가 좋았고 데논 DL−103은 1kΩ에서 마음에 드는 소리가 나왔다. 악기가 혼자 연주하는 독주와 많은 악기가 동시에 연주하는 총주 때 어떤 성능을 보여주는지 알아보기에는 바이올린 협주곡이 안성맞춤이다. 슈나이더 한이 연주하는 베토벤 바이올린 협주곡을 들어보면 독주에서 자극적이지 않은 자연스러운 바이올린 소리를 들려준다. 모든 악기가 연주되는 총주에서는 1천만 원이 넘는 포노앰프라도 제대로 재생하기 어렵다. 대부분의 이 가격대 앰프는 저음을 많이 내면서 악기소리가 엉켜버리거나, 저음을 줄여 악기 소리가 엉키지 않게 하는 소극적인 모습을 보여준다. 그런데 Phono−X는 저음을 무리하게 많이 내려고 하지도 않고, 그렇다고 소극적으로 저음을 줄여 문제를 피해 가지도 않는다. 적절하게 저음을 내면서 자신의 능력 안에서 악기 소리가 엉키지 않도록 최선을 다한다. 무엇보다 자신의 본분을 지키면서 흐트러지지 않아 처음부터 끝까지 전곡

---

* 이미징이란 가상의 사운드 스테이지에서 악기나 보컬의 위치를 말하는 것이다. 이미징이 좋다는 것은 악기 위치가 정확히 느껴진다는 얘기다.

4. 포노앰프 왜 필요한가?

을 감상하게 해준다.

음색에서는 인위적인 착색을 줄이고 자연스러움을 추구했다는 점에서 후하게 점수를 주고 싶은 포노앰프다. 사실 사이러스의 Phono-X는 신품 가격이 150만 원 정도 하고, 시중에서 중고를 쉽게 구할 수 있는 것도 아니다. 그런데도 굳이 소개하는 이유는 구형인 미션 사이러스3에 있는 포노단과 Phono-X의 소리 성향이 아주 비슷하기 때문이다. 물론 독립된 포노앰프인 Phono-X가 음질이 더 좋다. 싸고 좋은 포노앰프를 구하고자 한다면 포노앰프만 찾을 것이 아니라 좋은 포노단이 달린 프리앰프나 인티 앰프를 구입하는 것도 하나의 방법이다. 그런 면에서 미션 사이러스3 인티 앰프는 아날로그 입문자에게는 좋은 선택이 될 수 있다.

인티 앰프로서 성능도 이미 정평이 나 있지만 거기에 들어있는 포노단의 성능은 입문자가 사용하기에 만족할 만한 수준이다. 참고로 미션 사이러스3 인티 앰프는 전원부가 부실해 고장을 일으키는 경우가 많다. 추가 전원장치인 PSX를 사용하면 고장도 방지하고 음질도 한 단계 업그레이드된다. 가능하다면 추가 전원부를 구입해 사용하는 것이 좋다. 스피커 단자가 특이해서 일반 바나나 단자를 사용하다 보면 쇼트로 앰프가 손상되는 경우가 있다. 가능하면 전용단자를 사용해서 이런 위험을 미리 방지하는 것이 좋다.

 최윤욱의 아날로그 오디오 가이드

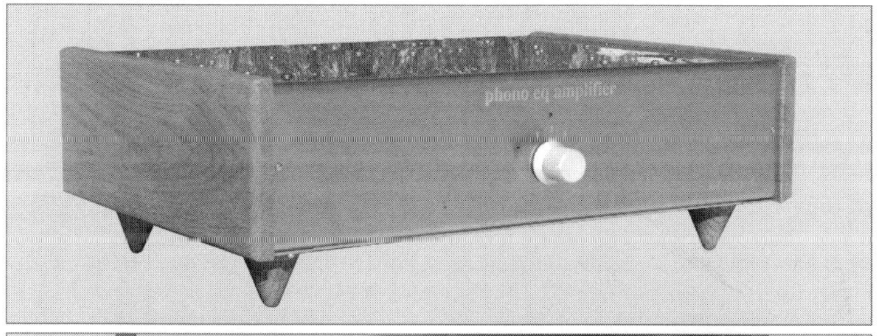

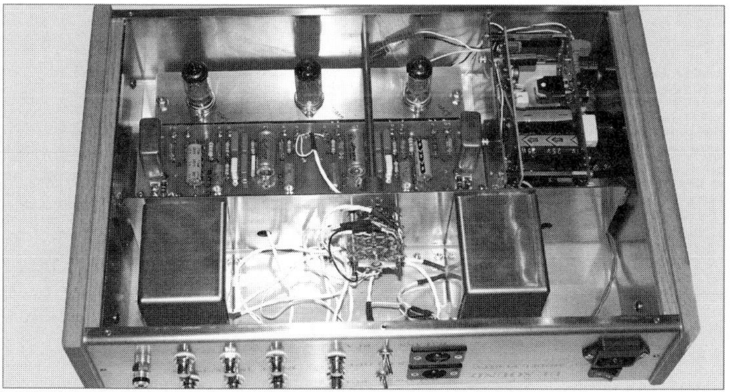

유엘 사운드 Purity와 Purity 내부

제원 RIAA 보정 CR 방식 입력전압 3mV 출력전압 800mV 입력 임피던스 47kΩ 출력 임피던스 100kΩ / 600Ω(밸런스) 증폭 게인 50dB S/N비 55dB 사용 진공관 12AX7(ECC83)×3 크기 (WHD) 41×13×32cm 무게 8kg

UL 사운드 하면 제일 먼저 떠오르는 것이 독특한 디자인이다. '노블'이라는 최상급 프리 앰프는 크리스털 재질의 투명한 패널에 은은히 비치는 푸른빛이 아름답다. 이 회사의 제품은 스테인리스를 절곡해 만든 섀시와 옆면에 원목을 붙이는 독특한 디자인이 특징이다. 진공관 앰프만 제작하는 회사답게 포노앰프도 진공관으로 제작했다.

진공관 구성을 보면 12AX7 세 알을 이용해 CR 타입으로 포노 이큐를 구성했다. 전면에 보이는 셀렉터 노브는 세 개나 되는 포노 입력을 선택하는 기능을 한다. 쉽게 말해 턴테이블 세 대를 동시에 연결할 수 있다는 얘기다. UL 사운드 제품의 특징 중 하나는 다양한 환경에서 사용이 가능하다는 점이다. 역시 뒷면에 포노앰프로는 특이하게 언밸런스 외에 밸런스 출력 단자가* 있다. 스테인리스 철판을 절곡해 만든 섀시 덕에 험이나 노이즈가 거의 느껴지지 않을 정도로 적었다. 대개 앰프는 볼트 머리 같은 것을 밑면에 배치해서 윗면은 매끈하게 처리하는데 퓨리티 포노앰프는 윗면에 모든 볼트 머리가 보이는 독특한 제작방식을 사용했다.

'어떤 소리가 날까?' 기대감 속에 연결을 하고 첫 소리를 들었다. 소리가 평소보다 커서 볼륨을 약간 줄여야 했다. 증폭 게인이 MM 포노로는 약간 높은 편이다. 1.5mV 정도의 출력만 된다면 고출력 MC 카트리지도 추가 장치 없이 사용할 수 있을 것 같다. 김광석의 '이등병의 편지'는 매끄럽고 윤기가 느껴졌다. 텁텁한 느낌보다는 잘 다듬어진 느낌의 예쁜 소리다. 무대 크기

는 적당한 편이었고 기타의 울림도 예쁜 음색에 부드럽게 연마된 느낌이 들었다. 사실적인 소리라기보다는 잘 다듬어진 소리라는 생각이 든다.

클래식은 어떨까 싶어서 시게티(Joseph Szigeti)가 연주한 베토벤 바이올린 협주곡을 얹었다. 바이올린 독주에서 섬광처럼 빛나는 예리함이 돋보이는 연주다. 적당한 크기의 무대가 펼쳐지면서 서주부가 시작된다. 독주에서 바이올린 선율이 아주 매끄럽다. 크라이슬러(Fritz Kreisler)나 프란체스카티(Zino Francescatti)가 연주하는 듯 자연스럽고 부드럽게 넘어간다. 실제 연주를 생각해보면 다듬어진 소리라는 생각이 들기도 하지만 충분히 매력적인 음이다.

무대를 광활하게 펼쳐 보이거나 낮은 저음부터 높은 고음까지 다 드러내 보여주는 스타일은 아니다. 중역을 중심으로 예쁘게 다듬어진 음색을 호소력 짙게 드러내는 매력적인 사운드다. 사실 사용한 부품에서 어느 정도 이런 소리 특성을 예상할 수 있다. 커다란 크기의 빈티지 오일콘덴서와 AB저항 등 60년대 빈티지 앰프에서 볼 수 있는 부품들이 가득하다. 이런 부품들은 현대의 부품이 낼 수 없는 호소력 짙은 음색을 들려준다. 빈티지 부품은 물량 확보도 쉽지 않고 가격도 만만치 않다. 하지만 빈티지 부품이 내는 음색은 음악에 몰입하게 하는 매력이 뛰어나다. 현악기의 음색 표현에 강점이 있다는 UL 사운드에 대한 세간에 평가가 허튼 소리가 아님을 실감할 수 있었다.

국내제품이라는 점과 비슷한 가격대라는 점에서 ADLAB의 포노앰프 '알케미스트'와 비교가 되었다. 둘 다 노이즈와 험이 적다는 장점은 같지만 성향은 정반대다. UL 사운드의 퓨리티가 중음을 중심으로 호소력 있는 음색으로 무장했다면, 알케미스트는 넓은 무대와 저음부터 고음까지 재생하는 호탕한 사운드를 무기로 내세운다. 입문용 포노앰프를 사용하다 업그레이드 목표로 삼을 수 있는 포노앰프로 각기 다른 개성을 가지고 있어서 취향에 따라 선택하면 될 것 같다.

험과 노이즈가 거의 없어서 포노앰프가 갖춰야 할 기본은 충분히 갖췄다. 중역을 중심으로 음을 예쁘게 갈고 다듬어서 들려준다. 클래식, 그중에서도 현악기 음색을 예쁘게 표현하는 데 일가견이 있다.

아날로그 디자인 Alchemist

제원　입력 감도 2 ~ 5mV (MM 카트리지)　입력 임피던스 47kΩ /100pF　증폭도(Gain) 42dB (×
130)　출력 임피던스 1kΩ　RIAA 커브 편차 20Hz – 20KHz / ±0.2dB　채널 분리도 90dB　S/N비
88dB　험 & 노이즈 RMS (VTVM측정) 0.1mV 이하　규격(WHD) 및 중량 17×11×30cm, 5kg

"같은 가격의 앰프가 둘 있다면 무거운 것을 선택하라"는 말이 있다. 그런데 앰프에서 가장 무거운 부품은 전원 트랜스다. 그렇다면 이 말은 트랜스가 더 충실한 앰프를 고르라는 얘기일 것이다. 이처럼 트랜스가 음질에 미치는 영향은 지대하다. 잠깐 트랜스에 대해서 알아보자. 우리가 보통 보는 트랜스는 EI 트랜스로 직육면체다. 알파벳의 E와 I같이 생긴 강철판을 번갈아가면서 조립해 직육면체 모양으로 완성된다. 이 트랜스는 무게가 무겁고 자력이 밖으로 새어나가서 포노앰프처럼 높은 증폭을 하는 앰프에서는 험을 발생시키는 원인이 된다. 반면에 도넛 형태의 토로이달 트랜스는 효율이 좋고 자력이 밖으로 새어나가지 않아 험이나 노이즈를 상대적으로 적게 발생시킨다. 단점이라면 제작하기가 까다로워 상대적으로 가격이 비싸다.

토로이달 트랜스에 열광하는 국내 브랜드가 있다. 아나로그 디자인이라는 회사인데 트랜스가 들어가는 곳에는 어김없이 토로이달 트랜스를 사용한다. 이 회사에서 알케미스트(Alchemist)라는 포노앰프를 출시했다. 검은색 전면 패널에 진공관이 4개가 노출되어 있고 뒤편에 둥그런 트랜스 케이스가 보인다. 험과 노

토로이달(좌)과 EI(우) 트랜스

    최윤욱의 아날로그 오디오 가이드

이즈에 민감한 포노앰프이기에 철재 케이스를 사용했다. 전원 트랜스는 당연히 토로이달이고 RIAA 보정도 NFB형이 아닌 CR형을 채용하고 있다.*

진공관은 요즘 고 신뢰관으로 각광받고 있는 6N2P와 6N1P를 사용한다. 6N2P는 12AX7과 비슷한 스펙의 진공관으로, 맨 처음으로 신호를 증폭하는 초단에 사용한다. 6N1P는 6DJ8과 스펙이 비슷한 진공관으로, 마지막 출력단에 사용한다. 스펙에서는 42dB의 증폭을 갖는다고 되어 있는데 초단을 동봉된 여분의 6N1P 진공관으로 교체하면 39dB 정도의 증폭 게인을 갖게 된다. 스펙에서 88dB이라는 높은 S/N비를 표시하고 있는데 동봉된 진공관 실드 캡을 사용하면 노이즈 없는 좀 더 깨끗한 사운드를 즐길 수 있다.

내부를 보면 독특하게 스티롤(styrol) 콘덴서가 보인다. 온도에 따른 콘덴서 용량 값의 변화가 적은 콘덴서로 유명하다. 이런 스티롤 콘덴서를 1% 오차 수준에서 선별해 사용했다고 한다. 그밖에도 킴버 케이블, 테플론 와이어, 필름 콘덴서 등 고급 부품들로 구성되어 있다. 정확한 RIAA 보정과 잡음 없는 사운드를 위해 정확한 스펙의 부품들을 사용한 것 같다.

연결을 하고 턴테이블에 헨릭 쉐링(Henryk Szeryng)이 연주하는 랄로의 '스페인 환상곡'을 얹었다. 첫 음부터 활기차게 저음이 나온다. NFB 방식인 마란츠7 회로를 사용하는 포노앰프에서 느껴지는 답답함이 없다. 저음의 깊이도 깊고 힘도 충분하다. 무대의 크기도 상당히 큰 편이다. 바이올린 독주가 시작되면서 서서히 알케미스트의 특성이 드러나기 시작했다. 바이올

---

* RIAA 보정을 하는 회로는 크게 NFB형, CR형, LCR형이 있다. NFB(Negative Feedback)형은 간단해서 잡음이 적지만 해상력이 부족한 편이고, CR형은 만들기 까다로운 대신 해상력이 좋다. 자세한 내용은 〈아날로그의 즐거움〉 134 페이지를 참고하기 바란다.

린 선율이 가늘지 않고 적당히 살집이 있다. 해상력이 좋아서 바이올린 특유의 질감 표현도 좋다. 바이올린만 본다면 오이스트라흐(David Oistrakh)의 굵은 톤에 야사 하이페츠(Jascha Heifetz)의 현란한 화려함이 합쳐진 것 같은 느낌을 준다. 보통 화려한 광채를 발하면 다소 신경질적으로 들리기 쉬운데 톤이 굵어서 자극적인 느낌은 덜하다. 스티롤 콘덴서 특유의 광채 나는 질감이 인상적이다.

중급기기들이 하이엔드 흉내를 내면서 고역을 과장하는 경우가 많다. 언뜻 들으면 고역의 해상력이 좋은 것처럼 들리지만 시간이 지나면 귀가 피곤해진다. 알케미스트는 해상력을 자랑하는 하이엔드를 흉내내기보다 중급기가 갖춰야 할 기본기에 충실하고 있다. 험과 노이즈 없는 깨끗한 사운드에 저음부터 고음까지 대역간 밸런스가 잘 잡혀 있다. 음상을 작게 줄이다 보

스티롤 콘덴서

 최윤욱의 아날로그 오디오 가이드

면 신경질적이고 딱딱한 소리가 되기 쉽다. 알케미스트는 적당히 살집이 느껴지는 음상을 보여준다. 거친 듯한 매력의 음색은 약간의 화장기로 느껴진다. 텔레풍겐 풀레인지에서 느껴지는 까실하고 화려한 음색이 귀를 기울이게 만드는 것과 유사하다. 호기심에 동봉된 6N1P 진공관으로 초단을 교체해 보았다. 볼륨은 좀 더 올려야 했지만 소리는 좀 더 다이내믹해졌다. 음색에서 윤기가 조금 줄면서 디테일 묘사가 좋아진다.

어댑터 달린 기십만 원 짜리 포노를 쓰다가 중급으로 업그레이드하려는 마니아에게 어울리는 포노앰프다. 앞서 언급한 UL 사운드의 퓨리티와 여러모로 비교가 된다. 우선 가장 기본인 잡음과 노이즈가 거의 없다는 점은 비슷하지만 소리 성향은 상당히 다르다. 퓨리티가 아름답고 예쁘게 다듬어 호소력 짙게 만든 음이라면 알케미스트는 굵직한 톤으로 호방하면서 현악기의 까칠한 질감을 그대로 표현해준다고 할 수 있다. 퓨리티는 음색이 매끄러워서 여성적이라고 한다면 알케미스트는 다이내믹하고 시원시원해서 남성적이라고 하겠다. 퓨리티가 클래식에서 매끈한 음색으로 강점을 보인다면 알케미스트는 여러 장르를 무난하게 재생한다고 할 수 있다. 험이나 노이즈에 신경 쓰기 싫고 여러 장르를 골고루 듣는 잡식성 음악 애호가에게 어울리는 포노앰프다.

하이엔드의 시작
Primare R20

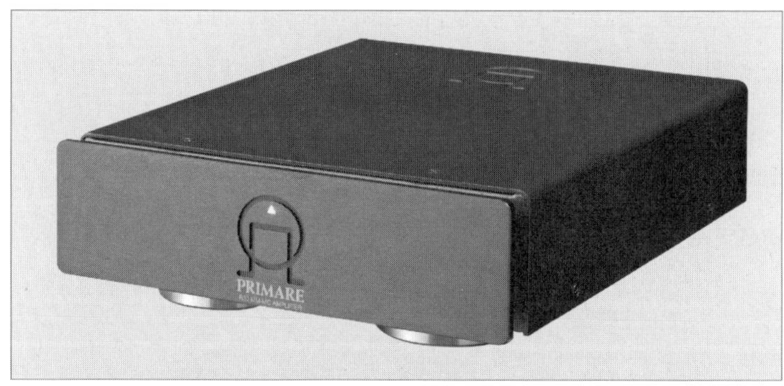

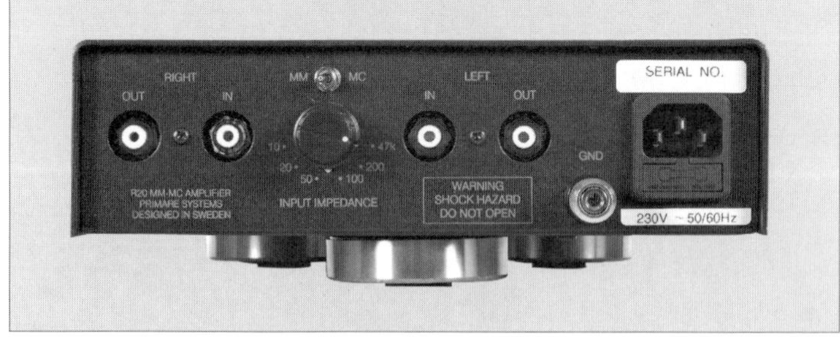

프라이메어 R20

제원 증폭 게인 35.5/41.5dB (MM), 54dB(MC)　입력 임피던스 47kΩ (MM), 10Ω /20Ω /30Ω /100Ω /200Ω (MC)　RIAA 정확도 +/- 0.2dB　S/N비 80dB (MM), 75dB (MC)　크기(WHD) 21.5 ×7.5×27.5cm

 최윤욱의 아날로그 오디오 가이드

가격으로 보면 결코 하이엔드 제품이라고 할 수 없다. 그럼에도 프라이메어 R20을 보면 자연스럽게 하이엔드 제품이라는 생각이 든다. 크지도 작지도 않은 적당한 사이즈에 만듦새와 디자인은 수백만 원이 넘는 포노앰프를 연상시킨다. 오디오 디자인이 어떤 힘을 가졌는지 눈 앞에서 보여주고 있다. 굳이 브랜드를 자세히 살피지 않아도 보는 순간 프라이메어 제품이라는 것을 알 수 있다. 전면 알루미늄 패널에 프라이메어 마크를 음각했다. 전원 스위치는 앞부분 바닥 면 아래에 배치했는데 깔끔한 전면 디자인을 위한 배려다. 철로 된 섀시의 윗면에도 음각으로 마크를 새겨넣는 정성을 들였다. 보는 맛은 소개하는 포노앰프 중 단연 최고라고 할 수 있다.

내부를 열면 앞부분에 토로이달 트랜스가 보이는데 차폐를 위해 원통형 철 케이스로 감쌌다. 섀시를 철로 하고 토로이달 전원트랜스까지 철로 감싼 이유는 포노앰프라는 특수성을 감안한 선택이다. 1백배에 달하는 증폭을 해야 하기에 노이즈로부터 신호를 보호하는 것이 중요하다. 알루미늄 같은 금속은 전기장은 막아주지만 자기장에는 무방비다. 자석에 붙는 철 같은 금속으로 감싸야 자기장까지 막아주는 효과를 얻을 수 있다. 이 때문인지 제원에서 밝히는 S/N비는 여타의 포노앰프와 비슷하지만 청감상 느낌은 더 정숙하고 깨끗했다.

뒷면에 기판이 위치하는데 IC와 필름 콘덴서가 질서정연하게 배치되어 있다. 겉 모습 뿐만 아니라 내부도 질서정연한 모습으로 하이엔드를 연상시킨다. 사용자 편의를 고려해 로딩 임피던스* 선택은 노브를 돌리는 것으로 간단히 할 수 있다. 10,

---

20, 30, 100, 200Ω , 47kΩ의 6단계로 되어 있다. MM과 MC의 선택은 작은 토글스위치 하나로 선택이 가능하다. 전체적으로 사용자 편의성을 잘 갖춘 포노앰프다.

출력이 0.3mV인 저출력 MC 카트리지로 시청을 시작했는데, 소리가 작고 답답해서 앰프의 볼륨을 올려야 했다. 볼륨을 올리니 소리는 커졌는데 산만한 느낌이 가시질 않는다. 이 소리가 프라이메어의 실력은 아닐 것이라고 판단해서 스펙을 보는데 MC를 선택했을 때 증폭 게인이 53dB에 불과했다.* 저출력 MC 카트리지를 추가 장치 없이 들으려면 게인이 최소 65dB 이상 되어야 한다.   MM으로 선택하고 승압트랜스를 추가해서 시청했다. 그러면 그렇지. 기대했던 소리가 터져 나온다. 자극이 없으면서 질감 표현이 좋은 소리가 흘러나온다. 무대 크기도 상당히 크다. 무엇보다 어수선한 느낌이 없는 안정된 사운드를 내준다. MM선택시 게인을 35.5dB과 41.5dB을 선택할 수 있다. 인티 앰프나 프리앰프, 그리고 스피커 같은 오디오 전반적인 상황에 맞춰 선택하면 된다. 일반적인 경우 41.5dB을 선택하는 것이 적당하다.

고음 음색이 약간 어두운 듯한 느낌이 있지만 해상력 부족은 느낄 수 없다. 고역의 디테일 표현이 좋고 빈 배경도 깨끗하게 처리하는 편이다. 사실 고역이 밝고 선명하면 해상력이 좋은 것으로 오해하기 쉽다. 고역에서 선명한 느낌이 드는 것과 고역의 해상력은 엄밀히 따지면 완전히 다른 것이다. 선명한 느낌의 고역은 3KHz 근처 주파수대의 피크 때문인 경우가 많다. 고역의 해상력이 좋으면 귀에 자극이 없으면서 악기의 음색이 아주 섬세하고 디테일하게 느껴진다. R20 포노앰프는 약간 어두운 음색

---

* 증폭 게인이란 쉽게 말해 신호를 뻥튀기하는 정도를 나타낸다.

  최윤욱의 아날로그 오디오 가이드

으로 음악의 섬세한 뉘앙스를 잘 표현해준다. 상당히 큰 무대 사이즈와 각 악기의 이미지가 안정적으로 표현된다. 무엇보다 칭찬할만한 점은 전체적으로 편안하고 안정감 있는 사운드를 들려준다는 것이다.

R20은 뛰어난 마감에 하이엔드를 뺨치는 디자인, 그리고 안정된 사운드를 내주는 좋은 포노앰프다. 화려한 고음을 좋아하는 마니아라면 취향과 조금 거리가 있을지 모르지만 전반적으로 훌륭한 사운드를 내는 포노앰프 임에 틀림이 없다. 특히 승압트랜스를 사용해서 들어본 MM단의 완성도는 상당한 수준이다. 앞서 얘기했듯 MC 단자에 0.3mV 근처의 저출력 카트리지를 직접 사용할 수는 없다. 0.7mV 이상의 고출력 MC 카트리지는 승압트랜스 없이 바로 사용할 수 있다. 0.7mV 이상의 출력을 내는 고출력 MC 카트리지부터 MM 카트리지까지 사용할 수 있는 셈이다. MM 카트리지를 사용하는 입문에서부터 고출력 MC 카트리지를 사용하는 중급까지 무난하게 사용이 가능한 포노앰프다. 슈어의 MM 카트리지를 물렸을 때 슈어 카트리지 특유의 질감 표현은 좋았지만 고음이 다소 얌전한 편이다. MM 카트리지는 슈어보다 피커링이나 엠파이어처럼 고음이 잘 나는 제품이 더 잘 어울렸다. R20의 진가는 MM 카트리지보다는 고출력 MC 카트리지를 사용했을 때 제대로 발휘된다. 수미코의 BPS처럼 고음이 화려한 고출력 MC 카트리지와 궁합이 좋다.

프라이메어의 다른 제품도 그렇듯 처음에 눈길을 확 잡아끄는 사운드는 아니다. 수줍은 듯 자신을 쉽게 드러내지 않는 묘한 여운을 느끼게 하는 것이 프라이메어 사운드의 특징이다. R20 포노앰프도 프라이메어 사운드의 연장선 위에 있다. 가격이 여타의 포노앰프보다 조금 비싸지만 디자인과 마감, 그리고 부드러운 음색의 사운드는 사용자에게 충분한 만족감을 준다.

모노 레코드를 즐기기 위한
Graham Slee Jazz Club

그람슬리 Jazz Club

누구나 처음은 스테레오 레코드를 듣는 것으로 아날로그를 시작한다. 음악에 깊이 빠지다 보면 좋아하는 연주자가 하나둘 생기기 시작한다. 연주자가 60년대 이후에 활동했다면 문제가 없는데 60년대 이전이면 스테레오가 탄생하기 전 시대다. 어쩔 수

    최윤욱의 아날로그 오디오 가이드

없이 모노 레코드를 구해 감상하는 수밖에 없게 된다. 대부분 이런 식으로 모노 사운드에 빠지게 된다. 모노 사운드가 고리타분하고 답답할 것이라는 선입견과 달리 실제로 들어보면 모노 사운드도 나름의 매력이 있다. 일부러 모노 레코드를 구해 모노 사운드를 즐기려고 애쓸 필요는 없지만, 1958년 이전에 활동한 연주자의 앨범을 구해서 즐기고 싶다면 과감하게 아날로그 모노 시스템을 갖추라고 권하고 싶다.

모노 레코드는 스테레오와 달리 소릿골이 좌우로만 새겨져 있다.* 따라서 좌우의 진동만 감지하도록 설계한 모노 카트리지를 사용해야 제대로 소리를 뽑아낼 수 있다. 또한 모노 레코드는 소릿골 크기가 스테레오보다 두 배 정도 넓다. 스테레오용 카트리지 바늘이 17㎛의 크기인데 모노 카트리지의 바늘은 대부분 25㎛의 큰 다이아몬드 바늘을 사용한다. 좀 더 자세히 살펴보면 1958년 이전에 발매된 모노 레코드는 확실히 25㎛의 큰 바늘에 맞게 큰 소릿골로 제작되었다.** 그러나 이 모노 음원을 재발매하는 경우에는 소릿골의 크기를 최근 스테레오 카트리지 바늘 크기에 맞춰 제작하는 것이 일반적이다. 예를 들어 1980년대에 1958년 이전 모노로 녹음한 음원을 레코드를 재발매한다고 생각해보자. 대다수의 소비자들이 바늘이 작은 스테레오 카트리지를 사용하고 있을 것이다. 따라서 음반사에서는 모노 녹음이지만 원활한 재생을 위해 스테레오 바늘에 맞게 작은 소릿골로 제작할 수밖에 없다. 그래서 1960년대 이후에 발매된 모노 음원의 레코드는 보통의 스테레오 카트리지로 플레이해도 별

---

* 스테레오는 좌우뿐만 아니라 상하로도 움직이도록 소릿골이 새겨져 있어서 두 채널의 소리를 심을 수 있다.
** 커브를 RIAA로 통일한 지 3년이 지난 1958년에 RIAA에서 스테레오 레코드의 규격을 정하면서 본격적으로 스테레오 레코드 시대가 열리기 시작한다.

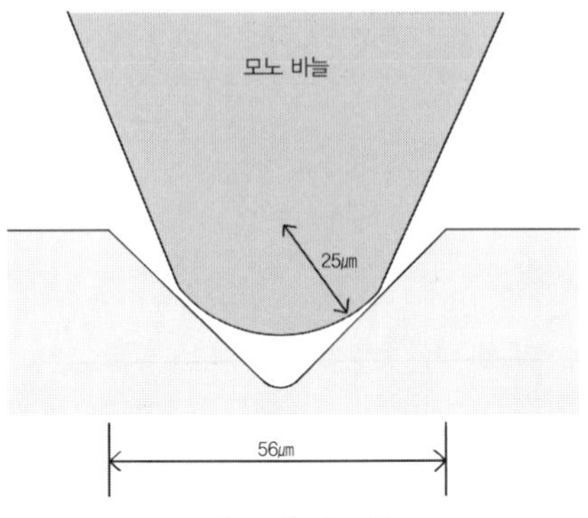

모노 레코드에 모노 바늘

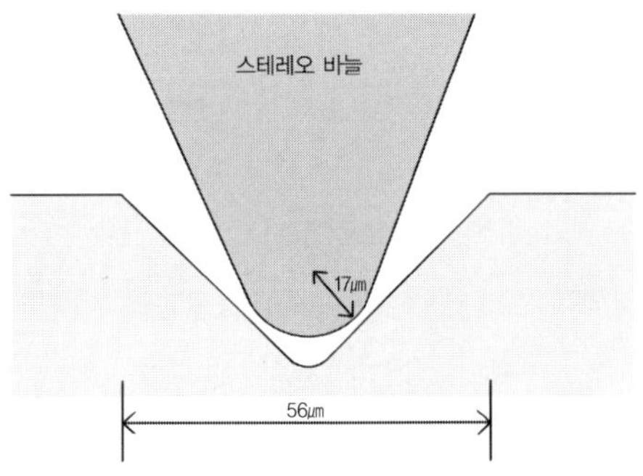

모노 레코드에 스테레오 바늘
(바늘이 작아 바닥 깊은곳만 긁게 된다)

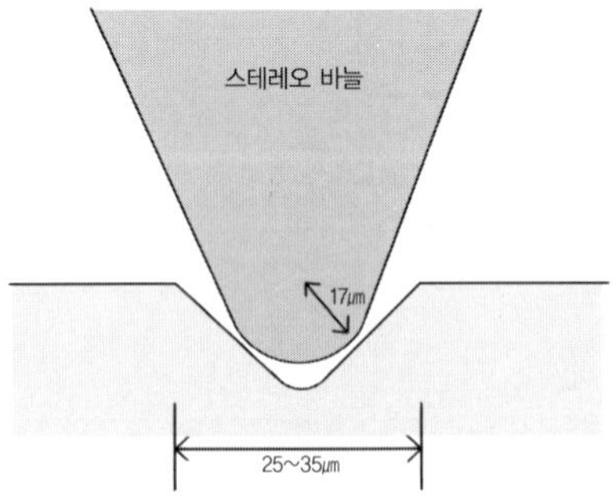

스테레오 레코드에 스테레오 바늘
(스테레오 반은 소릿골 크기가 일정치 않다)

문제가 없다.

여기서 잠깐 생각을 정리해보자. 1958년 이전에 발매된 소릿골이 큰 모노 초판은 가격도 비싸고 구하기도 어렵다. 그에 비해 1960년대 이후에 소릿골을 작게 제작해서 스테레오 바늘에도 재생 가능하게 만든 모노 음반은 재반이라 가격도 싸고 구하기도 쉽다. 이런 점에 착안해서 데논 DL-102 같은 모노 카트리지는 바늘 크기를 스테레오 바늘과 같은 17㎛로 작게 만들어 출시했다. 물론 소릿골을 추적하는 방식은 좌우 진동만 읽어들이는 모노 방식을 채택했다. 데논 DL-102는 1958년 이후에 재발매된 모노 레코드를 겨냥한 카트리지라고 할 수 있다. 이런 저런 상황을 종합하면 구입이 쉽고 상대적으로 가격이 싼 스테레오 시대에 나온 모노 음반을 통해 모노에 입문하는 것이 좋다. 이런 경우에 딱 들어맞는 카트리지가 바로 데논 DL-102다.

모노 레코드를 듣기 위해 모노 카트리지를 장만했다고 준비가 끝난 것은 아니다. 레코드에 소리를 효율적으로 심기 위해서는 저음을 줄이고 고음은 늘려야 한다는 것은 이미 앞에서 밝혔다. 그런데 그 기준이 1955년에 이르러서야 비로소 RIAA가 제시한 기준으로 통일된다. 그래서 1955년 이전에 나온 모노 레코드는 RIAA가 아닌 다른 기준으로 제작된 경우가 대부분이다. Decca 커브니 Columbia 커브니 하는 것이 바로 그것이다. 그래서 RIAA와 다른 규격으로 제작된 모노 레코드를 RIAA 규격으로 보정해서 들으면 이상하게 왜곡된 소리가 나오게 된다. 따라서 레코드 레이블에 따라서 다르게 제작한 커브를 제대로 맞춰 보정해주는 포노앰프가 필요하다.*

---

* 모노 레코드 재생에 관한 자세한 내용은 〈아날로그의 즐거움〉 '모노의 세계'를 참고하기 바란다.

문제는 기성제품으로 RIAA 외에 다양한 커브를 제대로 재생해줄 수 있는 포노앰프가 극히 드물다는 점이다. 아주 고가인 FM 어쿠스틱의 포노앰프와 보급기인 그람슬리의 재즈클럽이 있을 뿐이다. 그래서 재즈클럽에 관심을 가지고 시청해보았다. 스테레오 레코드를 재즈클럽에 연결해 RIAA로 세팅해 들었는데 솔직히 기대에 부응하는 소리가 아니었다. 앞서 소개한 포노앰프들에 비해 가격이 비싼 축에 드는데 소리는 결코 더 낫다고 할 수 없었다. 중음은 다소 부풀려져 있었고 고음은 산만하고 어수선했다.

재즈클럽은 전면에 있는 세 개의 토글스위치로 커브를 맞추게 되어 있다. 맨 우측에 있는 스위치는 저음을 녹음된 원 상태로 만들기 위해 부풀리기 시작하는 주파수대를 선택하게 되어 있다. 250Hz, 375Hz, 500Hz(RIAA) 세 가지로 선택이 가능하다. 중앙과 좌측에 있는 토글스위치로는 고음을 녹음된 원상태로 되게 하기 위해 10kHz부터 줄이기 시작할 때 줄이는 정도를 선택할 수 있다. 중앙과 좌측의 스위치를 조작해서 −5dB, −11dB, −13.7dB, −16dB 중 하나를 선택하면 된다. RIAA 규격은 이중 −13.7dB를 선택하면 된다. 매뉴얼을 살펴보면 알겠지만 모노 레코드 외에 다양한 SP 레코드의* 커브도 지원하기 때문에 SP 레코드도 제대로 즐길 수 있다.

재즈클럽의 다소 거칠고 산만한 고음 때문에 RIAA 외에 다양한 규격의 커브에 대응이 가능하다는 장점에도 불구하고 선

---

* Standard Playing Record의 약자로, LP 이전의 초기 원반형 레코드를 말한다. LP가 Long Playing의 약자인 이유도 SP 레코드에 비해 장시간 연주가 가능했기 때문이다. SP는 셸락(Shellac)이라는 동물성 수지로 만드는데, 다양한 회전수가 있었으나 1925년경부터 78회전으로 통일되어 생산되었다. LP가 보편화된 1961년 무렵 생산 중지되었다.

 최윤욱의 아날로그 오디오 가이드

데논 DL-102

뜻 추천할 수 없었다. 그러다 우연히 데논의 모노 카트리지 D-102를 장차해 모노 레코드를 재즈클럽에 연결해 들을 기회가 생겼다. 첫 소리부터 내가 아는 재즈클럽이 맞나 싶을 정도로 완전히 다른 소리가 나왔다. 어수선하고 산만하던 고역은 적당히 절제되어 듣기 좋았다. 음색을 과도하게 부풀리던 단점도 모노에서는 적당히 듣기 좋게 들렸다. 무엇보다 스테레오 레코드 재생에서 약간 오버하던 모습이 모노 레코드 재생에서는 전혀 느껴지지 않았다. 같은 포노앰프인데 스테레오와 모노에서 다른 소리를 내는 이유는 무엇일까? 곰곰이 생각해보니 대략 두 가지로 요약이 되었다.

첫째는 개발 단계부터 모노 레코드 재생을 전제로 제작했을 가능성이다. 모노 레코드만의 독특한 음색에 맞도록 음질 튜닝을 했기 때문에 모노로 들었을 때 적당한 밸런스와 듣기 좋은 음색을 들려주는 것일 것이다. 둘째는 데논의 모노 카트리지인 DL-102와 궁합이 좋아서일 것이다. RIAA 이외의 다양한 커브를 제공하는 포노앰프가 드물듯 모노 카트리지도 드문 편이다. 가격이나 구입 편이성을 따져보면 DL-102가 가장 무난하게 추천할 수 있는 모노 카트리지다. DL-102의 음질은 고음이 순하고 음색이 다소 심심하고 밋밋한 편이다.* 여기에 다소 음색을 부풀리고 과장하는 재즈클럽과 조합이 좋은 결과를 가져온 것이다.

스테레오 레코드 재생에서는 음질이 그다지 자연스럽지 못했지만 데논 DL-102와 어우러져 들려주는 재즈클럽의 모노 사운드는 일품이다. 특히 RIAA 규격이 아닌 다른 커브로 녹음된 모노 레코드를 RIAA 규격만 지원하는 일반 포노앰프로 들으면 이상하게 왜곡된 소리를 들을 수밖에 없다. 모노 레코드에 사용된 커브를 찾아서 제대로 듣고자 한다면 사실 재즈클럽 말고는 대안이 없다. 재즈클럽은 모노 레코드를 상당량 소유하고 있고 이것을 제대로 즐기고 싶다면 꼭 사야 하는 포노앰프다.

⊙ **턴테이블에 달린 톤암 케이블은 왜 다른 케이블보다 굵기가 가늘까?**
케이블은 굵기가 굵어질수록 중심에 있는 심선과 심선을 둘러싸고 있는 실드까지의 거리가 멀어지면서 전기를 저장하는 성질이 커진다. 콘덴서의 용량을 나타내는 Q값이 커지는 것이다. 콘덴서 용량이 클수록 전기를 품고 있으려고 하는 성질이 강해진다. 카트리지에서 생성된 전기신호는 CD플레이어에서 나오는 전기신호보다 훨씬 미약한 전기다. 이런 미약한 전기는 전기를 품고 있으려는 성질이 큰 굵은 케이블을 통과하면 손실이 커진다.
그런 이유로 톤암 케이블은 대체로 일반 인터커넥트 케이블에 비해서 굵기가 가늘다.

---

* 오디오 테크니카의 AT-MONO3 카트리지도 비슷한 가격대로 추천할만하다. DL-102보다 고음이 좀더 화려하다.

기타 추천할 만한 포노앰프

입문용이지만 진공관으로 제작된 많은 포노앰프들이 있다. 제일 먼저 떠오르는 것은 광우의 에밀레 KPE-1이 있다. 전원트랜스는 토로이달을 사용해서 저가이면서도 험과 노이즈가 적은 편이다. 쉽게 느낄 수 있을 정도로 저음 양이 풍부해 저음 부족에 시달리는 시스템에 좋다. 소리는 톤이 굵고 부드러운 느낌을 주지만 섬세한 해상력이나 디테일은 부족한 편이다. 부드럽고 편안하지만 저음이 너무 풍성하다 못해 풀어져서 집중해서 듣는 음악 감상 용도로는 아쉽고 백그라운드로 음악을 즐기기에 적당하다. 후속 모델인 몬스 900P는 저음의 양이 조금 줄어들고 전체적으로 풍성한 느낌이 줄어서 좀 더 중립적인 소리를 낸다.

국내 진공관 앰프 제작 업체 중에서 가장 선도적인 업체인 얼닉에서 제작한 H-1200이란 포노앰프도 입문용으로 쓸 만하다. 진공관인데도 소리의 결이 가늘고 해상력이 좋은 반면에 푸근하고 부드러운 느낌은 적은 편이다. 상급기인 H-1500은 1200의 이런 단점을 해결한 모델로, 자연스러우면서 부드러운 음색이 일품이다. 승압트랜스를 내장해서 MC를 사용할 수 있지만

얼닉 H-1500

MM의 뛰어난 음질에 비하면 MC 단의 음질은 약간 아쉽다. 가격도 중고가 기준으로 100만 원을 넘는 제품이지만 국내 브랜드 제품 중에서 가장 인상적인 소리를 들려주는 포노앰프 중 하나다.

오스 오디오의 PH-700은 마란츠7 회로를 이용해 제작한 포노앰프로, 푸근하고 여운이 풍성한 소리다. 선율이 가늘지 않고 두터운 편으로 클래식 감상시 선율을 아주 섬세하게 표현하는 능력이 부족하지만 따뜻한 느낌의 음색이 장점이다. 두터운 선율과 따뜻한 음색 탓에 올드팝이나 가요에 강하다. 구형이 좀

오스 오디오 PH-700

　최윤욱의 아날로그 오디오 가이드

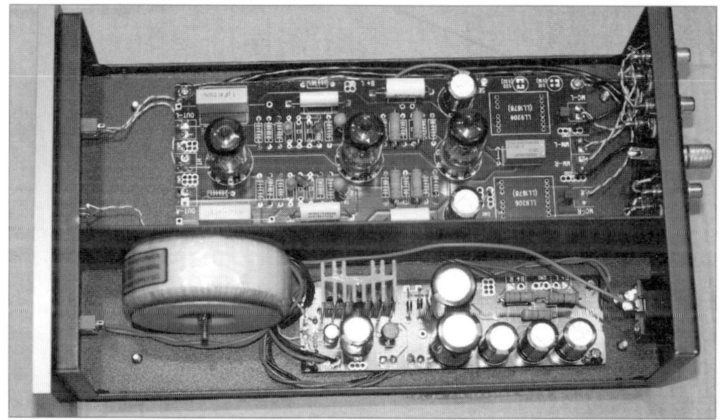

꼼방 REAR

더 푸근한 음색이고 신형은 좀 더 해상력이 좋아지는 쪽으로 튜
닝되었다.

함승민 제작의 REAR 포노앰프는 EAR 834P를 카피한 제품
으로 저렴한 가격으로 아날로그를 즐기기에 무난하다. MM 버
전이 대부분이고 가끔 MC 버전도 보이지만 MC 버전의 성능은
시원치 않은 편이라 MM 버전을 구입하는 것이 낫다. 다양한 버
전이 존재하고 사용자들이 콘덴서를 교체한 제품도 많이 돌아

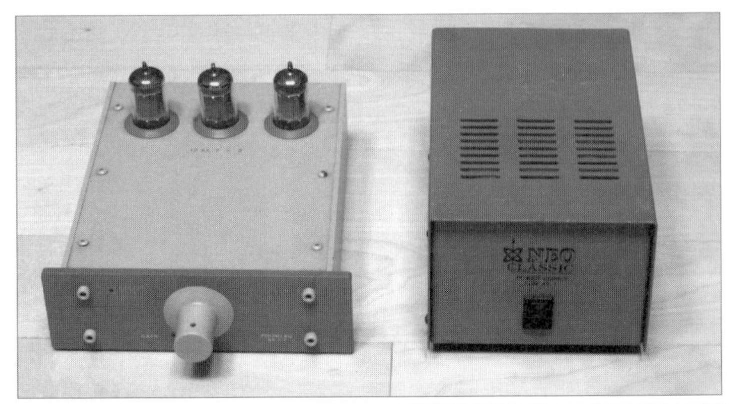
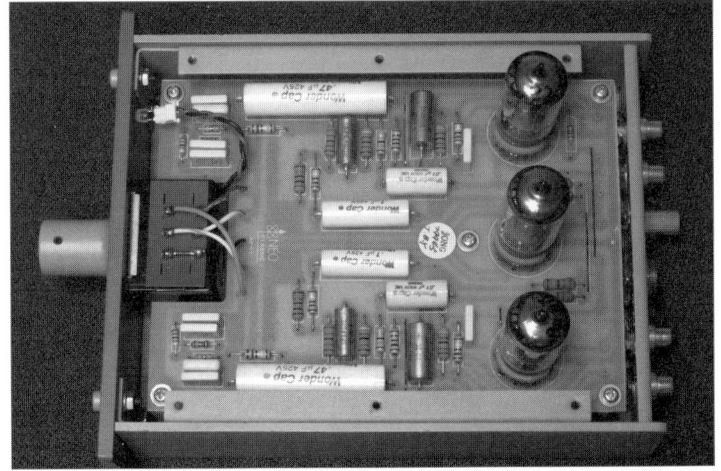

네오 클래식 AY-1

다닌다. 가격대비 음질이 좋은 제품이지만 개조를 한 제품이 많아서 충분히 알아보고 구입해야 한다.

물건이 흔하진 않지만 네오 클래식의 AY-1이란 국산 포노앰프도 예쁜 음색을 자랑한다. 대역폭도 좁고 무대도 크지 않지만 음색이 아주 부드럽고 편안하다. 대편성을 소화하기에는 무리가 있고 소편성이나 독주만 듣는다면 상당히 매력적인 소리를 들려준다. 특히 전면에 부착된 볼륨을 통해 게인을 다양하게 조

 최윤욱의 아날로그 오디오 가이드

정할 수 있어서 사용이 편리하다.

자작이나 공동제작 형태로 제작된 포노앰프의 대부분은 RIAA 보정을 NFB 방식으로 하는 마란츠7 포노회로를 사용한다. 공동제작은 그나마 제작자의 실력이 어느 정도 검증이 되서 믿을 수 있지만 개인이 제작한 포노앰프는 구입 시 충분히 시청해서 하자 여부를 살펴야 한다. 진공관의 상태도 확인할 겸 30분 이상 천천히 소리를 듣고 구입을 결정하는 것이 좋다.

포노단이 좋은 인티/프리앰프 추천

Mission Cyrus 3(인티)
Luxmann 58A, 68A(인티)
Naim Audio Nait 2, 3(인티)
Audio Analogue Puccini SE, Settanta(인티/신품)
Audible Illusion M3A(프리)
Threshold FET9/e, 10/e(프리)
April Music Stello DP300, 200(프리 겸 DAC/신품)
Audio Analogue Bellini(프리/신품)

카트리지 업그레이드 하기

chap. 5

신품을 사거나 중고로 턴테이블을 구입하면 번들로 이미 카트
리지가 장착되어 있다. 이렇게 번들 카트리지로 아날로그를 시
작하는 경우가 대부분이다. LP로 음악을 즐기는 맛을 알아갈 즈
음 잘 쓰던 카트리지 바늘을 부주의로 황천길로 보내는 불상사
가 생긴다. 아이가 호기심에 만지다가 일을 낼 수도 있고, 아내
가 청소한다고 걸레로 스윽 닦다가 사고를 내기도 한다. 사고가
나지 않으면 음악을 즐기는 아날로그 음악생활이 익숙해지면서
다른 카트리지는 어떤 음을 내줄지 슬슬 호기심이 발동하기도
한다. 이 장에서는 이런 저런 이유로 카트리지를 업그레이드하
고자 할 때 알아야 할 것을 다루고자 한다.

카트리지는 기본적으로 어떻게 음악신호를 만들어내는지 원
리를 살펴보고, MM과 MC 카트리지의 구조가 어떻게 다른지
살펴볼 것이다. MM과 MC 카트리지는 구조가 달라서 소리도
차이가 날 수 밖에 없다. 왜 소리가 다를 수밖에 없는지 그 이유
도 알아볼 것이다. 카트리지의 기본적인 성능을 표시하는 침압
이나 출력전압 같은 스펙을 보는 방법, 그리고 그 스펙에 적힌

숫자로 어떤 소리를 내줄지 예측할 수 있는 안목도 배우게 될 것이다.

카트리지는 톤암에 장착될 수밖에 없다. 따라서 카트리지를 선택할 때 톤암과의 상관관계가 아주 중요하다. 그래서 톤암의 기본적인 특성과 구조도 알 필요가 있다. 톤암의 기본 특성을 익히고 이런 특성이 카트리지와 조합을 통해 어떻게 작용하는지 살펴 볼 것이다. 이런 과정을 통해 최종적으로 내가 선택하고 싶은 카트리지가 현재 소유한 턴테이블의 톤암과 잘 어울리는지 알 수 있다.

MM과 MC 카트리지의 작동원리

카트리지는 진동을 전기로 바꿔준다

카트리지가 하는 일을 한마디로 요약하면 진동을 전기로 바꿔주는 것이다. 조금 어렵게 표현하면 진동에너지를 전기에너지로 전환시켜주는 변환기다. 진동이 어떻게 전기가 될 수 있는지 궁금할 것이다. 초등학교에서 하는 간단한 과학실험으로 진동이나 운동에너지가 전기가 될 수 있다는 것을 알 수 있다. 그림과 같이 코일이 감긴 타래의 양 끝에 꼬마전구를 연결한다. 그 다음 자석을 코일 타래에 가까이 대고 좌우로 힘차게 흔들면 꼬마전구에 불이 들어온다. 세게 흔들면 불이 세지고 천천히 흔들면 불이 희미해진다. 물론 자석을 흔들지 않고 가만히 있으면 꼬마전구에 불이 들어오지 않는다.

카트리지의 원리도 위에서 설명한 것과 똑같다. 코일 앞에 자석을 놓고 자석을 캔틸레버라는 막대에 연결한다. 캔틸레버 막대 끝에는 다이아몬드를 정교하게 깎은 바늘을 붙인다. 바늘이

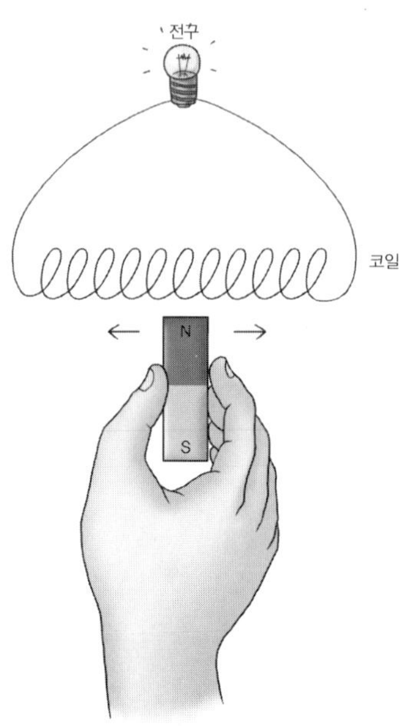

전기 신호 발생 원리

레코드에 새겨진 소릿골을 따라 상하좌우로 움직이게 되면 바늘에 연결된 캔틸레버를 통해 자석이 요동치게 된다. 자석이 요동치면 자석 뒤에 있는 코일에 전기가 발생된다. 이것이 바로 MM(Moving Magnet) 카트리지가 전기 신호를 발생시키는 원리다. 앞에서 설명한 대로 카트리지 몸체에 코일이 있고 자석이 바늘의 움직임에 의해 움직이면서 전기를 발생시킨다고 해서 Moving Magnet이라고 한 것이다. 쉽게 말해 자석이 움직이면서 전기신호를 만드는 카트리지가 MM 카트리지인 것이다.

그럼 MC(Moving Coil) 카트리지는 MM 카트리지와 어떻게 다를까? 눈치 빠른 독자는 바로 알아챘을 것이다. 자석이 카트리지 몸체에 있고 그 앞에 코일을 실패 같은 것에 감아서 놓는

 최윤욱의 아날로그 오디오 가이드

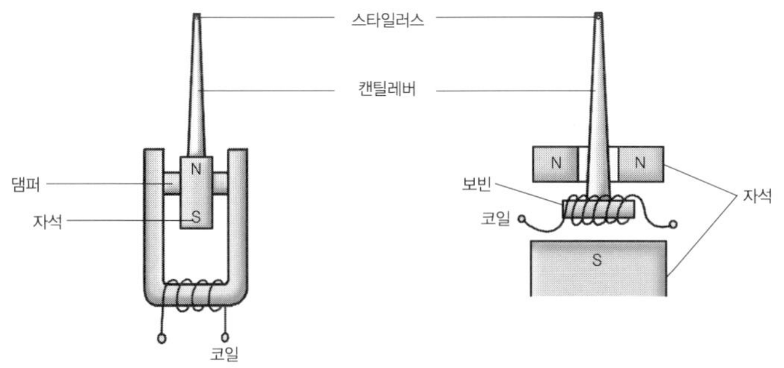

MM(좌)과 MC(우) 카트리지의 구조

데 이 실패를 보빈(bobbin)이라고 부른다. 보빈에 캔틸레버라는 막대기를 붙이고 그 끝에 다이아몬드 바늘을 접착한다. 바늘이 레코드의 수릿골을 따라 진동하면 캔틸레버를 통해 코일이 감긴 보빈이 진동하게 된다. 이처럼 코일이 움직인다고 해서 Moving Coil이라고 한 것이다. 설명을 듣고 나면 처음에 카트리지 발전원리 설명할 때와 원리는 똑같고 코일과 자석의 위치만 반대로 되었다는 것을 알 수 있다. 맞다! MM과 MC는 코일과 자석의 위치만 바뀌었을 뿐이다.

코일과 자석 사이에 진동에 의해 전기신호가 생기는 것은 똑같은데 왜 굳이 MM과 MC를 구분해서 설명하는 것일까? 궁금증이 생길만 하다. 이것도 이유를 알고 나면 아주 간단하다. MM 카트리지를 예를 들어 설명해 보겠다. 바늘이 레코드의 소릿골을 따라서 진동을 하면 캔틸레버라는 막대를 통해 자석이 진동하게 된다. 이때 카트리지 본체에 있는 코일이 몇 바퀴 안 감긴 것이라고 하자. 그러면 코일에서 생기는 전압이 아주 낮다. 이와 달리 코일이 아주 많이 감겨 있으면 발생하는 전기의 전압이 높아진다. 카트리지에 발생하는 신호의 전압이 높아지는 만큼 포노앰프에서는 조금만 증폭해도 되기 때문에 상대적으로 유리하다. 그래서 MM 카트리지는 코일을 충분히 감아서 높은 전압인 3mV 정도를 발생시키게 제작한다.

그럼 MC 카트리지의 경우를 살펴보자. MC 카트리지는 바늘에서 진동이 발생해서 캔틸레버를 통해 코일이 감긴 보빈이 움직이면서 전기가 발생한다. 이런 구조에서 충분히 높은 전압을 얻기 위해 보빈에 코일을 많이 감았다고 하자. 그러면 이론적으로는 충분히 높은 전압은 얻을 수 있을지 모르지만 보빈이 너무 커지고 무거워지게 된다. 보빈이 커지고 무거워지면 캔틸레버 끝에 달린 바늘이 열심히 진동을 하려고 해도 크고 무거운 보빈 때문에 움직임이 둔할 수밖에 없다. 조금 더 쉽게 예를 들어 설명해 보자. 가벼운 일반 볼펜으로는 글씨를 쉽게 잘 쓸 수 있다. 만약 볼펜 머리에 무거운 골프공을 끼웠다고 해보자. 무거운 골프공 무게 때문에 전처럼 부드럽고 자연스럽게 글씨를 쓰기가 어려워질 것이다. 그래서 코일이 움직이는 MC 카트리지는 코일을 많이 감을 수가 없다. 결국 출력전압이 MM 카트리지의 1/10 수준인 0.3mV 정도만 내게 된다.

MM 카트리지는 MC 카트리지에 비해 열 배에 달하는 높은 전압의 전기신호를 낼 수 있어서 승압트랜스나 헤드앰프 없이 곧바로 포노앰프나 포노단자에 연결할 수 있는 장점이 있다. 또한 MM 카트리지는 구조상 바늘과 캔틸레버 자석이 한 몸으로 연결되어 있어서 바늘이 다 닳거나 캔틸레버가 부러지면 빼서 새 바늘로 갈아 끼우면 문제가 해결된다. 출력전압도 높고 바늘이 수명이 다 되거나 부러지면 카트리지 몸통은 그대로 두고 바늘만 갈아 끼울 수 있으니 아주 편리하고 경제적이다. 간혹

MI(Moving Iron)라는 방식의 카트리지도 있는데 이것은 MM의 변형이다. 소리 특성이나 스펙이 MM 카트리지와 거의 같다고 생각하면 된다.

자 그럼 MC 카트리지는 어떤지 살펴보자. 바늘이 닳거나 부러졌다고 가정하자. 바늘을 빼내려고 하면 캔틸레버에 결합된 보빈과 코일이 따라 나올 수밖에 없다. 카트리지 몸체에 연결되어 있는 코일이 끊어지게 되는 것은 자명하다. 그래서 MC 카트리지는 바늘만 교환 할 수가 없다. 바늘이 부러지면 카트리지를 통째로 교환해야 한다. 수리를 하더라도 카트리지에 캔틸레버와 바늘이 붙어 있는 상태에서 해야 한다. 여기서 궁금증이 생길 것이다. MC 카트리지는 출력전압도 낮아서 추가로 승압 트랜스나 헤드앰프가 있어야 하고, 바늘도 교환이 되지 않는데다가 가격도 MM 카트리지보다 훨씬 더 비싸다. 그런데 왜 다들 MM 카트리지보다 MC 카트리지를 사용하고 싶어 하는 것일까? 하는 의문이 들 것이다. 그 해답의 열쇠는 MC 카트리지의 소리에 있다.

MM과 MC 카트리지의 소리 차이

아파트에서 생활하다 보면 소음 때문에 신경 쓰이는 일이 자주 있다. '쾅~ 쾅~' 울리는 못질 소리는 옆집에서 나는 건지 윗집에서 나는 건지 쉽게 구분되지 않을 때가 많다. 그런데 바이올린 소리 같은 고음은 보다 쉽게 어디에서 나는 소린지 알아차릴 수 있다. 이렇듯 저음보다 고음의 위치 파악이 쉬운 이유는 소리라는 음파가 가진 성질 때문이다. 고음은 레이저 빔처럼 직선으로 뻗는 성향이 강하고 저음은 수면에 퍼지는 물결처럼 사방으로 퍼지는 성질이 강하다.

가운데 구멍이 있어서 공기가 통하는 길이가 긴 호스로 간단한 실험을 해보자. 호스를 원형으로 하나는 열 번 감고 다른 하나는 백번 감았다고 하자. 호스의 한쪽 끝에서 사람이 도, 레, 미, 파, 솔, 라, 이런 식으로 낮은 음부터 낼 수 있는 최고 높은 음까지 차례로 내게 하고 반대편에서 귀로 이 소리를 듣는다고 가정하자. 열 번 감은 호스에서는 높은 음까지 큰 무리 없이 들을 수 있을 것이다. 엄밀하게 따지면 이 경우에도 저음이 고음보다 더 잘 들린다. 백번 감은 호스에서는 저음은 그런대로 들

  최윤욱의 아날로그 오디오 가이드

리지만 고음으로 올라갈수록 소리가 작아지고 잘 들리지 않게 될 것이다. 이유는 앞서 얘기한 대로 저음은 사방으로 물결치듯 전달되기 때문에 구부러진 호스도 잘 통과하지만 고음은 레이저 빔처럼 직선으로 뻗어나가는 성질이 있기 때문에 구부러진 호스를 잘 통과하지 못하기 때문이다.

공기 중에서 저음과 고음이 가지는 이런 특성과 코일 속에 흐르는 전기신호의 특성이 아주 비슷하다. 코일의 감은 횟수가 적을 때는 저음의 전기신호(낮은 주파수)나 고음의 전기신호(높은 주파수)나 잘 통과한다. 코일을 많이 감으면 감을수록 낮은 주파수 전기는 그런대로 잘 통과하지만 높은 주파수의 전기는 통과하기가 힘들어진다.*

카트리지 얘기를 하다 갑자기 호스를 감아놓고 저음이 잘 들리는지 고음이 잘 들리는지 알아보는 얘기를 왜 하나 싶을 것이다. 이유는 천천히 생각해보면 알 수 있다. MM 카트리지는 충분히 높은 출력을 내기 위해 코일을 충분히 감았다고 했다. 그렇게 함으로써 출력은 충분히 높아셨지만 고음의 전기신호는 상대적으로 줄어들 수밖에 없는 운명에 처했다. 마치 동화 '인어공주'에서 인어공주가 마귀할멈의 도움으로 어여쁜 두 다리를 얻게 되지만 목소리를 빼앗긴 것처럼 말이다.

MC 카트리지의 경우는 보빈이 무거워지면 안 되기 때문에 어쩔 수 없이 코일을 적게 감을 수밖에 없다. 그래서 출력이 MM 카트리지의 1/10 밖에 안 되는 낮은 전압을 내게 된다. 그런데 이런 이유로 코일 감은 횟수가 적어지다 보니 MM 카트리지보다 상대적으로 고음이 잘 나오게 된다. "세상에는 다 좋기

---

* 코일의 이런 특성을 이용해서 투웨이 스피커에서 저음을 담당하는 우퍼에 고음 신호가 들어가지 못하게 한다. 자세한 내용은 〈굿모닝 오디오〉 스피커 편을 참고하기 바란다.

만 한 것도 없고, 다 나쁘기만 한 것도 없다"는 말이 있다. 무게를 가볍게 하기 위해 어쩔 수 없이 코일을 적게 감다 보니 출력전압이 낮아서 불편하지만 반대로 고음은 술술 잘 나오게 되는 장점을 가지게 된 것이다.

MM과 MC 카트리지는 코일의 감은 횟수가 다르다. 그래서 출력전압이 차이가 나고, 소리의 특성도 다르게 된다. 코일을 적게 감은 MC 카트리지가 상대적으로 고음이 잘 나오고 좀 더 생생한 소리를 내준다. 이에 비해 MM 카트리지는 고음이 상대적으로 덜 나와서 순하고 부드러운 느낌의 소리를 내준다. 물론 비행기보다 빠른 자동차가 있듯이 MM이지만 MC보다 고음이 잘 나오는 카트리지가 있을 수는 있다. 그러나 전체로 보면 MC 카트리지가 MM 카트리지보다 고음이 더 잘 나오고 좀 더 생생한 소리를 내준다고 할 수 있다.

MC 카트리지가 더 생생한 소리를 들려주는 것은 맞지만 MM 카트리지에 비해 가격도 비싸고 승압트랜스나 헤드앰프 같은 추가 장치도 필요하다. MM 카트리지는 MC와 다른 독특한 질감 표현이나 편안한 느낌의 매력이 있다. 그래서 입문하는 입장에서는 MM 카트리지의 맛을 충분히 즐기고 난 후에 천천히 MC 카트리지로 접근해가는 것이 좋다. 처음부터 MC 카트리지를 쓰게 되면 MM 카트리지가 가지는 독특한 매력을 충분히 만끽하지 못한 채 지나치기 쉽다.

　　최윤욱의 아날로그 오디오 가이드

카트리지 스펙 보기

출력전압

카트리지를 사면 포장 박스 안에 종이가 들어 있기 마련이다. 종이에는 다양한 수치가 적혀져 있다. 그 수치를 어떻게 이해해야 되는지 알아보기로 하자. 스펙의 여러 가지 수치 중에서 제일 먼저 볼 것이 출력전압(Output Voltage)이다. MM 카트리지는 보통 3~5mV* 정도의 수치를 가진다. MC 카트리지 중에서 고출력이라 부르는 제품은 대충 0.7~1.8mV 정도의 수치를 표시하고 있다. 1.5mV 정도의 고출력 MC 카트리지라면 볼륨을 조금 더 올리는 수준에서 MM용 포노앰프에 바로 연결해서 시청할 수 있다. 그러나 1.0mV 이하라면 MM용 포노앰프에 그대로 연결해서 듣기에는 문제가 있다. 단순하게 볼륨을 더 올리면 되지 않느냐고 생각할 수 있다. 물론 볼륨을 12시나 1시 방향까지 올

---

* 간혹 출력전압의 단위가 mV가 아닌 μV로 표시되는 경우가 있다. 이 경우 μV앞에 숫자를 1000으로 나누면 mV 단위가 된다. 예로 3000μV는 3mV가 된다.

리면 소리는 들을만한 수준으로 커지지만 음질이 나빠진다. 저음은 부풀어서 풀어지고 중음과 고음은 산만해져서 듣기 거북한 이상한 소리가 나게 된다.

40dB 정도를 증폭하는 MM용 포노앰프나 앰프의 포노단자를 가지고 있다면 카트리지를 구입하기 전에 출력전압을 꼭 확인해야 한다. 최소한 1.5mV 이상의 출력전압을 가진 카트리지여야 승압트랜스나 헤드앰프 같은 추가 장치 없이 바로 연결해서 소리를 들을 수 있다. 0.7~1.5mV 정도의 출력전압을 갖는 카트리지를 사용하고 싶다면 포노앰프가 MC 대응이 되는 제품으로 증폭도가 55dB 정도는 되는 제품이어야 한다. 무작정 '어떤 카트리지가 좋다더라' 하는 풍문에 휩쓸려 구입할 것이 아니라 구입 전에 출력전압을 먼저 확인해야 한다. 이런 점을 모두 고려하면 첫 번째 카트리지 업그레이드는 출력전압이 높은 MM이나 MI 카트리지를 선택하는 것이 무난하다.

침압

카트리지 선택에서 두 번째로 보아야 할 수치는 침압(Tracking Force)이다. 침압 수치는 대개 그램(g)으로 표시되는데 우리가 보통 쓰는 무게 단위의 그램과 같다. 침압은 카트리지를 제작할 때 미리 계산해 정한 것으로, 실제 톤암에 장착해서 레코드를 들을 때 꼭 맞춰주어야 하는 항목이다. 간혹 레코드가 닳을까봐 침압을 적게 주거나 좀 더 묵직한 소리를 듣기 위해 침압을 더 주기도 하는데 두 경우 모두 바람직하지 않다.

간단한 예로 왜 침압을 정해진 만큼만 주어야 하는지 알아보자. 만년필이나 펜촉으로 글씨를 쓴다고 생각해보자. 펜촉 끝에

 최윤욱의 아날로그 오디오 가이드

적당한 힘이 가해지면서 글씨가 써지게 된다. 만약 펜에 힘을 너무 적게 주면 글씨가 가늘어지면서 제대로 된 글씨꼴이 안 되게 써질 것이다. 반대로 너무 힘을 주게 되면 글씨가 굵어지면서 진해지기는 하지만 펜촉 끝이 벌어져서 펜을 얼마 쓰지 못하게 될 뿐 아니라 종이가 글씨 자국을 따라 심하게 눌릴 것이다. 약간의 차이는 있겠지만 글씨를 예쁘게 잘 쓰려면 너무 약하지도 않고 너무 세지도 않은 적당한 힘으로 써야 한다. 이처럼 카트리지의 바늘도 적정 침압을 주어야 레코드의 소릿골을 효과적으로 추적해서 음악신호를 잘 만들어낼 수가 있다.

적정 침압을 지켜야 하는 이유는 또 있다. 카트리지의 특성상 침압을 덜 주면 그림 C와 같이 캔틸레버와 레코드가 만나는 각도가 커진다. 반대로 침압을 많이 주면 그림 B같이 캔틸레버와 레코드가 만나는 각도가 작아진다. 레코드를 처음 만들 때 커팅 머신이 빈 레코드에 소릿골을 새겨 넣게 되는데, 이때 레코드 회사마다 각도가 약간씩 다르지만 대략 15° 정도가 일반적이다. 이 각도에 맞춰서 카트리시 회사늘도 레코드와 캔틸레버 각도가 15° 정도가 되도록 제작한다. 카트리지가 적정 침압일 때 이 각도가 유지되는 것이다. 만약 침압을 적게 주면 15°보다 더 큰 각도로 레코드를 추적하게 된다. 침압을 많이 주면 캔틸레버가 주저앉으면서 15° 보다 작아진 각도로 레코드 소릿골을 따라가게 된다. 이 각도가 달라지면 원래 레코드에 녹음된 신호와 다

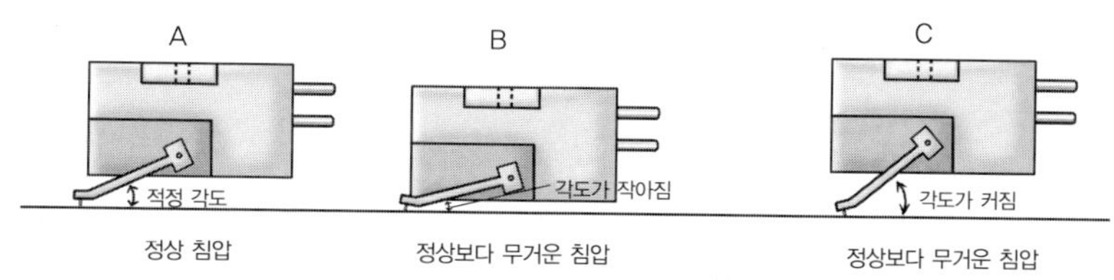

침압에 따른 바늘과 레코드의 각도 변화

르게 왜곡된 신호가 카트리지에서 나올 수밖에 없다. 어떤 경우라도 침압은 규정된 범위를 벗어나게 조정해서는 안 된다.

침압에 대해 좀 더 세밀하게 살펴보자. 보통 침압 수치를 보면 2.0g이라고 표시된 경우도 있지만 대부분 1.8~2.2g 이런 식으로 범위를 제시하는 경우가 많다. 간혹 2.0+/−0.2g이라고 표시하고 표준(Recommend)은 2.0g이라고 표시하기도 한다. 차라리 2.0g이라고만 표시하면 고민이 없을 텐데 얼마에서 얼마로 범위를 정해 표시하면 어디에 맞추라는 것인지 쉽게 감이 잡히지 않을 것이다. 기준은 침압을 줘 가면서 소리가 좋은 지점의 값을 선택하면 된다. 침압을 최대치로 주면 저음이 묵직해지고 전체적으로 안정감 있는 소리가 난다. 침압을 최소치로 주게 되면 고음이 살아나면서 섬세해지는데 약간 가벼운 느낌이 난다. 결국 소리를 들어가면서 자기의 취향에 맞춰서 선택하면 된다.

새 카트리지라면 정해진 범위에서 가장 큰 수치에 맞춰 사용하는 것이 좋다. 고무 댐퍼 등이 아직 싱싱하기 때문에 상한선까지 침압을 주어도 아무 문제가 없다. 오래된 중고 카트리지의 경우는 상한선까지 침압을 주기보다는 중간 값이나 하한 값을 주는 것이 좋다. 이유는 댐퍼 등이 노화되어 탄력이 줄어들었을 가능성이 크기 때문이다. 싱싱한 젊은이는 무거운 짐도 잘 견디지만 노인에게 무거운 짐은 부담이 되는 것과 같은 이치다.

컴플라이언스

침압이 단순히 카트리지를 톤암에 장착해서 세팅할 때 주어야 하는 무게 값으로만 생각하는 사람들이 많다. 물론 적정 침압을 톤암의 무게 추나 노브를 돌려 맞춰주기만 하면 문제없이

　　최윤욱의 아날로그 오디오 가이드

레코드를 즐길 수 있는 것은 사실이다. 그런데 적정 침압 수치로 카트리지가 어떤 소리를 내줄지 어느 정도 짐작이 가능하다고 말한다면 믿는 사람이 있을까? 아마 별로 없을 것이다. 그러나 적정 침압 수치를 알면 그 카트리지가 어떤 소리를 내줄지 어느 정도 추측이 가능하다.

지금부터 그것에 대해 알아보기로 하자. 침압과 관련해 유심히 보아야 할 항목이 바로 컴플라이언스(Compliance)라는 항목이다. 정의는 캔틸레버 끝을 10^{-6} 다인(dyne)이라는 미약한 힘으로 밀었을 때 움직인 거리를 나타낸 것으로, 단위는 보통 ㎝/dyn이나 ㎛/mN이다. 정의는 다시 읽어봐도 무슨 뜻인지 감이 안 잡힐 것이다. 실제로 아날로그 꽤나 했다는 마니아도 컴플라이언스에 대해 정확히 이해하지 못하는 경우를 많이 보았다. 쉽게 설명하면 캔틸레버가 얼마나 부드럽게 움직이느냐를 나타내는 수치다. 보통 수치가 10~20 정도인데 수치가 낮을수록 딱딱해서 덜 움직인 것이고 수치가 클수록 부드러워서 캔틸레버 끝이 많이 움직인 것이다.

그림처럼 같은 크기의 창포 묵과 지우개에 이쑤시개를 같은 깊이로 꽂아놓았다고 상상해보자. 창포 묵에 꽂은 이쑤시개는 옆으로 살짝만 밀어도 쉽게 밀린다. 같은 힘으로 지우개에 꽂힌

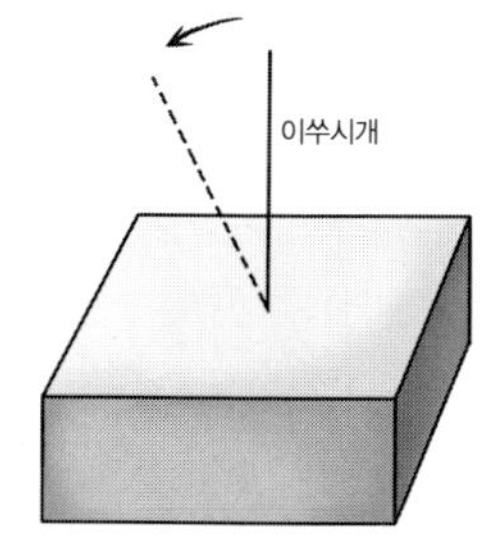

창포묵(작은 힘으로도 많이 움직인다)

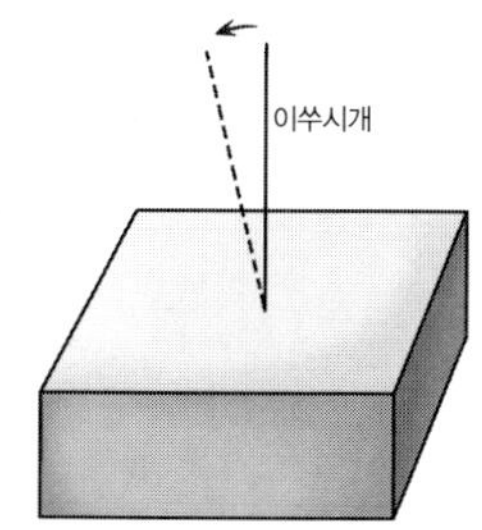

지우개(작은 힘으로는 조금만 움직인다)

컴플라이언스 개념도

이쑤시개를 민다면 조금만 밀릴 것이다. 창포 묵처럼 부드러운 재질에 꽂은 이쑤시개는 작은 힘으로 밀어도 이쑤시개 끝이 많이 움직인다. 이런 경우를 컴플라이언스가 큰 것이라고 할 수 있다. 생고무 지우개에 꽂은 이쑤시개는 같은 힘으로 밀어도 상대적으로 이쑤시개 끝은 조금만 움직인다. 이런 경우를 컴플라이언스가 작은 것이라고 생각하면 된다. 컴플라이언스에 대해 어느 정도 이해가 되었을 것이다.

컴플라이언스는 침압과 아주 밀접한 관계를 가지고 있다. 조금만 생각해보면 이유를 알 수 있다. 예를 들어 규정 침압이 1.5g 정도로 가벼운 카트리지는 컴플라이언스 값이 크다. 침압도 캔틸레버에 가해지는 힘인데 1.5g이라는 미약한 힘으로도 캔틸레버가 충분히 움직여서 제자리를 잡는다. 창포 묵에 꽂힌 이쑤시개 끝에 잉크를 묻히고 종이에 글씨를 쓴다고 생각해보자. 창포 묵을 잡은 손에 힘을 잔뜩 주면 이쑤시개가 눕혀져서 글씨가 제대로 써지지 않을 것이다. 부드러운 힘으로 가볍게 써야 글씨를 제대로 잘 쓸 수 있다. 이처럼 컴플라이언스가 큰 카트리지는 침압이 가벼울 수밖에 없다. 반대로 규정 침압이 3g 이상으로 무거운 카트리지는 대부분 컴플라이언스 값이 작다. 가벼운 침압으로는 캔틸레버가 조금 밖에 움직이지 않기 때문에 침압이 충분히 무거워야 한다. 이번에는 지우개에 꽂아놓은 이쑤시개로 글씨를 쓴다고 생각해 보자. 창포 묵보다 힘을 조금 더 주어야 글씨가 잘 써질 것이다. 이처럼 컴플라이언스가 작은 카트리지는 상대적으로 침압이 무거울 수밖에 없다. 정리하면 컴플라이언스가 큰 카트리지는 작은 힘으로도 캔틸레버가 잘 움직이기 때문에 침압이 가볍다. 컴플라이언스가 작은 카트리지는 작은 힘으로는 캔틸레버가 별로 움직이지 않기 때문에 침압이 충분히 무거워야 한다.

 최윤욱의 아날로그 오디오 가이드

여기서 잠깐 극단적으로 컴플라이언스가 작은 카트리지에 대해 살펴보자. 오토폰의 초기 모노 카트리지와 데카와 이케다(Ikeda)의 카트리지가 그런 경우로, 코일에 직접 다이아몬드 바늘을 접합한 방식이다. 캔틸레버 없이 코일에 직접 바늘이 결합되어 있으니 컴플라이언스 수치가 극도로 작을 수밖에 없다. 이런 카트리지를 앞서 컴플라이언스를 설명한 것으로 비유를 들어 이해해 보자. 이런 직립형은 주먹을 쥔 상태에서 새끼손가락 쪽에서 엄지 쪽으로 이쑤시개를 깊게 끼워 넣은 상태로 글씨를 쓰는 경우라고 할 수 있다. 물론 이쑤시개와 손 사이에는 지우개나 창포 묵 같은 완충재가 없다. 주먹 쥔 손에 끼워진 이쑤시개로 글씨를 쓰려면 팔 전체가 움직여야 한다. 눈치 빠른 독자라면 이런 직립형 카트리지는 톤암의 특성이 아주 중요하다는 것을 짐작으로 알 수 있을 것이다. 팔 전체를 움직여야 글씨를 쓸 수 있듯 이런 직립형 카트리지는 유효질량이 충분히 무거운 하이매스 톤암에 결합되어야 제소리를 내준다. 그래서 데카의 카드리지는 진용 돈암에 장착하노록 설계뇌어 있다. 데카의 후기형 카트리지는 일반 톤암에도 장착이 가능하지만 로 매스 톤암에 연결하면 괴상망측한 소리가 날 뿐이다.* 전용 톤암에 장착한 데카 카트리지의 소리는 심지가 굳고 상당히 독특한 매력을 발산한다. 데카 음반을 좋아하는 마니아라면 도전해볼 만 하다.

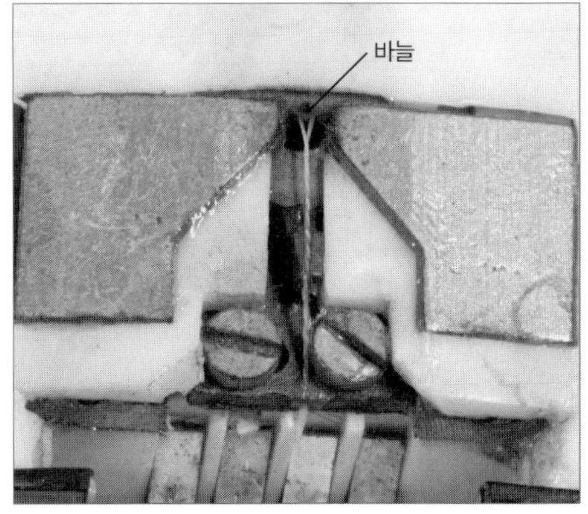

---

* 하이매스 톤암과 로매스 톤암은 209페이지에서 자세히 다룬다.

이제 컴플라이언스가 큰 카트리지는 캔틸레버가 작은 힘으로도 쉽고 부드럽게 움직인다는 사실을 알았을 것이다. 컴플라이언스가 작은 카트리지는 상대적으로 큰 힘을 주어야 캔틸레버가 움직인다는 것 역시 알게 되었다. 이런 카트리지의 특징은 음질로 바로 연결된다. 컴플라이언스가 커서 권장 침압이 가벼운 카트리지는 중음과 고음에서 섬세한 소리를 내준다. 왜 그런지는 조금 생각해보면 이해가 간다. 작은 힘에도 아주 예민하게 캔틸레버가 움직이다 보니 상대적으로 미세한 소릿골을 추적하는 데 유리하다. 그래서 고음 재생능력이 좋고 섬세한 소리를 내는 편이다. 반대로 컴플라이언스가 작고 침압이 무거운 카트리지는 작은 힘에는 별로 반응하지 않기 때문에 고음을 아주 섬세하게 재생하기에 불리하다. 하지만 진폭이 상대적으로 큰 저음 신호를 재생하는 데에는 유리해서 묵직하고 깊은 저음을 내준다.

사람도 가볍고 밝은 성격이 있는가 하면 말수가 적고 진중한 성격이 있듯 카트리지도 컴플라이언스에 따라서 내주는 소리 경향이 다르다. 요약하면 컴플라이언스가 크고 침압이 가벼운 카트리지는 섬세하면서 밝고 화사한 소리를 내줄 가능성이 크다. 컴플라이언스가 작고 침압이 무거운 카트리지는 묵직하고 두터운 느낌의 소리를 내준다. 카트리지의 컴플라이언스나 침압으로 음질의 대강을 알 수가 있다.

카트리지의 발전 원리에서 시작해서 침압과 컴플라이언스의 관계까지 살펴보았다. 카트리지에 대한 설명에서 그냥 지나칠 수 없는 것이 있다. 아날로그를 해본 사람이라면 무엇인지 짐작이 될 것이다. 레코드에 직접 접촉해서 소릿골을 추적하는 스타일러스(Stylus), 즉 바늘에 대한 설명이다. 아날로그 시스템에서 소리를 최초로 만들어내는 바늘의 중요성은 아무리 강조해도 지나치지 않다. 카트리지를 아무리 잘 설계해도 바늘이 소릿골을 제대로 추적할 수 없다면 도로아미타불이 된다. 한마디로 바늘 없는 카트리지는 '팥 없는 찐빵'이고 '오아시스 없는 사막'인 셈이다.

원형과 타원형

레코드의 소릿골은 커팅 스타일러스라는 바늘로 파내서 만든다.* 시골에서 논밭을 갈아엎을 때 쓰는 쟁기와 비슷하다고 보면 된다. 이렇게 해서 만들어진 소릿골을 보통의 원추형

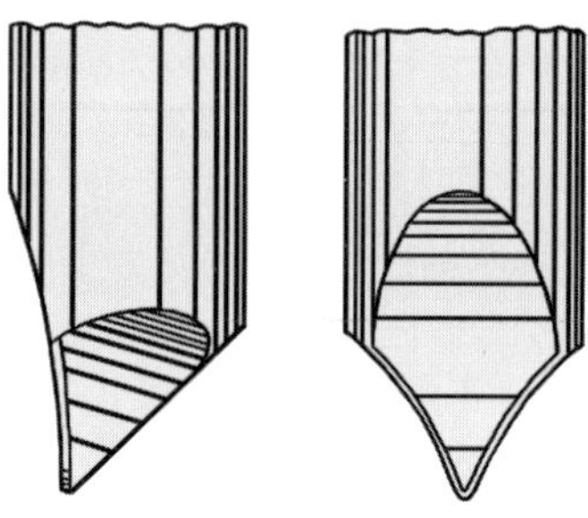

커팅 스타일러스

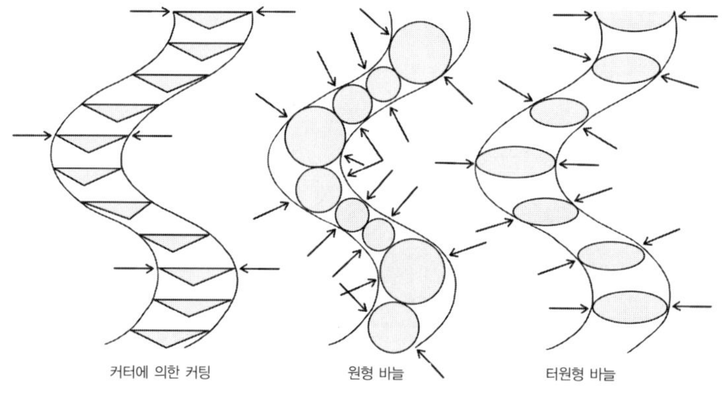

레코드 커터와 원형, 타원형 바늘에 의한 왜곡(수평트래킹 에러)

(Conical) 바늘로 추적하게 되면 원래 새겨진 신호와 다른 신호를 만들어내게 된다. 그림을 보면 왜곡이 이루어질 수밖에 없는 이유를 알게 될 것이다. 단면이 원형인 원추형 바늘이 채용된 구형 카트리지의 소리를 듣고 '묵직하고 두툼해서 좋다'고 느끼는 아날로그 애호가들이 많다. 원추형 바늘이 내는 묵직하고 두툼한 소리는 레코드에 새겨진 원래의 소리가 아니라 원형단면

---

* 커팅 스타일러스로 파낸 후 여러 과정을 거쳐 레코드가 된다. 자세한 과정은 〈아날로그의 즐거움〉 '레코드란 무엇인가?'을 참고하기 바란다.

의 바늘이 만들어내는 왜곡인 셈이다. 왜곡된 소리가 좋아서 즐기는 것이라면 문제가 없지만 원래 레코드에 새겨진 소리가 그런 소리였다고 단정하는 것은 곤란하다.

원추형 바늘이 원 신호를 왜곡해서 재생하는 것을 개선하기 위해 만든 바늘이 타원형(Elliptical) 바늘이다. 바늘을 타원형으로 만들면 원형단면보다 커팅 스타일러스에 가깝게 소릿골을 추적하게 된다. 타원형에서 좀 더 진보한 것이 초 타원(Hyper Elliptical)형으로 좌우로 좀 더 가늘고 날렵하게 만든 것이다. 여기에서 더 진보한 것이 MR(Micro Ridge) 바늘이다. 그림에서 보다시피 타원형에서 양 옆으로 날개(Ridge)를 달아 좌우 접촉 편차를 더욱 줄였다. 고가의 MC 카트리지에 채용하는 바늘은 시바타(Shibata)나 라인 컨텍트(Line Contact)가 많다. 이런 바늘은 커팅 스타일러스에 조금 더 근접하게 제작해서 레코드에 처음 새겨진 소릿골의 신호를 좀 더 충실하게 재생하기 위해 개발된 것이다.

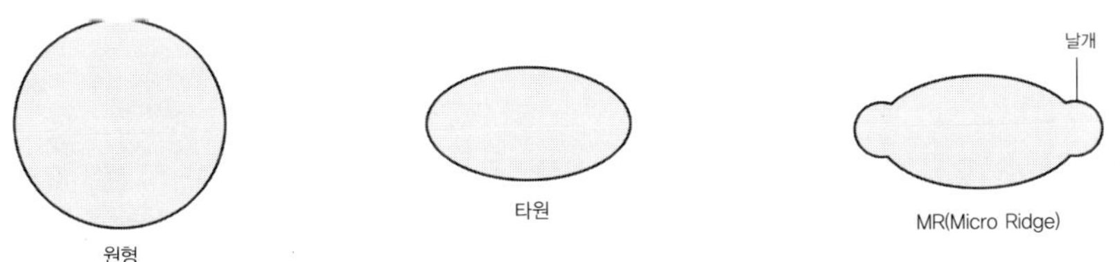

코니컬, 엘립티컬, MR 바늘 단면

바늘에 대한 설명을 자세하게 하는 이유는 바늘 형태에 따라서 소리가 달라지기 때문이다. 앞서 얘기한 대로 원추형 바늘은 두툼하고 묵직한 소리를 내준다. 원추형 바늘은 섬세하게 소릿골을 추적하지 못하기 때문에 음색의 뉘앙스 표현이나 해상력은 떨어지는 편이다. 타원형은 원추형보다 두툼하고 묵직한 느낌이 줄어들면서 해상력이 조금 더 증가한다. 여기서 초 타원이나 MR 바늘로 가면 두텁고 묵직한 느낌이 더 줄어들면서 아주 섬세하고 디테일 한 음으로 바뀌게 된다. 이처럼 바늘의 형태로 음질의 대강을 미루어 짐작할 수 있다.

바늘 끝이 다 닳거나 없어져서 국내에서 수리하는 경우가 있다. D전자의 경우 3년 전 까지는 타원형 다이아몬드 바늘 재고가 있어 빈티지 카트리지는 만족할 만한 수준으로 리팁이 이루어졌다. 그런데 현재는 타원형 다이아몬드 바늘 재고가 소진되었는지 원추형 바늘로 리팁이 이루어지고 있다. 바늘 전체가 다이아몬드가 아닌 바늘 끝에만 다이아몬드를 붙인 접합형 바늘은 몇 만원짜리 싸구려 카트리지에 달려있는 것이다. 고가의 MC카트리지라 하더라도 이런 바늘로 리팁해서는 도저히 원래의 소리를 낼 수가 없다. 댐퍼나 코일 단선 같은 경우는 국내에서 저렴한 값에 훌륭하게 수리가 되어 추천할 만 하다. 바늘을 갈아 끼우는 리팁 서비스는 좋은 다이아몬드 바늘이 확보되지 않고는 원래 소리를 낼 수 없다는 점을 알아야 한다. 현재 음질을 확실하게 보장 받을 수 있는 리팁 서비스는 비싼 돈을 들여 해외의 본사에 보내는 방법 외에는 없다. 차선책으로는 슈어의 고급 바늘을 구해서 다이아몬드 바늘을 MC카트리지에 이식해 달라고 의뢰하는 것이 그나마 추천할만한 방법이다. 제값을 충분히 받고 제대로 된 다이아몬드 바늘로 이식해주는 리팁 서비스가 국내에서도 이루어졌으면 하는 바람이다.

침압과 컴플라이언스, 바늘 형태 외에 재생 주파수 대역 (Frequency Response) 표시가 있는데, 이 주파수 대역이 넓을수록 좋지만 대역이 넓다고 꼭 좋은 소리를 들려주는 것은 아니다. 다음으로 채널 분리도(Channel Separation)와 채널 밸런스

(Channel Balance)가 있다. 분리도는 높을수록 좋고 밸런스는 낮은 수치일수록 좋다. 이 스펙만으로 카트리지의 우열을 가늠하고 판단해서는 안 된다. 이 수치들은 카트리지의 성능을 가늠하는 스펙이지만 어디까지나 참고사항일 뿐이다.

카트리지와 톤암의 궁합

카트리지는 톤암에 장착되어야 제 기능을 발휘할 수 있다. 카트리지 혼자서는 아무런 기능도 하지 못한다. 톤암도 카트리지가 없다면 존재이유가 없다. 이렇게 카트리지와 톤암은 서로 밀접한 관계를 가질 수밖에 없는 운명이다. 또한 카트리지의 컴플라이언스는 침압과 반비례하는 특성을 가지고 있지만 카트리지와 톤암이 결합되어 형성하는 공진에도 관계가 있다. 아날로그 경험이 조금 있는 사람이라면 카트리지가 레코드를 주행하면서 '부르르' 떠는 현상을 본 적이 있을 것이다. 이 현상은 톤암과 카트리지가 특정한 주파수로 심하게 떠는 공진을 하는 것이다. 신기한 것은 이런 공진이 일어나고 있어도 우리 귀에는 정상적인 소리로 들린다는 것이다. 그 이유는 부르르 떠는 공진 주파수가 인간이 들을 수 없는 20Hz 이하의 주파수이기 때문이다. 이런 20Hz 이하의 불필요한 주파수를 걸러주는 장치가 바로 서브소닉 필터다. 재미있는 사실은 카트리지의 컴플라이언스와 톤암의 유효질량(Effective Mass)을 안다면 몇 Hz에서 공진이 일어날지 미리 예측할 수도 있다는 것이다.*

하이 매스 톤암과 로 매스 톤암

카트리지의 컴플라이언스와 톤암의 유효질량 수치를 도표에 적용해서 공진 주파수를 알아 낼 수 있지만 입문자에게는 다소 어려운 내용이다. 그래서 간단하게 카트리지와 톤암의 궁합이 맞는지 확인하는 방법을 소개하고자 한다. 톤암은 무거운 톤암과 가벼운 톤암으로 나눌 수 있다. 무거운 톤암은 암 파이프도 굵고 전체적으로 크고 무겁게 만든 암이다. 헤드셸 손잡이를 잡고 움직여 보면 손에 묵직한 느낌이 든다. 이때 느껴지는 묵직한 정도를 표시한 것이 유효질량이다. 이렇게 묵직한 느낌이 드는 톤암을 보통 하이 매스(High Mass) 톤암이라고 부른다. 여기서 분명히 해둘 것이 있다. 톤암 전체의 무게가 무겁다고 유효질량이 무거운 것은 아니다. 다시 한번 얘기하지만 유효질량이란 헤드셸 손잡이를 잡고 움직였을 때 느껴지는 무게감이지 톤암 전체의 무게를 말하는 것이 아니다.

하이 매스 톤암은 침압이 무거운 카트리지와 잘 어울린다. 서로 음질의 장점이 상승작용해서 좋은 궁합을 보여준다. 무거운 톤암이 묵직한 음을 내주는데 침압이 무거운 카트리지도 차분하고 안정감 있는 음을 내주기 때문에 둘의 특성이 만나면 서로의 장점이 더욱 극대화된다. 이런 조합은 살랑거리고 섬세한 고음을 내주지는 못하지만 무겁고 깊은 저음을 중심으로 탄탄한 음을 내준다. 한 가지 재미있는 사실은 침압이 무거운 중(重) 침압 카트리지는 자체 무게도 무거운 편이다. 카트리지가 톤암에 장착되면 카트리지 무게도 결과적으로 톤암에 더해지기 때문에 톤암의 유효질량을 무겁게 하는 효과가 있다. 그래서 중침압 카

＊ 이 장 말미에서 표를 이용해 구체적으로 공진 주파수를 알아내는 방법을 설명할 것이다.

트리지는 무게를 무겁게 제작하는 것이다.

무거운 느낌의 하이 매스 톤암에는 침압이 가벼운 카트리지도 무난하게 장착할 수 있다. 물론 앞서의 경우처럼 톤암과 카트리지의 장점이 만나서 음질이 더 좋아지는 시너지 효과를 내지는 못한다. 서로의 장점과 단점이 적당히 타협된 소리를 내기 때문에 적극 추천할 수 있는 조합은 아니다. 하지만 '부르르' 떠는 공진 같은 물리적인 문제는 일으키지는 않는다. 하이매스 톤암은 경(輕) 침압이나 중 침압 카트리지 모두 장착할 수 있다는 장점이 있지만 대부분 가격이 비싼 편이다.

이제 보기에도 가벼워 보이는 톤암에 대해 알아보자. 톤암 파이프도 가늘고 전체 톤암 무게도 가벼워 보인다. 헤드셸 손잡이를 잡고 좌우로 움직여 보면 아주 가벼운 느낌이 든다. 이런 톤암은 유효질량이 작은 톤암으로 보통 로 매스(Low Mass) 톤암이라고 부른다. 유효질량이 작은 로 매스 톤암은 보통 침압이 가벼운 경 침압 카트리지와 잘 어울린다. 여기서도 역시 예상대로 경 침압 카트리지는 자체 무게도 가볍다. 카트리지가 톤암에 장착되면 카트리지 무게가 톤암에 더해지는데 전체 질량이 조금이라도 덜 무거워지게 하기 위해서다. 그래야 카트리지가 장착된 후에도 톤암 전체의 유효질량이 무거워지지 않아서 섬세하게 레코드 골을 추적할 수 있다.

로 매스 톤암에 침압이 가벼운 카트리지를 결합하면 서로의 장점이 상승작용해서 음질이 더 좋아진다. 로 매스 톤암이 섬세하게 소릿골을 추적하기에 유리한데 경 침압 카트리지도 역시 컴플라이언스가 커서 섬세하게 소릿골을 따라갈 수 있다. 이 둘의 결합은 저음을 묵직하게 내주지는 못하지만 고음에서는 장점이 부각되면서 아주 섬세한 소리를 내준다. 그렇다면 로 매스 톤암에 중 침압 카트리지를 연결하면 어떻게 될까? 이런 조합은 물리적으로 공진을 일으킬 수 있고 음질도 좋지 않다. 예를 들자면 듀얼 1229 톤암에 슈어M3D(N3D바늘)같은 중 침압 카트리지를 단 경우다. 결코 바람직하지 않은 경우이기 때문에 피해야 하는 조합이다.

톤암의 유효질량 조절

이처럼 톤암은 저마다 유효질량이라는 특성을 가지고 있다. 유효질량이 가벼운 톤암에는 침압이 가벼운 카트리지가 어울리고 유효질량이 무거운 톤암에는 침압이 무거운 카트리지가 어울린다. 톤암이 가지는 특성인 유효질량은 톤암을 제작할 때 이미 정해진다. 만약 유효질량을 가볍게 또는 무겁게 마음대로 바꿀 수 있다면 카트리지 선택이 훨씬 자유로워질 것이다. 이런 점에 착안해 실제로 톤암의 유효질량을 조절할 수 있게 만들기도 한다. 방법은 내략 두 가시로 요악된나.

첫 번째는 실리콘 오일 댐퍼를 톤암에 채용하는 것이다. 오일 댐퍼에는 실리콘 오일을 넣어서 톤암이 움직일 때 실리콘 오일을 자연스럽게 밀치도록 설계했다. 이렇게 하면 톤암이 움직일 때 실리콘 오일을 헤치고 지나가야 하기 때문에 힘이 더 들어간다. 쉽게 말해 실리콘 오일댐퍼를 채용하면 유효질량이 증가하는 것이다. 댐퍼에 채워 넣는 실리콘 오일의 양을 조절해서 톤암의 움직임을 덜 무겁게도, 더 무겁게도 할 수 있다. 그래서 침압이 가벼운 카트리지를 장착 할 때는 실리콘 오일을 안 넣거나 조금만 넣어서 유효질량이 가볍게 한다. 침압이 무거운 카트리지를 장착 할 때는 실리콘 오일을 충분히 넣어서 유효질량이 최대한 무겁게 한다.

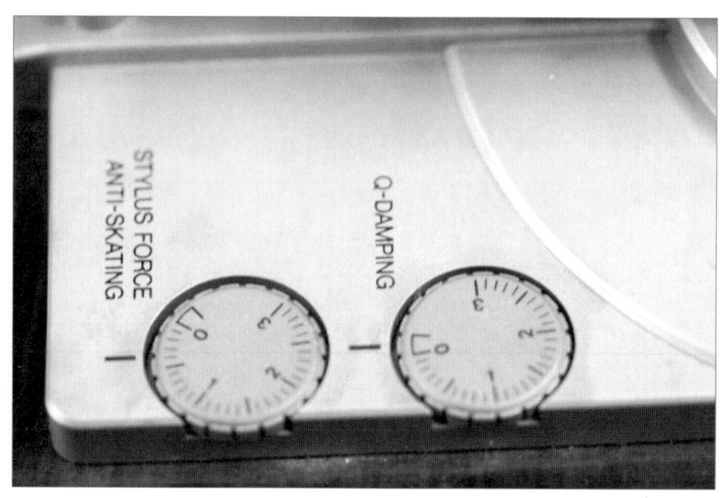

데논 Q-DAMPING

두번째는 자력을 이용하여 톤암의 유효질량을 조절하는 것이다. 이 방법을 사용한 대표적인 톤암이 데논의 DP 시리즈다. 사진을 보면 Q-Damping라는 글씨가 보일 것이다. 이것이 바로 톤암의 유효질량을 늘였다 줄였다 하는 장치다. 톤암에 실리콘 오일 같은 유체의 저항을 이용하는 것이 아니고 자력을 이용해 톤암을 묵직하게 만들거나 가볍게 만든다. 침압이 2g이 넘는 중 침압 카트리지를 써야 한다면 이 노브를 돌려서 Q값을 높이면 된다. 반대로 경 침압 카트리지를 쓰고 싶다면 Q값을 낮추면 된다.

톤암이 카트리지 바늘에 침압을 주는 방식

톤암에 대한 얘기가 나온 김에 조금만 더 공부하고 넘어가자. 카트리지의 바늘은 톤암에 의해서 레코드에 일정한 힘으로 접촉되어야 소릿골을 추적할 수 있다. 바늘이 레코드에 일정하게 가하는 힘이 바로 침압이다. 톤암은 카트리지 바늘이 레코드에 접촉해서 소릿골을 추적할 수 있도록 침압을 줄 수 있게 설계된다. 톤암이 카트리지 바늘에 침압을 주는 방식은 대략 두 가지다. 무게, 즉 중력의 힘으로 침압을 주는 스태틱 밸런스(Static Balance) 방식과 스프링의 장력을 이용해 강제로 침압을 주는 다이내믹 밸런스(Dynamic Balance) 방식이다. 예를 들어 2g의 침압을 주었다고 하면 두 방식 모두 침압계로 재면 동일하게 2g의 수치로 나타난다. 그러면 같은 2g인데 굳이 중력의 힘으로 주는 방식과 스프링의 장력으로 주는 방식으로 나눠 이야기를 하는 이유는 무엇일까? 그 이유는 소릿골을 추적하는 능력이 다르고 그에 따라 소리도 달라지기 때문이다. 보통 다이내믹 밸런스 방식이 소릿골을 좀 더 효과적으로 추적한다고 알려져 있다. 특히 저역 재생에서는 다이내믹 밸런스 방식의 톤암이 우수한 효과를 발휘한다. 같은 조건이라면 다이내믹 밸런스 방식의 톤암을 선택하는 것이 좋다. 신품으로 판매되는 입문용 턴테이블

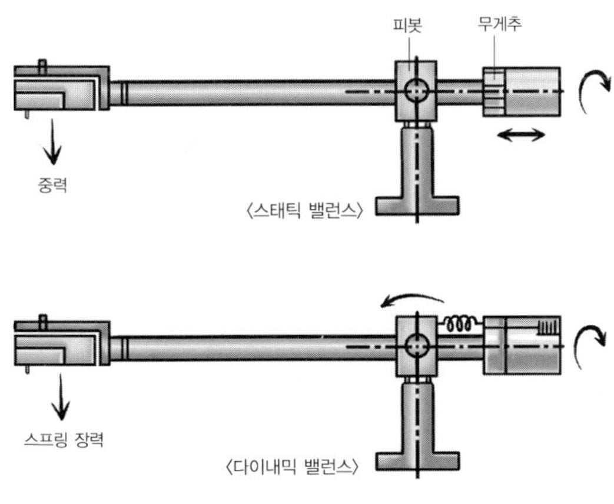

톤암의 침압 주는 방식

의 톤암은 레가의 제품을 제외하고는 다이내믹 밸런스 방식이 없고 빈티지 턴테이블에서 간간이 보일 뿐이다. 다이내믹 밸런스 톤암이 만들기 어렵고 비용이 많이 들기 때문이다. 다이내믹 밸런스 톤암이 제작이 어렵지만 소리는 더 좋다.

입문용은 로 매스 톤암 신제품이 적당하다

이 책의 앞부분에서 입문용으로 소개한 턴테이블의 톤암은 대부분 로 매스 톤암이다. 엠파이어 298, 398, 598에 장착된 톤암 정도가 하이 매스 톤암이고 파이오니아 PL-41, 듀얼 1019 정도가 중간인 미드 매스(Mid Mass) 톤암으로 볼 수 있다. 결국 입문용으로는 침압이 2g을 넘지 않는 하이 컴플라이언스의 경 침압 카트리지를 선택해야 한다는 이야기다. 굳이 중 침압인 오토폰의 SPU 시리즈나 슈어의 M3D나 M7D 또는 데논 DL-103 같은 중 침압 카트리지를 사용하고 싶다면 엠파이어 298이나 598 또는 파이오니아 PL-41 같은 턴테이블을 갖추고 있어야 한다. 중 침압 카트리지만이 낼 수 있는 중후하고 묵직한 음도 나름의 매력은 있지만 입문자가 즐기기에는 다소 제약이 따른다. 중 침압 카트리지는 톤암을 무겁고 튼튼한 하이 매스 톤암으로 업그레이드한 후에 시도하는 것이 바람직하다. 입문자라면 침압이 2g 이내인 경 침압에 하이 컴플라이언스 카트리지를 선택해서 즐기는 것이 좋다. 처음부터 MC 방식에 중 침압 카트리지가 아니면 안 된다는 식으로 아날로그에 접근하는 것은 바람직하지 않다. 입문자라면 침압이 2g 이내인 경 침압에 하이 컴플라이언스 카트리지를 선택해서 즐기는 것이 좋다.

마지막으로 카트리지를 신품으로 구입할 것인지 중고를 살

   최윤욱의 아날로그 오디오 가이드

것인지 정하는 문제가 남았다. 신품은 가격이 비싸지만 품질을 믿을 수 있다. 중고는 가격은 싸지만 상태를 확인하기가 어렵다. 카트리지 바늘은 수명이 있는 것이라 중고라도 상태에 따라 가격차가 심하다. 중고 구입 시에는 판매자에 대한 정보를 확인하고 제품의 상태에 대해 꼼꼼히 체크해야 한다. 직거래가 가능하다면 간단한 돋보기만으로도 바늘 상태를 대충 파악할 수 있다. 입문자라면 가능한 한 신품으로 구입하는 것이 좋다. 어쩔 수 없이 중고로 구해야 한다면 돌다리도 두드리고 건너는 신중한 마음을 가져야 한다.

신품 카트리지 구입처

서울 남전자(청계천–입문에서 중급까지 다양한 카트리지 취급) phono-audio.com
반월음향(용산 전자랜드–입문, 중급 및 중고 카트리지 취급) T. 02)706-0231
명신전자(용산 전자랜드–입문용 카트리지 취급) mssound.co.kr
카살스 오디오(용산 선사랜느–중급에서 고급 카트리지 취급) audio123.co.kr

중고 카트리지 구입처

soriaudio.co.kr (빈티지급 중고 카트리지)
wassada.com (최근 생산된 중고 카트리지)

...tip

◉ 톤암 파이프를 테이프나 실로 칭칭 감은 경우가 있는데, 이유는?

톤암은 카트리지의 진동을 다 받아줘야 해서 진동에 강한 구조를 갖춰야 한다. 톤암 파이프를 테이프나 실로 감으면 진동을 좀더 효과적으로 감쇄해서 소리가 좀더 차분해지는 효과를 얻을 수 있다.

◉ 고급 턴테이블은 톤암 리프트를 내리면 톤암이 레코드에 천천히 내려오는데?

톤암이 빠르게 레코드에 떨어지면 카트리지의 바늘과 캔틸레버, 댐퍼 등에 강한 충격이 가해져 손상될 수 있다. 따라서 고급 톤암은 카트리지의 손상을 방지하기 위해 천천히 내려오도록 설계한다.

컴플라이언스와 유효질량으로 공진 주파수 알아내기

카트리지의 컴플라이언스와 톤암의 유효질량 수치를 통해 예상 공진 주파수를 알아내는 방법을 알아보자. 우선 카트리지의 컴플라이언스는 카트리지 구매시 따라오는 매뉴얼에 표시되어 있어서 쉽게 알 수 있다. 인터넷을 통해 그 값을 확인할 수도 있다. 문제는 톤암의 유효질량을 어떻게 알아내느냐 하는 것이다. 보통 입문용 턴테이블에 번들로 달려 있는 톤암은 유효질량을 따로 밝히지 않는다. vinylengine.com 등의 사이트에서 구축해놓은 Tonearm Database에서 간혹 그 값을 적어놓은 자료를 만나기도 한다. 좀 더 고급 톤암의 경우라면 위의 사이트에서 유효질량 값을 확인할 수 있다.

카트리지의 컴플라이언스와 톤암의 유효질량을 알았다면 오른쪽의 표를 통해 공진 주파수를 알아낼 수 있다. 보는 방법은 표의 좌측에서 컴플라이언스 수치를 찾고 표의 아래에서 톤암의 유효질량 수치를 찾아서 두 항목이 만나는 지점을 확인한다. 두 수치가 만나는 표 안의 지점은 왼쪽 위에서 오른쪽 아래로 그어진 많은 사선 사이에 있게 된다. 이 사선의 경계를 벗어나지 않게 사선을 따라서 비스듬하게 위나 아래로 이동을 한다. 그러다 보면 왼쪽 아래서 오른쪽 위로 그어진 굵은 사선과 만나게 된다. 이 굵은 사선과 만나는 지점에 써 있는 숫자가 예상 공진 주파수다. 이상적인 카트리지와 톤암의 결합은 공진 주파수를 나타내는 숫자가 8~12㎐ 사이에 들어오는 경우이다.

예를 들어 설명해 보겠다. 카트리지의 컴플라이언스가 20이고 톤암의 유효질량이 10이라면 표의 ●표시가 만나는 지점이다. 여기서 우 상방에서 좌 하방으로 45도 기울어진 선을 따라 내려가면 직각으로 교차하는 굵은 선과 만나게 된다. 그 굵은

선과 만나는 지점에 써 있는 숫자가 공진 주파수다. 이 경우에
는 11와 12사이에서 만나는 것이니 공진 주파수는 11Hz와 12Hz
사이에 있게 된다.

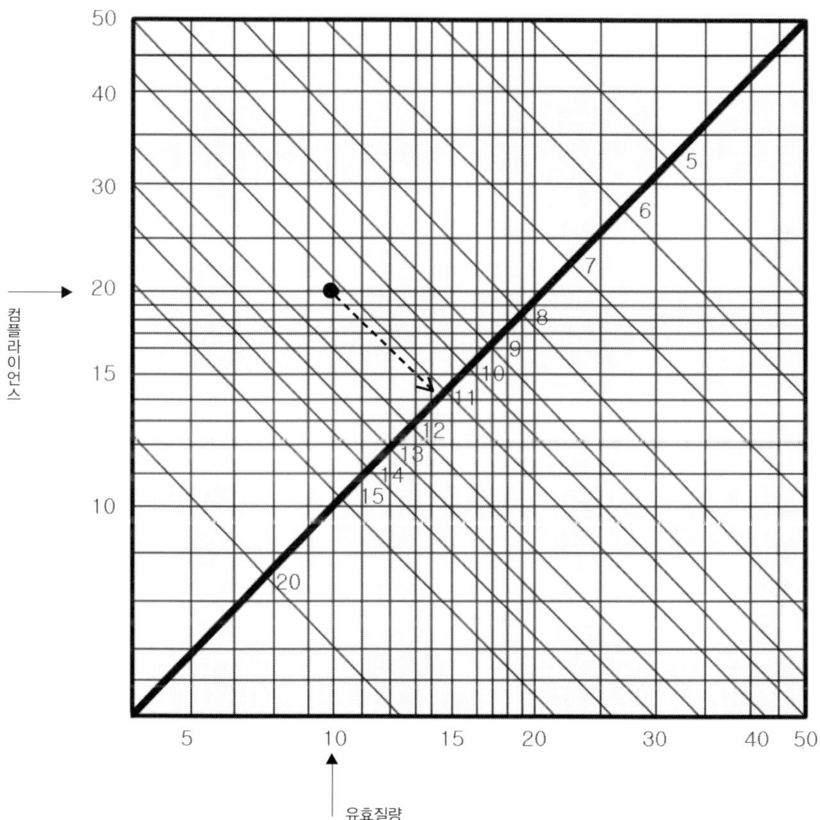

컴플라이언스와 유효질량

카트리지 살펴보기

chap. 6

오디오에서 카트리지만큼 소리 차이가 많이 나는 것도 없다. 어떤 카트리지를 사용하느냐가 어떤 소리를 듣고 있는지를 결정한다고 해도 과언이 아니다. 어떤 카트리지가 자신의 톤암과 물리적으로 잘 맞는지는 앞에서 살펴보았다. 카트리지는 아날로그 시스템에서 거의 유일하게 수명이 정해신 소모품이나, MM 카트리지라면 바늘만 바꾸면 되니 아니라고 생각할 수도 있다. 그러나 카트리지 몸체는 반영구적이지만 바늘은 분명히 소모품이다. 고가의 앰프와 스피커를 쓰면서도 카트리지나 바늘은 저가를 고집하는 사람들이 있다. 수명이 제한된 소모품이기에 비싼 것을 구입하는 게 아까워서 일 것이다. 그러나 애석하게도 수명이 제한된 카트리지가 아날로그 시스템에서 음질의 대부분을 결정한다.

신품이 아닌 중고 카트리지나 바늘은 상태가 무엇보다 중요하다. 중고로 구입 할 때는 좀 더 세심하고 신중하게 살펴보아야 한다. 확대경이 있다면 바늘을 직접 보면 좋고 그렇지 않다면 소리를 들어보아야 한다. 바늘이 다 닳아서 수명이 다 되면 판을 긁는 잡음이 들린다. 바늘 마모로 인한 잡음은 간헐적으로 나는 것이 아니고 지속적으로 귀에 거슬리는 소리를 낸다. 좌우 채널 모두에서 나기도 하고 한쪽에서만 날 때도 있다. 한쪽에서만 잡음이 들린다면 대부분 왼쪽 채널인 경우가 많다. 보통 바늘 끝을 예민한 손으로 접촉해서 뾰족한 느낌이 나면 상태가 좋은 것으로 생각하는 경우가 많은데, 이는 잘못 알려진 상식이다. 다음 페이지 그림의 맨 아래처럼 바늘의 옆면이 다 닳아서 소릿골의 언덕과 접촉하고 있는 경우에도 바늘 끝은 예리함을 유지하고 있기 때문이다. 루페(확대경)로 보았을 때 바늘의 옆면이 얼마나 닳았느냐가 바늘의 사용정도를 가늠할 수 있는 척도가 된다.

바늘의 마모 못지않게 살펴보아야 할 것이 댐퍼의 상태다. 적정 침압을 주었는데 카트리지가 레코드에 너무 밀착되면 댐퍼 고무가 낡아서 탄력을 잃어버린 것을 의심해 볼 수 있다. 댐퍼에 문제가 생기면 캔틸레버의 탄력이 약해지기도 하지만 대부분 캔틸레버가 정상위치에 있지 못하고 옆으로 비딱하게 틀어져 있는 경우가 많다. 캔틸레버가 카트리지의 중심에 있지 못하고 삐딱하게 어긋나 있다면 댐퍼의 손상을 의심해야 한다. 고음이 답답하고 레코드 안쪽을 주행하면서 소리가 찌그러진다면 문제가 있는 카트리지일 가능성이 크므로 구입을 자제하는 것이 좋다. 중고 바늘을 구입할 때는 믿을 만한 판매자에게 제값을 주고 상태가 좋은 것을 구입하는 것이 좋다.

다른 것은 빌려서 들어볼 수 있지만 카트리지는 빌려 달라고 하기가 쉽지 않다. 카트리지를 사서 들어보기 전에는 음질을 알 수가 없다. 이 장에서는 추천할만한 카트리지를 하나하나 살펴보고자 한다. 각각의 카트리지가 가지는 물리적 특성은 물론 음질적인 특징을 이해하고 잘 어울리는 음악 장르까지 알아볼 작

정이다. 카트리지에 대한 설명 앞에는 스펙을 기재해 선택에 좀
더 도움을 주고자 했다. 꼼꼼히 읽는다면 카트리지를 선택할 때
고민을 덜 수 있을 것이다.

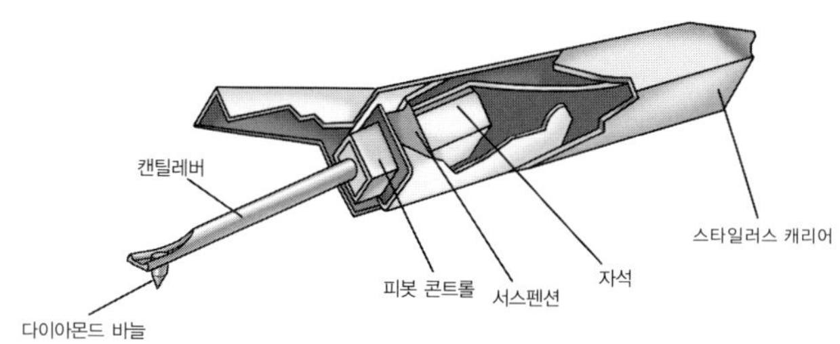

스타일러스 구조(슈어)

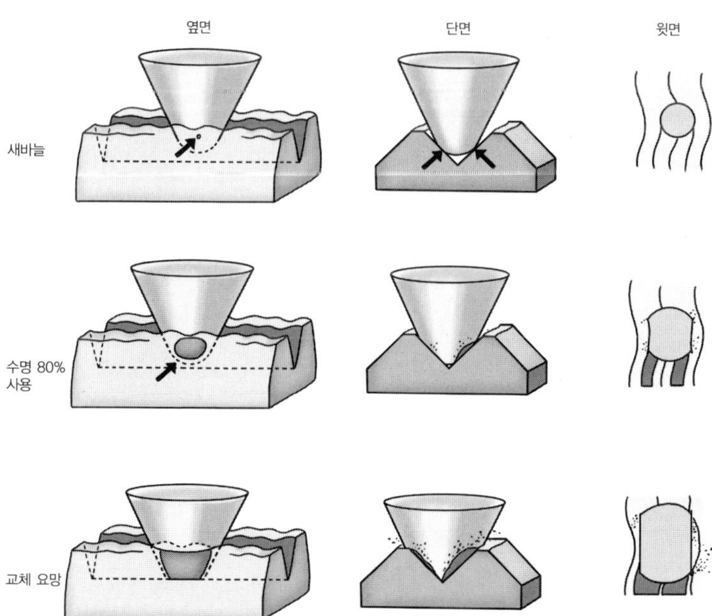

마모에 따른 바늘의 형태 변화. 바늘의 마모가 심해 레코드 소릿골의 언덕까지 깍아 먹는 상태
로 계속 사용하면 레코드에 심한 손상을 준다. 소릿골 언덕과 마찰하는 탓에 지속적인 잡음이
들린다.

고향 같은 푸근함
Shure M-55E

슈어 M55E(Braun Body)

제원 출력전압 6.6mV **침압** 0.75~2.0g **컴플라이언스** 15.0×10^{-6}cm/dyne **재생 주파수** 20Hz
~20KHz **바늘** Elliptical shaped diamond tip(타원단면) **채널 분리도** 25dB **채널 밸런스** 2dB

정말로 살 마음이 없었다. 지하철과 버스를 갈아타고 한 시간이
나 걸리는 거리를 달려갔지만 플래터가 살짝 위아래로 오르락
내리락 하면서 도는 것을 보니 사고 싶은 마음이 싹 가셨다. 속

도조정 노브를 최대로 돌려도 속도가 약간 늦었지만 이것은 조정이 가능할 것 같았다. 문제는 플래터인데 다른 것은 몰라도 플래터가 틀어진 것은 잡을 재간이 없다. 미안하다는 말을 하고 나오려는데 파격적으로 20%나 가격을 깎아주면서 어지간하면 사가라고 했다. 상당히 유명한 온라인 LP 숍 주인이신데, 레코드 구입 대금을 내일 아침에 결제해 주기로 약속이 되어 있다며 부탁조로 얘기를 하셨다.

이 값에 이런 분위기에도 사지 않으면 인간적으로 너무 하는 것 같아 두말 않고 들고 왔다. 집에 가져와서 여기저기 손을 보면서 살펴보니 알려지지 않아서 그렇지 상당히 잘 만든 턴테이블이었다. 불량이라고 의심했던 플래터도 플라스틱으로 감싸진 부분이 약간 휘어졌을 뿐 축은 정상이었다. 어렵게 속도를 잡는 조정을 끝내고 카트리지도 달려 있어서 음악을 들어 보았다. 기대 이상의 소리가 방안에 울려 퍼진다. 턴테이블이야 오버홀 하면서 좋은 소리를 내줄 거라 짐작했지만 카트리지는 따라온 거라 크게 기대를 안했다. 특히 가요 음반에서 발군의 실력을 보여주었다. 김광석의 '이등병의 편지'를 듣는데 해상이 훌륭하지 않지만 애잔하면서도 따뜻하고 풍성해야 하는 곡의 분위기를 아주 잘 살려주었다.

도대체 어떤 카트리지인가 싶어서 확인해 보니 갈색 몸체 (Braun body) 앞에 흰색 번개마크가 찍힌 슈어 55E였다. 솔직히 그때까지 슈어 55E라는 카트리지를 잘 몰랐다. 슈어의 카트리지 종류가 거의 수백 종에 이르다 보니 특별히 관심을 가지지 않는 한 잘 알 수는 없는 노릇이다. 더구나 오디오란 취미를 시작한 시기가 80년대 말이라 주로 사서 쓴 카트리지는 슈어의 V15 Type V MR이나 VST Ⅲ 정도였다. 그러니 그 이전에 나왔던 55E를 알 턱이 없었다.

소리가 마음에 들어 이베이를 검색해보니 브라운 바디의 M55E에 바늘까지 있으면 120 달러가 넘는 가격에 낙찰되기도 했다. 의도한 바는 아니지만 플래터의 상태를 오해하는 바람에 과하게 싼값에 산 것 같아 내내 마음이 편치 않았다. 그래서 사야지 하고 마음먹었지만 미뤄두었던 가요 음반을 그분의 온라인 LP숍에서 몇 장 주문했다. 그 후에 기십 만원하는 국악 전집류를 구입하고 나서야 미안한 마음을 그나마 지울 수 있었다.

이런 인연으로 알게된 카트리지가 바로 슈어 M55E다. M55E는 슈어 역사상 가장 많이 팔린 베스트셀러 카트리지다. 블랙 바디에 번개마크가 있는 것이 일반형이고 브라운 바디는 스페셜 개념으로 출시한 제품이라고 보면 된다. 이후 멕시코로 공장이 이전하면서 번개마크가 사라진다. 가장 나중 버전은 M55EM으로 바늘의 성능을 개량했다고 밝히고 있다. 궁금증이 발동해서 번개마크의 브라운 바디와 블랙 바디, 그리고 번개마크가 없는 블랙바디 세 종류의 카트리지를 한자리에서 비교할 기회를 만들었다. 동일한 세 개의 헤드셸에 카트리지를 번갈아 장착해서 비교시청을 했다. 바늘에 의한 소리의 편차를 없애기 위해 하나의 바늘을 사용했다.

번개마크의 브라운 바디가 따뜻한 음색으로 풍성한 소리가 나왔고 번개마크의 블랙 바디는 따뜻한 느낌이 조금 줄면서 배음의 풍성함도 적어졌다. 번개마크가 없는 블랙 바디는 톤이 가늘어지면서 부드럽고 연약한 내성적인 소리가 나왔다. 골수 마니아들이 왜 브라운 바디를 찾는지 어느 정도 이해할 수 있었다. 중고 가격도 브라운 바디가 제일 비싸고 그 다음으로 블랙 바디, 마지막으로 번개마크 없는 블랙 바디 순이다.

M55E의 장점은 출력전압이 6.6mV로 높아서 소리가 시원시

 최윤욱의 아날로그 오디오 가이드

원하게 나온다는 점이다. 울림이 풍부하고 선이 굵어서 가요나 올드팝에는 이보다 더 정감 있는 소리를 내주는 카트리지가 있을까 싶다. 해상력이 좋은 편은 아니라서 섬세한 소리를 내주지는 못하지만 따뜻한 음색으로 편안하게 소리가 잘 나와서 클래식에도 의외로 잘 어울린다. 소리가 쉽게 잘 나오기는 M44E라는 하위 모델 카트리지도 있다. 출력전압이 무려 9.3mV에 이르니 쉽게 짐작이 될 것이다. 그런데 9.3mV의 높은 출력은 표준적인 MM용 포노앰프에 연결하기에는 출력이 너무 크다. 볼륨을 조금만 올려도 소리가 너무 커져서 듣기가 거북해진다. 소리는 힘차고 크지만 소리의 결은 M55E에 비해 소란스러운 느낌이 든다. 피셔(Fisher)나 스코트(Scott) 같은 빈티지 앰프에 내장된 포노단은 증폭도가 요즘의 포노앰프 보다 낮아서 9.3mV를 내주는 M44E 같은 카트리지에 오히려 잘 맞는다. 그러나 M44E의 출력은 이런 빈티지 앰프가 아닌 80년대 이후에 만들어진 앰프나 포노앰프에는 너무 크다. 그리고 M44E는 가정의 하이파이용 보나는 DJ들이 스크래치 용노로 많이 사용한다.

M55E 후속으로 나온 75 계열은 좀 더 섬세하고 세련된 소리를 내주어서 클래식 마니아들이 좋아하기도 한다. 하지만 M55E

슈어 M91 ED와 M75 TypeD

의 시원시원하게 뻗어나오는 힘찬 소리와 비교하면 맥이 빠진 듯한 느낌을 준다. 특히 올드팝이나 가요를 들어보면 75 계열은 그 한계를 뚜렷하게 드러낸다.

이런 저런 사정을 종합하면 가정에서 즐기는 용도로는 M44E 보다 M55E가 더 어울린다. 흘러간 가요나 올드팝에는 아주 좋고 재즈도 저음에 박력이 있어서 좋은 편이다. 클래식도 집중해서 감상하지 않고 편하게 즐기는 편이라면 입문용으로 이만한 카트리지도 드물다. 교체 바늘은 N55E로 멕시코 생산이긴 하지만 신품으로 구할 수 있다는 것도 장점이다. 특히 번개마크가 그려진 브라운 바디나 블랙 바디는 따뜻한 느낌의 음색이 마치 고향 같은 느낌을 준다.

⊙ **틱~ 틱~ 하는 잡음에 민감한 사람이라면?**
슈어 카트리지를 선택하는 것이 좋다. 슈어 카트리지는 그냥 사용해도 다른 카트리지보다 정전기로 인한 잡음이 적다. 특히 카트리지에 붙어있는 스태빌라이저라는 작은 솔을 내리면 음질은 약간 탁해지지만 정전기로 인한 잡음은 더 줄어든다.

오디오테크니카 AT120a

제원 ■ **출력전압** 4mV **침압** 0.9~1.9g(정격 1.4g) **컴플라이언스** 35×10⁻⁶cm/dyne **재생 주파수**
18Hz~20KHz **바늘** Elliptical diamond tip(타원형단면) **채널 분리도** 22dB **채널 밸런스** 1.5dB **중**
량 6.8g

아날로그 하는 사람치고 오디오테크니카 카트리지를 안 써본
사람은 없을 것이다. 오디오테크니카는 플라스틱으로 만든 싸
구려 저가 턴테이블에 기본으로 달려있는 카트리지부터 고급

카트리지까지 생산한다. 거기에 다양한 아날로그 액세서리까지 생산하는 아날로그 전문 업체다. 아날로그 제품에 대한 노하우가 오랫동안 축적된 탓에 합리적인 가격의 제품을 내놓고 있는 것도 오디오테크니카의 장점이다. "아는 것은 없고 돈은 부족한데 좋은 소리를 듣고 싶다면 오디오테크니카 카트리지를 사라"는 말이 있을 정도다.

잘 알려져 있다시피 오디오테크니카는 경 침압에 하이 컴플라이언스 카트리지만 고집스럽게 생산한다. 고음의 섬세한 재생에 중점을 둔 카트리지를 생산한다는 애기다. AT−120a도 정격 침압 1.4g의 경 침압에 35라는 높은 수치의 컴플라이언스 값을 가지고 있다. 카트리지 설명 부분을 잘 읽은 독자라면 대충 어떤 소리가 나올지 짐작이 될 것이다. 예상대로 섬세하고 화사한 느낌의 고음이 은은하게 흐른다. 바이올린 선율도 나긋나긋하다. 사실 바이올린 소리를 가까이서 들어보면 결코 예쁜 소리가 아니다. 바이올린 소리에는 금속 현과 활이 마찰하면서 귀를 자극하기 직전의 아슬아슬함이 있다. AT120a는 그런 아슬아슬함을 예쁘게 다듬어서 듣기 편안하고 부드럽게 들려준다. 예쁘게 분칠하고 다소곳하게 앉아있는 옛 일본여인이 자연스럽게 연상된다. 아쉬운 점은 경 침압 카트리지라서 저음이 가볍고 깊이가 없다는 것이다. 재현하는 사운드스테이지도 큰 편이 아니다. 이런 단점이 있지만 낮은 가격과 중고역의 섬세함과 화사하게 다듬어진 음색은 충분히 매력적이다. 슈어 55E가 원색으로 진하게 화장한 것이라면 AT120a는 흰색과 핑크색으로 튀지 않고 곱게 화장한 것이라고 할 수 있다. 슈어 55E가 화려하고 개방적인 미국 소리라고 한다면 120a는 곱고 예쁜 일본 소리라고 할 수 있다.

곱고 예쁜 소리를 좋아한다면 더할 나위 없이 좋은 카트리지

 최윤욱의 아날로그 오디오 가이드

오디오테크니카 AT33PTG

다. 취향이 다소 다르더라도 그 가격대에서 보여줄 수 있는 섬
세함과 디테일의 끝을 보여준다. 한마디로 가격대비 성능이 아
주 좋다는 얘기다. 에쁘고 다듬어진 소리를 그다지 좋아하지 않
더라도 한번쯤 경험해 볼만한 소리임에 틀림 없다.

　오디오테크니카의 이런 소리 경향은 고급 카트리지로 가도
그대로 이어진다. AT33PTG를 들어보면 하늘거리는 중고역의
매력과 섬세하면서도 은은하게 뿌려지는 화사함의 극치를 보여
준다. 물론 저음의 묵직함이나 깊이는 아쉬움이 있다. 하지만
화사하게 표현되는 현이나 여성 보컬의 음색은 은은하지만 거
부하기 힘들만큼 유혹적이다. 일본사람들이 좋아하는 소리가
무엇인지를 보여주는 카트리지라고 할 수 있다.

최고의 가격대 성능
Denon DL-110

데논 DL-110

제원 **출력전압** 1.6㎷ **침압** 1.5~2.1g **컴플라이언스** 8.0×10⁻⁶㎝/dyne **재생 주파수** 20Hz~45KHz
바늘 Elliptical(Rectangular Cross section) diamond tip **채널 분리도** 25dB **채널 밸런스** 1dB

아날로그 입문서를 써야겠다고 마음먹었지만 글이라는 게 쓰고
싶다고 해서 마음대로 쉽게 쓸 수 있는 게 아니다. 이 핑계 저 핑
계를 대며 원고 쓰기를 미루던 어느 날 인터넷에서 DL-110 카

     최윤욱의 아날로그 오디오 가이드

트리지를 중고로 판다는 것을 보았다. 솔직히 중고가 십 만 원 이하 카트리지는 나의 주 관심 대상이 아니다. 순전히 입문서에 서 다뤄볼만한 가격이라 바로 구입했다. 들어보고 쓸만하면 추천 리스트에 올리고, 아니다 싶으면 내쳐버릴 생각이었다.

가격이 싸서 MM 방식일 것으로 지레짐작했는데 스펙을 보니 엄연한 MC 카트리지였다. 출력전압이 1.6mV로 낮아서 MM 포노앰프에 바로 쓸 수 있을지 걱정이었다. 소리는 차치하고 적당한 음량으로 소리가 잘 날지 궁금해 하면서 레코드를 걸었다. 볼륨을 조금 더 올려야 하긴 했지만 적당한 음량에서 소리가 잘 나왔다. 일단 출력전압 문제는 해결되었는데 나오는 소리가 시세말로 장난이 아니다. 꼭 돈과 음질이 정비례하는 것은 아니지만 대개 돈이 들어간 만큼 소리가 나오는 것이 현실이다. 가격이 가격인지라 큰 기대를 하지 않아서이기도 했지만 소리는 정말 만만치 않았다.

데논 DL-103과 103R을 들어본 경험으로 보면 데논 카트리지는 중립적이고 담백하게 음을 그려내는 특징이 있다. 그런데 DL-110은 고음이 아주 화사해서 데논 카트리지가 맞나 싶을 정도다. 중음도 적당한 살집에 예쁜 음색으로 기분 좋게 윤색되어 있다. 저음이 조금 아쉬웠지만 가격을 감안하면 훌륭한 수준이다. 사실적이고 솔직한 소리라기보다는 듣기 좋게 다듬은 소리다. 화장품 광고사진처럼 실물을 적나라하게 드러내기보다는 '뽀샤시하게' 만든 예쁜 소리였다. 요즘 말로 '포샵질'을 한 것인데 이것이 잘못되거나 지나치면 이상하거나 천박한 사진이 되어버린다. DL-110의 소리는 이상함이나 천박함으로 흐르지 않고 기분 좋게 느낄 수 있는 수준이었다. 포토샵의 위력이라는 걸 알면서도 보고 있으면 기분이 좋아지는 화장품 광고사진처럼 말이다.

섬세하면서도 사실적이어야 하는 클래식에서는 고가의 카트리지에 비해 약점을 보인다. 바이올린 선율과 주위를 둘러싼 배음의 구분이 명확치 않았지만 음색 자체는 진해서 매력이 있다. 가요나 팝에서는 오히려 고가의 카트리지보다 듣는 맛을 더 느낄 수 있었다. 특히 심수봉의 '남자는 배 여자는 항구'를 들으면서 '그래 이 맛이야!' 라는 느낌과 함께 코끝이 찡해졌다. 가요나 팝은 약간 오버하는 음색으로 들어야 감칠맛이 나는데 DL-110이 딱 그랬다.

민낯이 가장 솔직한 자신의 모습이지만 아무 자리에나 민낯으로 나갈 수는 없다. 적당히 화장을 해야 예의에 맞는 경우도 있다. 입문자에게 DL-103처럼 수수하고 사실적인 소리는 오히려 아날로그에 대한 거부감만 심어줄 수도 있다. 착색일지라도 처음에는 음악 듣는 맛을 느끼게 적당히 윤색된 음색으로 즐기면서 아날로그의 매력을 차츰 알아가는 것이 좋다. 그런 면에서 DL-110은 CD를 주로 듣다가 아날로그를 시작하고자 하는 입문자에게 어울리는 카트리지다. DL-110은 슈어같이 착색이 없고 수수하면서 섬세한 음색과는 상당히 거리가 있는 화사한 소리의 카트리지다. 어린 시절 LP음에 대한 추억이 강하게 자리잡은 사람이라면 슈어 소리가 마음에 와 닿을 것이다. 그러나 CD 소리를 주로 들은 사람에게 슈어 소리는 다소 답답하고 진부하게 느껴질 수 있다. CD나 MP3를 즐기다 아날로그를 하겠다고 마음먹은 사람에게 어울리는 카트리지다. 특이 예쁜 음을 좋아한다면 더 말할 나위가 없다.

좀 더 착색이 적고 고급스런 소리를 들으려면 상급 모델인 DL-160으로 가면 된다. DL-160은 클래식도 제법 잘 울려준다. 더 사실적이고 솔직한 아날로그 음을 즐기려면 DL-103이나 DL-103R을 선택하는 것이 좋다. 다만 DL-103이나 103R은 포

    최윤욱의 아날로그 오디오 가이드

노앰프에 MC단이 있거나 승압트랜스를 추가해야 한다. 또한 103은 침압이 2g이 넘는 중 침압이라 제대로 즐기려면 톤암도 유효질량이 무거운 것으로 업그레이드해야 한다. 솔직하고 사실적인 소리보다는 화사한 음색을 유지하면서 좀 더 고급스럽고 섬세한 소리를 원하면 오토폰의 론도(Rondo) 시리즈로 가는 것이 좋다. 론도 시리즈는 실내악에서 발군의 실력을 보여주었던 MC20, MC30 카트리지의 재탄생이다. 론도 시리즈는 소리가 섬세하고 고급스럽지만 가격이 103 계열에 비해 비싼 편이다.

DL-110이나 DL-160은 톤암을 별로 가리지 않아서 입문용의 가벼운 톤암에도 문제없이 잘 어울린다. 부담 없이 입문용 턴테이블에 달려있는 톤암에 장착해서 화사하고 감칠맛 나는 음을 즐길 수 있게 해주는 것이 DL-110의 매력이다.

MM 카트리지의 참맛
Shure V15 Type Ⅲ

슈어 V15TypeⅢ **Type Ⅱ Imp 제원** 출력전압 3.4mV **침압** 0.75~1.25g **재생 주파수** 20Hz~25KHz **바늘** VN15E–Elliptical diamond(타원단면) / VN7–Conical diamond(원형 단면) **채널 분리도** 25dB **채널 밸런스** 2dB

Type Ⅲ Imp 제원 출력전압 3.5mV **침압** 0.75~1.25g(솔 내리면 0.5g추가) **재생 주파수** 10Hz~25KHz **바늘** VN35E–Elliptical diamond(타원단면) / VN35HE–Hyper Elliptical diamond(초 타원 단면) / VN35MR–Micro Ridge diamond(날개형 단면) / VN3G–Conical diamond(원형 단면) / VN78E–Elliptical diamond(타원 단면/ 78회전용)

Type Ⅳ 제원 출력전압 4.0mV **재생 주파수** 10Hz~25KHz **바늘** VN45E–Elliptical diamond(타원단면) / VN45HE–Hyper Elliptical diamond(초 타원 단면) / VN45MR–Micro Ridge diamond(날개형 단면) / VN4G–Conical diamond(원형 단면) / VN478E–Elliptical diamond(타원 단면/78회전용)

Type Ⅴ 제원 출력전압 3.2mV **침압** 1.0~1.25g(솔 내리면 0.5g 추가) **재생 주파수** 20Hz~20KHz **바늘** VN5HE/P–Hyper Elliptical diamond(초 타원 단면) / VN5MR–Micro Ridge diamond(날개형 단면) / VN5G–Conical diamond(원형 단면) **자체 저항** 160 **부하 저항** 47kΩ **중량** 4.8g

 최윤욱의 아날로그 오디오 가이드

슈어 M55E에서 업그레이드할 카트리지를 추천하라고 하면 좀 막막해진다. 75는 앞서 말했듯 섬세하긴 하지만 힘이 없어서 클래식에나 어울리고, 97 계열은 전체적으로 흐릿하고 답답한 사운드를 내준다. 확실하게 업그레이드라고 할 만한 카트리지로 V15 TypeⅢ 외에 별달리 떠오르는 것이 없다.

　V 시리즈는 1964년 처음 발표된 이래 TypeⅡ부터 인정을 받기 시작하는데 TypeⅢ로 가면서 공전의 히트를 친다. V 시리즈는 공통적으로 채널 분리도가 아주 좋아서 좌측에서 드럼이 작렬해도 우측에선 색소폰의 매혹적인 선율이 아무렇지도 않다는 듯 흘러나온다. TypeⅢ는 중역을 중심으로 대역이 안정되어 있고 담담하고 우직해서 많은 사람들에게 사랑을 받게 된다. TypeⅣ는 Ⅲ에 비해 저음과 고음이 좀 더 넓어져서 광대역 사운드를 내주지만 중음의 안정감과 탄탄함은 오히려 Ⅲ에 못 미치는 편이다. Type Ⅴ는 MR 바늘이 채용되어 해상력이 좋아지고 촉촉한 질감 표현이 더욱더 세밀해진다. 특히 캔틸레버가 베릴륨으로 바뀌면서 이전의 경화 알루미늄에 비해 음의 컬러가 화사함이 줄어들고 차분해졌다. Type Ⅴ는 MC 바늘 못지않은 섬세함에 부드러움과 차분함까지 겸비해서 웬만한 고출력 MC 바늘이 넘볼 수 없는 수준 높은 소리를 내준다. 또한 휜 판이나

VN35E, VN35HE, VN35MR

잡음이 많은 레코드의 소릿골을 추적하는 능력은 웬만한 고급 MC카트리지 보다 좋다.

Type Ⅲ는 발매 당시 ⅤN35E 바늘을 끼워서 판매했다. 바늘 보호덮개에 하얀색 바탕에 검은 글씨로 'Super Track Plus'라고 써 있다. 타원 바늘로 가장 묵직하고 두터운 중음을 내준다. 다음에 나온 바늘은 ⅤN35HE로 빨간색 바탕에 흰 글씨로 바늘 이름이 써 있다. HE는 Hyper Elliptical의 약자로 초 타원 바늘이 사용되었음을 알려준다. ⅤN35HE는 35E보다 좀 더 세밀하고 섬세한 소리를 내주어서 애호가 사이에서 가장 인기가 높은 편이다. ⅤN35MR은 덮개 바디가 빨간색으로 되어 있어 쉽게 구별할 수 있다. ⅤN35MR은 마이크로 릿지(MR) 바늘이 사용되었다. Ⅴ15 Type Ⅴ MR이 나오면서 이전 모델인 Type Ⅲ 카트리지에 교체용으로 사용이 가능하도록 출시한 바늘이다. 35MR 바늘은 좀 더 해상력이 높아지고 주파수 대역이 넓어지면서 장르를 가리지 않고 훌륭한 소리를 내준다. 다만 35E 바늘이 가지는 우직하면서 듬직한 중음이 다소 엷어지는 것은 어쩔 수 없다. Type Ⅲ지만 35MR 바늘을 끼우면 Type Ⅴ MR 소리에 가까운 소리가 난다. 드물게 원추형 바늘인 ⅤN3G도 보이는데 코니컬 바늘답게 두툼하고 묵직한 소리가 난다.

오리지널 바늘 값이 오르고 구하기가 어려워지면서 값싼 대체 바늘을 찾는 사람들이 있다. 대체 바늘은 원뿔형의 코니컬 타입에 바늘 전체가 다이아몬드가 아닌 끝 부분만 다이아몬드를 접합한 형태다. 대체 바늘은 소리는 나지만 슈어 특유의 섬세하면서도 부드러운 소리가 나오지 않는다. 기만 원짜리 입문용 카트리지를 쓴다면 몰라도 Type Ⅲ 정도의 카트리지를 사용한다면 대체 바늘은 피하는 것이 좋다. 운이 나빠 접합한 다이아몬드가 떨어져 나갈 경우 레코드 손상을 피하기 어렵다. Type Ⅲ 카트리지에 사용할 수 있는 오리지널 바늘이 너무 비싸고 구하기 어렵다면 대체 바늘을 쓰기보다는 차라리 신품 구입이 가능한 97xE를 쓰는 것이 낫다. 97xE가 음질이 약간 떨어지지만 Type Ⅲ에 가장 비슷한 소리를 내주는 카트리지다. Type Ⅲ나 97xE 모두 톤암 선택은 자유로운 편으로 듀얼 턴테이블에 있는 로 매스 톤암과 잘 어울린다. 특히 '뱀대가리'라고 부르는 SME 3009 Series Ⅲ 톤암과 어울리면 슈어 카트리지의 극한을 맛볼 수 있다.

V 시리즈의 최고봉인 V15 Type Ⅴ를 추천하지 않고 Type Ⅲ를 추천하는 이유는 카트리지 하나로 바늘만 바꾸면 다양하게 소리의 변화를 즐길 수 있기 때문이다. 슈어 특유의 화사한 듯하면서 부드러운 맛은 베릴륨 캔틸레버인 Type Ⅴ보다 경화 알루미늄 캔틸레버인 Type Ⅲ나 Ⅳ에서 더 확실하게 느낄 수 있다. Type Ⅳ는 Ⅲ보다 대역이 더 넓지만 중역의 안정감과 친밀감은 Ⅲ만 못하다. Type Ⅲ 카트리지 하나만 있으면 바늘을 바꿔 가면서 슈어의 진면목을 다양하게 즐길 수 있다. 빈티지 소리에서 해상력 위주의 하이엔드 소리로 넘어가는 교차로에 있는 카트리지다.

V15 Type Ⅲ에서 무엇으로 갈아탈지 생각해보면 막막하다. V15 Type Ⅴ로 가자니 해상력이나 촉촉한 질감 표현은 좋아지지만 선율이 가늘어진다. 최근 모델인 V15xMR은 CD에 경쟁하기 위해 제작했기 때문에 아날로그다운 맛이 떨어진다. 고출

슈어 V-15 TypeⅢ L-M(듀얼 전용)
듀얼 전용 카트리지는 나사 없이 듀얼 헤드셸 캐리어에 바로 끼우면 된다. 듀얼 턴테이블에만 사용할 수 있다는 제한이 있지만 오버행을 따로 잡지 않아도 자동으로 맞춰진다는 장점이 있다.

력 MC 카트리지로 가면 고음의 해상력이나 맑고 투명한 느낌은 개선되지만 V15 특유의 부드럽고 촉촉한 질감이 사라진다. 이 제품 다음으로 사용할 카트리지를 고민하게 할 만큼 가격이 적당하고 다양한 음악에 대한 적응력도 뛰어난 카트리지다. 그래서 이 다음 선택은 뒤로 돌아서 빈티지 스타일의 M3D로 가든지 과감하게 하이엔드 스타일의 MC 카트리지로 뛰어들든지 둘 중 하나다.

...tip

⊙ **슈어 카트리지에서 어떻게 해도 험이 줄지 않을 때?**

슈어 카트리지는 몸체 외피가 금속으로 싸여진 모델이 많다. 이 모델들은 거의 몸체의 금속을 좌측 채널의 마이너스(−)단자에 연결해서 전기가 통하게 되어 있다. 슈어 카트리지의 단자 부분을 보면 쉽게 확인할 수 있다. 간혹 이 부분의 접촉 불량으로 험이 발생하는 경우가 있다.

슈어 M3D

M3D 제원   출력전압 4.0mV   침압 3~6g(N3D), 1.5~2.5g(N21D)   컴플라이언스 4.0×10⁻⁶cm /dyne(N3D) / 9.0×10⁻⁶cm/dyne(N21D)   재생 주파수 20Hz~15KHz(N3D), 20Hz~20KHz(N21D)   바늘 Conical diamond tip (원형단면)   채널 분리도 20dB   중량 8.5g

M7D 제원   출력전압 5.0mV   침압 4~7g(N7D), 1.5~2.5g(N21D)   컴플라이언스 3.5×10⁻⁶cm /dyne(N7D)   재생 주파수 20Hz~15KHz (N7D), 20Hz~20KHz (N21D)   바늘 Conical diamond tip(원형단면)   채널 분리도 20dB   중량 7.9g

슈어를 빼고 카트리지의 역사를 논한다면 카트리지 역사의 절반을 제외하는 것이나 마찬가지다. 슈어는 곧 MM 카트리지의 역사 그 자체라고 할 수 있다. 1958년 슈어에서 생산한 최초의 스테레오 방식 카트리지가 바로 M3D다. 이듬해 오토폰에서 최초의 스테레오 방식 MC 카트리지인 SPU를 선보인다. SPU가 MC 카트리지의 원조이듯 M3D는 모든 MM 카트리지의 뿌리이자 살아있는 화석과 같은 존재다.

널리 알려지고 유명한 카트리지인데도 M3D 카트리지의 침압에 대해 말들이 많다. 대부분 3~6g으로 알고 있는데 간혹 1.5~2.5g이라는 주장도 있다. 같은 카트리지의 침압이 다를 수는 없다고 생각해서 둘 중 하나는 틀린 정보라고 생각하기 쉽다. 그러나 실제로 확인해보면 둘 다 맞는 주장이다. 앞서 카트리지 편에서 배운 것을 상기해보면 쉽게 이해가 갈 것이다. MM 카트리지의 경우 침압은 카트리지 몸체에 의해 결정되는 것이 아니고 바늘이 어떤 것이냐에 따라 결정되기 때문이다. 오리지널이라고 부르는 N3D 바늘의 침압은 3~6g이고 권장치는 4g이다. 업그레이드 바늘로 알려진 N21D 바늘의 침압은 1.5~2.5g이고 권장치는 2.0g이다. M7D 카트리지의 오리지널 바늘인 N7D도 M3D 카트리지에 맞는데 N7D의 침압은 4~7g이며 권장치는 5g이다. 다시 말하지만 침압은 바늘에 의해 결정되는 것이지 카트리지에 의해 결정되는 것이 아니다. 카트리지 몸통으로 결정되는 것은 출력전압이다. 헷갈리지 말자!

N3D와 N21D 바늘의 스펙을 살펴보면 재미있는 점을 발견할 수 있다. 권장 침압이 5g인 N3D의 컴플라이언스는 4.0인데 권장 침압이 2g인 N21D의 컴플라이언스는 9.0이다. 앞서 배운 바대로 침압과 컴플라이언스는 반비례 관계에 있다는 것을 알수 있다. 이처럼 침압이 높고 컴플라이언스가 작은 N3D 바늘은

톤암 선택에 제한이 따른다. 유효질량이 큰 하이 매스 톤암에 장착해야 제 성능을 발휘한다. 앞서 언급한 턴테이블 중에는 엠파이어 298, 498, 598이 좋고 파이오니아 PL-41, 듀얼 1019에는 아쉬운 대로 매칭이 가능하다.

유독 한국 사람들은 오토폰 SPU 카트리지에 대한 열망이 크다. 그런데 SPU 카트리지를 듣기 위해서는 카트리지 자체도 비싸지만 고가의 승압트랜스를 갖춰야만 한다. 더구나 SPU는 MC 카트리지라서 바늘이 다 닳고 나면 카트리지가 무용지물이 되어버린다.* 이 점을 감안하면 SPU에 가장 가까운 소리를 내는 슈어의 M3D는 상대적으로 가격도 저렴하고 승압트랜스도 필요 없고 바늘만 교체하면 반영구적으로 사용할 수 있는 장점이 있다. 그래서 M3D를 '가난한 자의 SPU'라고 부르기도 한다.

MM 카트리지이다 보니 고음에서 SPU에 비헤 섬세함이 약간 떨어지기는 하지만 고음을 부드럽게 처리하는 편이라 M3D 반의 마력이 있다. M3D로 남성 보컬이나 첼로 음을 듣다보면 굵직한 톤을 유지하면서 부드럽게 넘어가는 맛이 무척 매력적이다. 해상력은 약간 아쉽지만 두툼한 톤의 음색은 장점이다. 고음이 약간 어둡고 중음이 워낙 두툼한데다가 저음이 풍성해서 골수 재즈 마니아들이 애용하기도 한다. 녹음이 다소 열악한 국악 음반을 듣기에도 안성맞춤이다. 장구 장단이나 북을 리얼하게 재생해줘서 자연스럽게 리듬에 빠져들게 해준다. 가야금이나 거문고의 울림도 MC 카트리지로 들을 때와는 다른 맛이 느껴진다.

---

* 수리나 바늘을 다시 부착하는 리팁(Re-Tip)을 통해 재생이 가능하긴 하지만 적지 않은 비용이 들고 본사에서 하지 않는 한 오리지널보다 소리가 못한 것이 사실이다.

M3D는 슈어에서 나온 최초의 카트리지지만 두툼함과 묵직함에서 정점에 있는 카트리지다. 초보자가 듣기에는 화려한 음색도 아니고 해상력도 그저 그래서 별다른 감흥이 없을 수 있다. 음식으로 치면 조미료는 물론 풍부한 맛을 내는 천연 향신료조차 사용하지 않고 재료 그대로 맛을 낸 사찰음식 같은 소리다. 이런 이유 때문에 좋아하는 사람과 별로라고 생각하는 사람이 극명하게 갈린다. M3D와 비슷한 톤에 고음이 약간 화려한 카트리지로 엠파이어 108도 추천할만 하다. 이것저것 카트리지를 바꿔가면서 들어본 아날로그 마니아는 M3D의 매력을 감지할 수 있다. 취향이 맞는 사람에겐 방황하다 돌아가면 언제라도 묵묵하게 그 자리를 지키고 있는 조강지처 같은 카트리지고 할 수 있다.

수미코 Black Pearl

제원 출력전압 4.0mV 침압 1.5~2.0g 컴플라이언스 15×10⁻⁶cm/dyne 재생 주파수 18Hz~27
KHz 바늘 Conical diamond tip (원형단면) 채널 분리도 28dB(1KHz) 채널 밸런스 0.5dB 중량 6g

블랙 펄을 만나기 한참 전에 고출력 MC 카트리지인 블루포인트
스페셜을 들었다. 블루포인트 스페셜은 밝고 화사해서 처음에
는 무척 기분 좋게 들었는데, 밝은 소리를 그다지 좋아하지 않

는 나의 취향 탓에 얼마 지나지 않아 내쳤던 카트리지다. 하위 모델인 블랙 펄은 어떤 소리일까 궁금해서 구입한 것은 아니고 순전히 이 책을 위해서 구입했다. 아날로그 입문자에게 추천할 카트리지 리스트를 작성할 때 여러 사람들의 조언을 구했다. 카트리지를 판매하는 숍 주인에게 가장 많이 팔리는 카트리지 추천을 받았다. 그 과정을 거쳐 당당히 리스트에 이름을 올리게 된 카트리지가 블랙 펄이다. 많이 팔리는 카트리지로 추천을 받았어도 가격에 비해 소리가 볼품없었다면 추천 리스트에 끼지 못했을 것이다.

MM 방식이며 출력이 4mV로 충분한 편이라 볼륨을 올리지 않아도 듣기에 적당한 소리가 나온다. 첫 소리부터 밝고 힘찬 느낌을 준다. 고출력 MC 카트리지인 블루포인트 스페셜(BPO)보다는 약간 순한 편이지만 전체적으로 밝고 쾌활한 음이다. 음을 예쁘게 다듬어 듣기 좋게 만들어주는 스타일은 아니다. 악기의 배음을 미묘하고 섬세하게 표현해주는 여성스런 음이 아니고 솔직하고 시원시원하게 표현하는 남성적 음이다. 바늘이 타원형이 아니라 원추형이라는 것에서 어느 정도 예견된 음의 특징이다. 무엇보다 눈에 띄는 블랙 펄의 장점은 음의 강약대비가 아주 잘 표현된다는 점이다. 약음과 강음이 교대로 번갈아 나올 때 그 대비를 아주 극적으로 잘 표현해준다. 듣는 사람에게 여기는 약한 소리고 저기는 강한 소리라고 친절하게 알려주려고 하는 듯하다. 오디오를 평가하는 용어로는 이와 같은 강약의 대비를 '다이내믹스'라고 한다.

수미코 블랙 펄 카트리지는 VTA 세팅이 조금 색다른 편이다. 보통 카트리지는 톤암 파이프가 수평을 이루거나 톤암 축 부분이 약간 높게 해주는 것이 일반적이다. 그런데 수미코 카트리지는 일반 카트리지와 반대로 톤암 축 부분을 수평에서 약간 낮게 세팅하는 것이 좋다. 톤암 파이프를 수평으로 하면 소리가 약간 거칠어진다. 톤암 축 부분이 약간 낮아지게 세팅하면 거친 느낌이 사라진다. 이렇게 세팅해야 하는 이유는 카트리지를 제작할 때 캔틸레버의 각도를 일반 카트리지보다 더 크게 했기 때문이다.

사실 자연스러운 선율이 물 흐르듯 흘러가는 음악에서는 블랙 펄의 매력을 느끼기는 힘들다. 그래서 바로크 음악이나 현악 사중주 같은 실내악을 들으면 단조로운 음색에 평범한 사운드라고 생각하게 된다. 올드 팝이나 가요에서도 그다지 매력적인 모습을 보여주지 않는다. 그러나 약음과 강음이 빈번히 교차하는 역동적인 곡을 들어보면 블랙 펄의 진정한 매력을 알게 된다. 다이내믹한 팝이나 사이키델릭 같은 음악에서는 블랙 펄이 진가를 발휘한다. 팝이나 록을 자주 듣지 않는 편인데, 블랙 펄을 듣다 보니 자연스럽게 신나는 팝 음반이 생각났다. 결국 영화 '플래시댄스' 사운드트랙 LP를 찾아 'What A Feeling'을 들으면서 나와 아이들이 막춤을 추는 지경에 이르기도 했다. 블랙 펄은 어깨가 들썩이고 자연스럽게 발이 굴러지게 하는 특별한 재능을 지녔다. 클래식에서도 후기 낭만파에 해당하는 바그너나 스트라빈스키 곡을 들어보면 강약 표현만큼은 고가의 카트리지를 무색하게 한다.

블랙 펄이 마음에 든다면 수미코의 상급인 BPO 정도로 방향을 잡아 업그레이드하면 된다. 음의 강약 변화가 큰 음악을 좋아한다면 클래식과 팝을 가리지 않고 정말 역동적으로 표현해주는 카트리지가 블랙 펄이다. 신나는 판을 걸고 블랙 펄을 레코드에 내려놓으면 당신은 어느새 어깨가 움직이고 발이 저절로 굴러질 것이다.

정열의 세레나데
Ortofon 2M Red

오토폰 2M Red

제원 출력전압 5.5mV **침압** 1.6~2.0g **컴플라이언스** 20×10^{-6}cm/dyne **재생 주파수** 20Hz~22 KHz **바늘** Elliptical diamond tip (타원형단면) **채널 분리도** 22dB(1KHz) **채널 밸런스** 1.5dB **중량** 7.2g

"생긴 대로 논다"는 말이 있는데 오디오에서도 잘 통용된다. 바디의 붉은색은 카르멘이 입에 문 붉은 장미처럼 강렬하다. 직선과 곡선이 어우러진 바디는 비운의 타이타닉호 뱃머리가 생각

   최윤욱의 아날로그 오디오 가이드

나게 한다. 2M RED의 카트리지 디자인은 독특하고 강렬하면서도 아름다울 수 있다는 것을 보여준다. 솔직히 정열의 붉은 색과 독특한 디자인에 끌려서 구입했다. 아무리 봐도 카트리지 같아 보이지 않는 디자인과 정열의 장미가 연상되는 농염한 붉은 색이 주는 조화는 보는 것만으로도 즐겁다.

오토폰이 어떤 회사인가? 최초의 스테레오 MC 카트리지인 SPU를 개발한 MC 카트리지의 산 역사나 마찬가지인 회사다. 그런데 2M은 M이 두 개라는 뜻으로 MM 카트리지임을 의미한다. MM은 슈어가 역사와 전통을 자랑한다는 것쯤은 오디오 초보도 아는 내용이다. 그래서 음질은 크게 기대하지도 않았다.

'예쁘면 되었지, 살림까지 잘하기를 바라면 도둑놈이지' 하는 심정으로 톤암에 2M Red를 장착 했다. 특이하게 카트리지 장착나사가 보통보다 약간 가늘다. 전용 나사를 사용해야지 일반 나사를 사용해 장착하려면 뻑뻑해서 카트리지에 잘 들어가지 않는다.* 5.5㎷라는 스펙이 말해주듯 같은 볼륨에서 상당히 큰소리기 뿜어져 나온다. 볼륨을 줄이고 보니 음색이 쓸만하다. 특히 바이올린 소리는 적당히 따스한 온기를 품으면서 활이 현에 마찰하는 질감 표현이 만만치 않다.

2M 레드를 들으면서 오토폰의 유명한 MC20과 MC30 카트리지가 생각나는 것도 무리가 아니다. 워낙 가격 차이가 나기 때문에 섬세함과 세밀한 묘사에서 아쉬움이 남지만 현의 질감을 표현하는 음색은 아주 흡사했다. 쉽게 말해서 디테일에서는 밀리지만 전체 분위기는 아주 비슷하다는 얘기다. MC 카트리지에 비하면 살짝 까칠함이 느껴지기도 한다. 이런 까칠함이 귀에

---

* 카트리지 장착나사도 자세히 보면 통일 되어 있지 않고 다양하다. 같은 밀리미터 나사라도 직경이 2.5mm인 것과 직경이 2.6mm인 것이 있어서 서로 맞지 않는 경우가 있다.

거슬리기보다는 고가의 MC 카트리지에는 없는 강렬한 색채감으로 다가온다. 마치 길이 제대로 들지 않은 야생마의 활력을 보는 것 같다. 저가 카트리지가 현악기의 음색을 이정도로 표현해낼 수 있다는 사실이 놀랍다. 특히 자연스럽게 선율이 흐르는 현악사중주나 바이올린 독주의 경우에는 마치 오토폰의 MC 카트리지를 듣고 있는 듯한 착각에 빠지게 했다.

2M 레드는 까칠하면서도 화사한 음색이라 올드 팝이나 가요도 기본 이상으로 재생해준다. 그러나 뭐니 뭐니 해도 레드의 음색에 가장 잘 어울리는 것은 여성 보컬과 바이올린이다. 실내악을 좋아하는 사람이라면 정말 추천하고 싶은 카트리지다. 가격도 아주 좋다. 이 값에 현악기의 질감을 마치 MC 카트리지를 듣는 것 같은 착각에 빠지게 할 만큼 리얼하게 들려주는 카트리지는 없다. 싼 가격 탓에 2M 레드는 바늘 끝에만 다이아몬드를 접합한 것을 사용한다. 그래서 틱틱~ 하는 잡음이 누드 다이아몬드에 비하면 조금 더 나는 편이다. 레드 바로 상위 모델인 블루(Blue)부터는 누드 다이아몬드를 사용했다. 조금 더 다듬어진 소리를 원한다면 블루나 브론즈(Bronze)를 선택하는 것이 좋다.

저가 모델이지만 오토폰의 색채를 강하게 풍기는 사운드다. 최근 아날로그 부흥기를 맞아 아날로그 관련 기술이 발달하고 있음을 체감한다. 이 가격에 이런 사운드를 구현할 수 있다는 것이 놀랍다.

    최윤욱의 아날로그 오디오 가이드

그라도 Silver Prestige

그라도 바늘 교환 방법

제원 　출력전압 4mV　침압 1.5g　컴플라이언스 20×10⁻⁶cm/dyne　재생 주파수 10Hz~55KHz　바늘 Elliptical diamond tip (타원형단면)　채널 분리도 35dB(1KHz)　중량 6.0g

그라도는 MI 방식을 채용한 카트리지로, 슈어와 함께 미국을 대표하는 카트리지다. MI는 Moving Iron의 약자로, 카트리지 본체에 코일이 있고 자석이 움직여서 전기를 만들어 내는 MM과 비슷한 방식이다. 다만 MM과 다른 점은 캔틸레버에 붙어서 움직이는 것이 자석이 아니라 자화가 잘되는 철(iron)이다. 철은 자석 가까이에 있으면 자화되어 자석이 된다. 카트리지 본체에 있는 자석에 의해 캔틸레버에 붙어 움직이는 철이 자화되어 자석처럼 작동한다. MI는 조금 복잡해진 MM이라고 생각하면 된다. 사실상 출력전압이나 음질 특성도 MM과 별반 차이가 없다.

MM 카트리지는 캔틸레버에 붙은 자석과 카트리지 본체에 있는 코일이 상호작용하면서 음악 신호를 만들어낸다. 이에 비해 MI는 카트리지 본체에 있는 코일과 역시 본체에 있는 자석으로 캔틸레버에 붙어있는 철을 자화시켜 전기신호를 발전하는 구조다. MM이 코일과 자석이라는 두 개의 요소로 작동되는 데 비해, MI는 코일과 자석, 그리고 자석에 의해 자화된 철이라는 세 가지 요소로 작동된다. 때문에 자력선이 작용하는 범위가 커져서 모터나 전원선에서 방사된 자력선의 영향을 받기 쉽다. MI 방식의 그라도 카트리지와 어스선이 없는 레가 턴테이블에서는 상대적으로 우웅~ 하는 험이 유발되기 쉽다. 그럼 왜 이렇게 복잡하게 MI방식으로 만들었을까? 그 이유는 슈어가 MM 카트리지에 대한 특허권을 가지고 있어서 이를 피해 제작해야 했기 때문이다.

카트리지에도 스페셜리스트가 있다. 올드 팝을 잘 울려주는 카트리지가 무엇이냐고 하면 조건반사처럼 자동으로 추천되는 카트리지가 그라도다. 적당히 굵은 톤으로 올드팝을 잘 울려주는 카트리지로 널리 알려져 있다. 실제로 시청을 해봐도 올드 팝만큼은 다른 카트리지에서 맛볼 수 없는 분위기를 그라도 카트리지에서 느낄 수 있다. 그라도 카트리지 소리를 듣다 보면 서부영화의 주인공 존 웨인이 생각난다. 아마 올드 팝이 자연스럽게 서부영화를 생각나게 해서 그렇게 생각한 것일지도 모른다. 무엇보다 그라도의 음이 영화 속 존 웨인의 이미지와 아주 비슷하다. 악당에게 당하면서 울분에 치를 떨 만도 한데 특유의 여유로움으로 직접적으로 분노를 표출하지 않는다. 복수를 할 때도 극단적인 방법이나 뒤에서 공격하는 등의 비열한 방법은 절대 사용하지 않는다. 악당이 아무리 비열하게 나와도 답답하다고 느낄 정도로 정정당당한 방법으로 상대한다.

그라도의 음이 존 웨인의 그것을 닮아 있다. 뛰어난 해상력을 자랑하는 것도 아니고 듣는 사람을 혹하게 할 만한 매력적인 음색도 아니다. 나 좀 봐달라고 앙탈을 부리거나 매력적인 자태로 유혹하지도 않는다. 듣는 사람을 긴장시키지 않는 편안한 음색으로 레코드에 새겨진 신호를 우직하게 재생할 뿐이다. 자신을 드러내지 않고 묵묵히 정당한 방법으로 복수를 하는 존 웨인처럼.

그라도가 올드 팝이나 가요에 어울리는 카트리지인 것은 분명하지만 의외로 클래식에도 잘 어울리는 구석이 있다. 바이올린 소리를 굵은 톤으로 유연하고 부드럽게 재생해준다. 현과 활이 마찰하면서 내는 아슬아슬한 긴장감도 부드럽게 표현해준다. 연주가로 치면 다비드 오이스트라흐라고 할 수 있다. 야사 하이페츠가 현란한 기교와 화려한 음색을 자랑한다면 오이스트라흐는 두툼한 톤과 은은하게 빛을 발하는 음색으로 우직하게 음악의 정수를 묵묵히 표현하는 스타일이다. 처음에 들으면 귀에 확 와 닿지 않지만 들을수록 자연스럽게 친숙해진다.

상급 모델인 소나타와 그 위 모델은 그라도가 가진 음색의 장점을 극대화시키기 위해 우드바디를 채택했다. 재미있는 사실은 최고급인 스테이트먼트(Statement)까지 전 모델이 MI 방식을 고집하고 있다는 점이다. 최고급 모델인 스테이트먼트는 0.5㎷

의 저출력이지만 MI 방식을 사용한다. 우리에게 "굳이 MC 방식의 카트리지를 쓸 필요가 있냐?"고 되묻는 것 같다.

　슈어와 함께 그라도는 풍요로움과 여유가 넘쳤던 70년대 미국을 상징한다. 슈어가 섬세하면서도 다이내믹한 음이라면 그라도는 두툼한 톤과 은은한 광채로 풍요로움을 느끼게 하는 음이다. 그라도는 음을 분석적으로 따지지 않고 편안하고 자연스럽게 즐기게 해주는 카트리지다.

MM이면서 MC 카트리지에 대적할만한 성능을 보여주는 카트
리지가 몇 종류 있다. 우선 슈어의 전성기 마지막 모델인 울트
라 시리즈를 언급하지 않을 수가 없다. 슈어는 전통적으로 캔틸
레버를 경화 알루미늄을 사용하는데, MR 시리즈에서 베릴륨으
로 바뀌었다가 울트라 시리즈에서 다시 경화 알루미늄으로 돌
아갔다. 울트라 시리즈의 최대 특징은 경화 알루미늄 캔틸레버
의 화사한 음색에 디테일을 무척 중요시한 사운드라는 것이다.
실제로 들어보면 디테일한 묘사가 어지간한 MC 카트리지를 능
가한다. 다만 고음이 MC 카트리지처럼 쭈욱 뻗지 않기 때문에
해상력이 부족한 것처럼 느낄 뿐이지 실제로는 아주 섬세한 소
리가 난다. 특히 고가의 로우 매스 톤암
에 장착하면 그 해상력에 놀라움을 금할
수 없다. 울트라 시리즈가 디테일의 극
치를 보여주지만 두툼한 슈어 본연의 맛
은 옅어졌다.

슈어 ULTRA 300

　　슈어의 다소 침착하고 화려하지 않은

음색이 마음에 들지 않는다면 피커링(Pickring)의 XV-15를 추천할 만하다. 디테일한 묘사는 떨어지지만 고음 끝이 예각을 이루고 있어서 화려한 음색을 자랑한다. 부드럽고 자연스러운 고음은 아니지만 MM 카트리지의 답답함을 해소한다는 차원에서 보면 매력이 있는 카트리지다. 좀 더 고급으로 XSV-3000이 있지만 구하기 힘들고 상태 확인이 어려워서 구입에 주의를 요한다.

피커링 XSV3000, XV-15/625E

슈어보다는 밝지만 피커링보다는 약간 얌전한 카트리지가 바로 스탠톤(Stanton)이다. 피커링과 달리 681EEE 같은 카트리지는 신품 구입이 가능하다. 역시 고음 끝에 살짝 에지가 있어서 슈어에서 느끼던 답답함이 덜하다. 스탠톤은 프로 음향장비를 생산하는 업체답게 가혹한 환경에서 견딜 수 있는 튼튼한 카트리지로 유명하다.

마지막으로 언급할 카트리지는 엠파이어 2000Z 카트리지다. 앞서 이야기한 스탠톤이나 피커링이 약간 까실한 음색으로 약간 답답한 소리를 내는 MM의 단점을 극복하려 했다면 엠파이어는 디테일과 섬세함을 갖추고 정공법으로 MM의 단점을 극복하려 했다. 아날로그 고수라면 피커링이나 스탠톤의 이러한 음

   최윤욱의 아날로그 오디오 가이드

엠파이어 2000E

엠파이어 4000D/I

색 표현에서 드러나는 문제를 알아챌 수 있다. 이런 음색에서의 문제없이 디테일한 묘사로 MC 카트리지에 버금가는 해상력과 디테일을 갖춘 음을 만들어낸 업체가 엠파이어다. 특히 최고급 품인 4000DⅢ는 슈어 V-15 시리즈보다 훨씬 고가로 극도로 섬세하고 치밀한 음상을 재현해준다. 4000DⅢ는 원래 시바타 바늘을 사용한 4채널 레코드 재생용 카트리지로 재생주파수 대역이 5Hz~50KHz에 이르는 광대역을 자랑한다. 이 바늘을 들고 있노라면 복잡하고 번잡한 MC바늘을 구태여 살 필요가 있나 하는 의문이 들 정도다. 아쉬운 점은 구입이 어렵고 상태 좋은 바늘을 만나기는 더욱 어렵다는 점이다. 4000DⅢ는 내가 들어본 MM(MI) 카트리지 중에서 최고의 소리를 내주었다. 엠파이어 카트리지 제작 전통은 엠파이어가 미국에서 없어진 후 스위스에서 벤츠 마이크로라는 브랜드로 재탄생하게 된다.

카트리지 장착하고 조정하기

1. 카트리지 분리하기

카트리지를 사겠다고 마음먹고 구입하기까지 가장 거정이
되는 것이 무엇일까? 나에게 맞는 카트리지를 정하는 것도 금전
지출에 따른 경제직 부담도 아니다. '과연 카트리지를 제대로
달 수 있을까?' 하는 두려움이다. 이 장에서는 초보자의 눈높이
에서 출발해 카트리지를 장착하고 턴테이블을 조정하는 방법을
기초부터 세밀하게 다루고자 한다. 가능한 한 사진과 그림을 많
이 사용해 이해가 쉽도록 할 작정이다. 한번도 해본 적이 없다
고 걱정부터 할 필요는 없다. 태어날 때부터 카트리지를 잘 달
았던 사람은 없다. 따라 하면서 배우다 보면 어렵지 않게 카트
리지를 달고 턴테이블을 조정할 수 있게 된다. 자, 이제 카트리
지 장착하는 일을 시작해 보자.

카트리지를 장착하기 위해 제일 먼저 할 일은 오디오의 전원
을 끄고 이미 장착되어 있는 카트리지를 톤암에서 떼어내는 것
이다. 우선 헤드셀 분리형은 톤암에서 헤드셀을 먼저 분리한다.

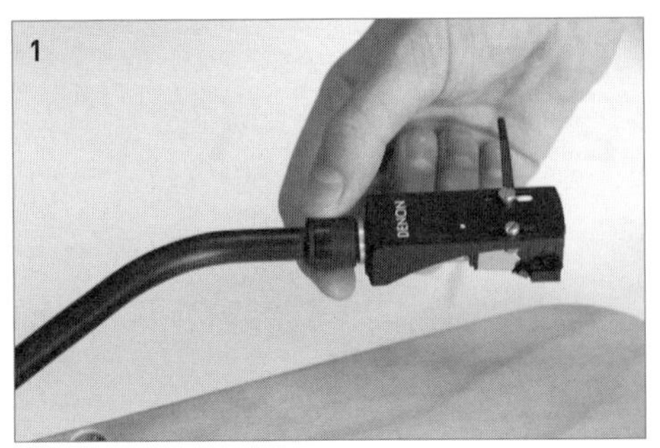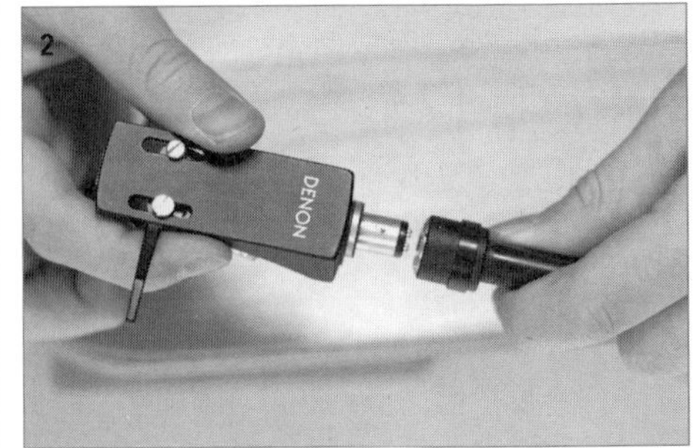

1. ➡ 2. 일반형 헤드셸 분리

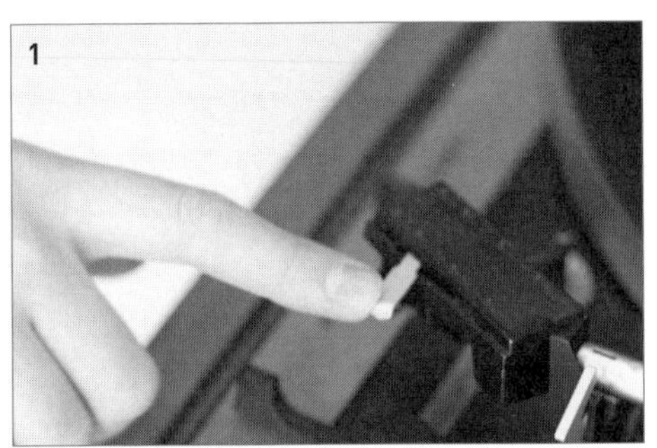

1. ➡ 2. 듀얼 헤드셸 캐리어 분리

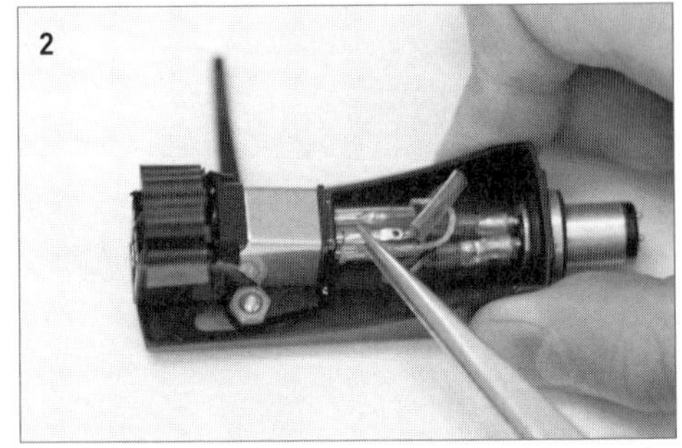

1. 바른 리드선 단자 빼는 방법 ➡ 2. 잘못된 리드선 단자 빼는 방법

사진 1을 보면 헤드셸과 톤암이 만나는 지점에 요철이 있는 로
크 나사가 보인다. 이걸 시계방향으로 돌리면 풀리면서 헤드셸
이 톤암에서 분리된다. 듀얼의 1219는 좀 특이한데 헤드셸 손잡
이를 뒤로 밀면 헤드셸 캐리어가 톤암에서 분리된다.(사진 3, 4)

헤드셸을 조심스럽게 잡고 제일 먼저 할 일은 카트리지 단자와 리드선을 분리하는 것이다. 사진 6처럼 핀셋으로 잡고 빼다 보면 힘 조절이 되지 않아서 리드선을 끊어먹는 일이 자주 발생한다. 리드선은 아주 가는 선을 사용하기 때문에 조금만 세게 힘을 가해도 쉽게 끊어진다. 이런 문제를 방지하기 위해서는 사진 5처럼 핀셋으로 리드선 몸통을 잡고 카트리지 몸통의 뒷부분을 지지대 삼아 지렛대의 원리를 이용해서 리드선을 빼야 한다. 리드선을 카트리지 단자에서 빼냈으면 아래 사진처럼 헤드셸 위의 나사를 시계 반대방향으로 돌려서 푼다. 나사 두 개가 다 풀리면 헤드셸에서 카트리지가 분리된다. 이제 첫 단계는 끝난 셈이다.

자신의 턴테이블에 달린 톤암은 헤드셸이 분리되지 않는 경우라고 고민하지 마라. 헤드셸이 톤암에서 분리되지 않는 경우 첫 번째 작업은 리드선을 카트리지 단자에서 분리하는 것이다. 앞서 설명한 대로 리드선 끝을 핀셋으로 잡고 뒤로 빼려고 하지 마라. 리드선 끝을 핀셋으로 잡고 카트리지 뒷면 모서리를 지지대 삼아 핀셋을 앞으로 당긴다. 그러면 작은 힘으로도 쉽게 리드선이 카트리지 단자에서 빠져나올 것이다. 한번에 다 빠지지 않았다면 같은 동작을 한 번 더 해주면 문제없이 빠져나온다. 다음 순서는 헤드셸 위에 있는 나사를 반시계 방향으로 돌려서 풀면 된다. 한쪽 나사를 다 풀고 두 번째 나사를 풀 때는 카트리지 몸체를 손으

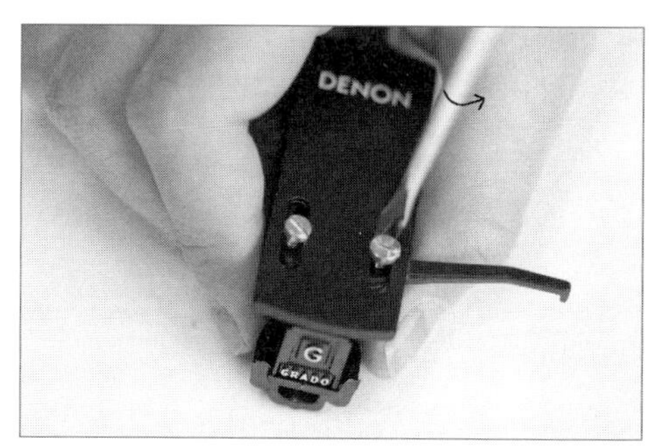

나사 푸는 모습

로 잡고 있어야 한다. 그래야 카트리지가 헤드셸에서 턴테이블 상판(플린스)으로 자유낙하 하는 불상사를 막을 수 있다.

2. 카트리지 장착하기

이제 비어 있는 헤드셸에 카트리지를 달 차례다. 첫 번째로 할 일은 리드선을 카트리지 단자에 끼우는 것이다. '조립은 분해의 역순' 이라는 말이 있듯이 카트리지 단자에 리드선을 끼우는 것을 제일 먼저 하는 것이 좋다. 물론 나사로 헤드셸에 카트리지를 대충 달고 나서 리드선을 카트리지 단자에 끼워도 되지만 공간이 좁아 작업이 쉽지 않다. 카트리지 몸체를 잡고 리드선을 하나씩 핀셋으로 잡아 끼운다. 카트리지 단자에 리드선을 꼽는데 리드선 단자가 헐거워서 제대로 고정되지 않는 경우가 있다. 이럴 때는 리드선 단자를 핀셋으로 눌러서 좁아지게 한 후 끼우면 된다.

리드선 끼우기

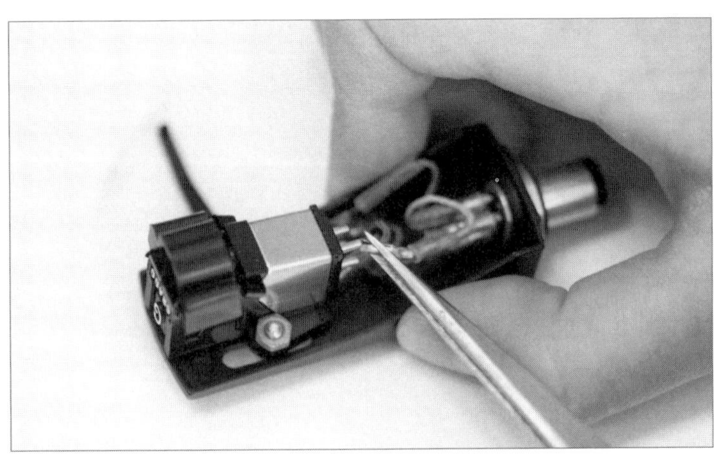

 최윤욱의 아날로그 오디오 가이드

리드선 끼우는 작업을 할 때 카트리지가 MM 방식이라면 바늘을 따로 빼놓고 몸체만 가지고 작업한다. 바늘을 분리하기 어렵거나 MC 카트리지일 경우에는 보호 캡을 내리거나 끼운 상태에서 작업하는 것이 좋다. 그래야 작업 도중에 실수로 바늘에 힘이 가해지거나 카트리지를 떨어뜨려도 바늘이 상하는 것을 막을 수 있다. 만사 불여튼튼이다. 잘 할 수 있다고 자만하지 말고 카트리지를 손으로 직접 잡고 할 때는 바늘을 빼두거나 카트리지 보호 캡을 씌우는 것이 좋다.

AR-XA와 엠파이어를 제외한 대부분의 톤암은 채널별로 통일된 규격으로 리드선이 제작되어 있다. 우측 채널의 +는 적색이고 -는 녹색이며, 좌측 채널의 +는 백색이고 -는 청색으로 규격이 통일되어 있다. 카트리지 단자를 보면 보통 우측 채널은 R+와 R-로 표기되어 있고 좌측 채널은 L+와 L-로 표시되어 있다. 간혹 카트리지 단자에 앞서 언급한 색깔별로 작은 링이 끼워져 있거나 본체에 색깔을 칠해 놓은 경우가 있다. 이 때는 리드선의 색깔대로 같은 색깔의 카트리지 단자에 그대로 끼워주기만 하면 된다.

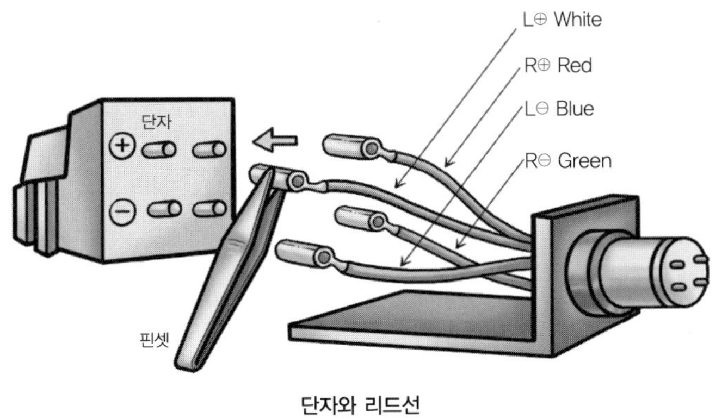

단자와 리드선

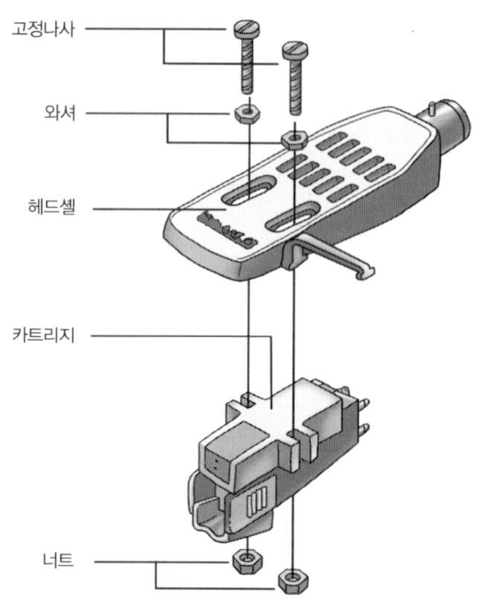

카트리지 장착하기

리드선이 연결되었으면 두 번째로 할일은 나사를 이용해 헤드셀에 카트리지를 고정하는 것이다. 신품 카트리지는 구입 시 볼트가 따라오는데 그것을 사용하면 된다. 중고로 구입한 경우는 구입할 때 판매자에게 맞는 나사를 부탁하는 것을 잊지 말자. 나사가 없다면 중고장터나 앞에서 언급한 카트리지 판매처에서 따로 구입해야 한다. 중고로 카트리지를 구한 경우라면 나사로 카트리지를 장착하기 전에 미리 볼트와 너트를 한번 결합해보는 것이 좋다. 보기에는 비슷해 보여도 나사 굵기가 조금씩 다르고 나사산이 달라서 볼트와 너트가 원활하게 결합이 안 되는 경우가 종종 있다. 미리 볼트와 너트를 결합해서 문제가 없으면 다시 풀어서 카트리지 달 준비를 한다.

보통 헤드셀 위에서 볼트를 끼우고 너트는 카트리지 쪽에 대고 조이면 된다. 볼트를 아무리 돌려도 조여지지 않는 경우가 있다. 이유는 너트가 고정되지 않고 헛돌기 때문이다. 너트 옆을 손톱으로 지그시 누르고 조이면 잘 조여진다. 카트리지 중에는 수미코 블루포인트 스페셜처럼 너트의 암나사가 몸체에 나 있는 경우가 있다. 이런 경우는 간단하게 볼트만 끼워서 조이면 된다. 볼트를 드라이버로 조일 때는 힘이 거의 들지 않아야 정상이다. 카트리지가 헤드셸 밑에 밀착되어 드라이버를 돌리는데 약간이라도 힘이 든다고 생각되면 조이기를 멈춰야 한다. 절대로 세게 힘주어 조이면 안 된다.

헤드셸이 분리가 되는 경우는 카트리시가 무사히 상착되었으년 헤드셸을 톤암에 결합해야 한다. 보통 일반적인 형태는 헤드셸을 톤암의 앞부분 구멍에 밀어 넣고 로크 나사를 반 시계 방향으로 돌리면 결합이 완료된다. 듀얼의 1200 시리즈 톤암은 좀 특이한 구조를 하고 있어서 약간의 주의가 필요하다. 우선 톤암에 고정되어 있는 헤드셸 손잡이를 뒤로 젖힌 상태가 되게 한다. 그 다음에 카트리지가 장착된 헤드셸 캐리어를 사진 1과 같이 뒤가 위로 올라간 형태로 잡고 톤암과 헤

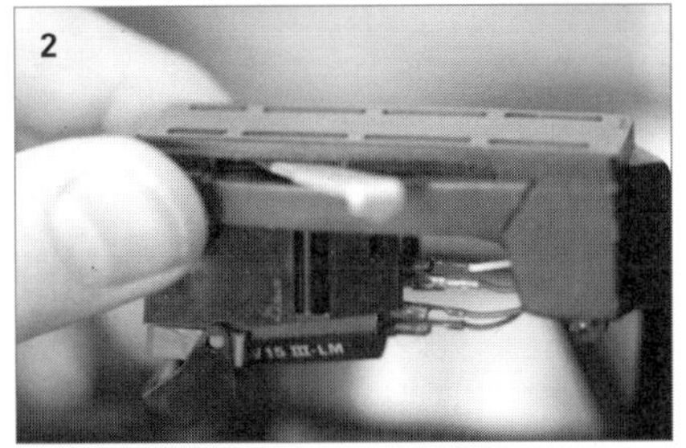

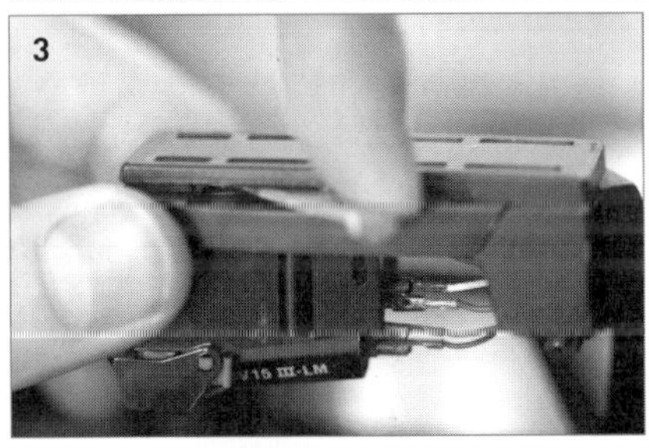

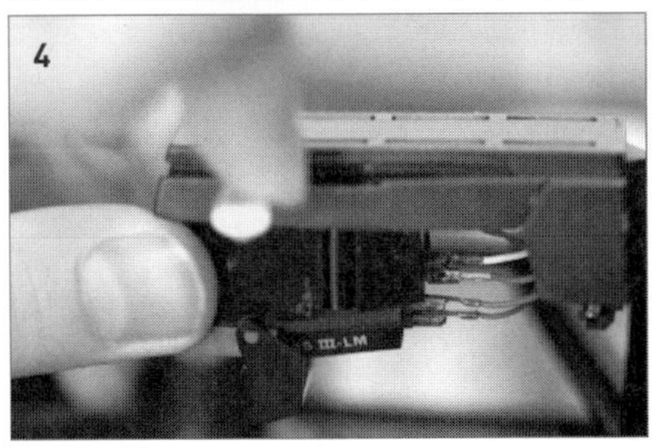

1. 듀얼 헤드셸 캐리어 장착1 → 2. 듀얼 헤드셸 캐리어 장착2 → 3. 듀얼 헤드셸 캐리어 장착3 → 4. 듀얼 헤드셸 캐리어 장착4

드셀이 만나는 지점을 향해 비스듬히 올린다는 느낌으로 살짝 민다. 캐리어의 뒷부분이 접촉되었다고 생각되면 이제 캐리어의 앞부분을 위로 올려 사진 2처럼 헤드셀과 맞닿게 한다. 이 상태에서 헤드셀의 손잡이를 앞으로 당기면 결합이 완료된다.(사진 3, 4)

헤드셀 손잡이가 부드럽게 앞으로 당겨지지 않으면 캐리어가 제대로 끼워지지 않은 것이다. 무리하게 헤드셀 손잡이를 앞으로 당기면 캐리어나 헤드셀이 부서질 수 있다. 캐리어를 헤드셀에서 떼어낸 후 다시 시도해보라. 앞으로 하게 될 오버행 조정을 위해서 캐리어를 헤드셀에서 떼었다 붙였다 하는 작업을 서너 번 이상 반복해야 한다. 처음에는 잘 되지 않지만 몇 번 하다보면 숙달된다. 그 후에는 어렵지 않게 탈 부착이 가능해진다.

3. 오버행 조정하기

세 번째로 할 일은 카트리지의 오버행(Overhang)을 맞추는 것이다. 이 책의 뒷부분에서 만드는 방법을 소개한 오버행 게이지를 사용할 차례가 왔다. 여기서 오버행이 무엇을 뜻하는지 알고 넘어가자. 톤암의 헤드셀을 잡고 플래터의 축인 스핀들까지 가져갔다고 생각해 보자. 그러면 대부분의 톤암이 스핀들에 도달했을 때 카트리지의 바늘 끝이 스핀들을 넘어서게 된다. 스핀들 넘어 도달하는 거리라는 뜻으로 Overhang이라고 이름을 붙인 것이다. 수동 턴테이블은 실제로 스핀들까지 헤드셀을 가져갈 수 있지만 반자동이나 자동 턴테이블은 그 부분까지 톤암이 움직이지 못하도록 설계되어 있다. 반자동이나 자동 턴테이블은 톤암의 헤드셀을 억지로 스핀들까지 끌고 가면 고장 난다.

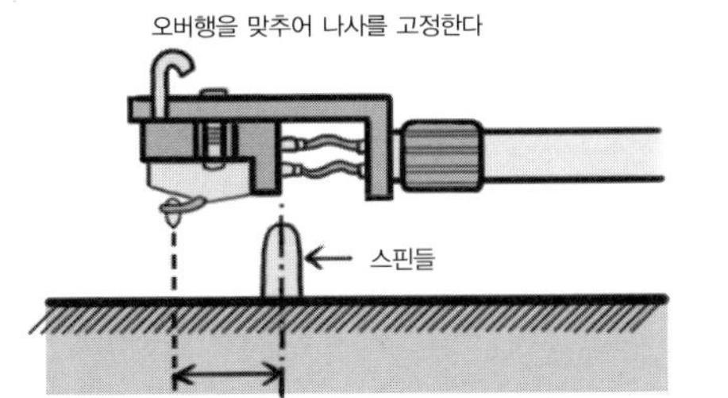

오버행 개념

  본래 오버행은 톤암마다 약간씩 다른 값을 가진다. 따라서 각각의 톤암에 맞게 전용으로 제작되어야 하지만 입문용 턴테이블에서 전용 오버행 게이지가 있는 경우는 거의 없다. 유니버설 타입의 오버행 게이지로 정확히 맞춘다면 오차는 360˚에서 3˚ 정도의 편차를 벗어나지 않는다.* 첫번째로 오버행 게이지의 구멍을 스핀들 축에 끼운다. 카트리지의 바늘 보호 캡을 떼거나 위로 젖히고 바늘 끝을 오버행 게이지의 A 구역의 +표시가 있는 곳에 오게 한다. 이때 오버행 게이지를 플래터와 같이 움직여 바늘이 +표시가 있는 곳에 정확히 오게 하다.

  오버행 게이지의 수직선과 카트리지 앞부분이 각을 만드는지 확인한다. 뒷 페이지 그림의 좌측처럼 각이 위로 생기면 카트리지를 헤드셸 끝 쪽으로 조금 이동시킨다. 반대로 그림의 우측처럼 각이 아래로 생기면 카트리지를 톤암 쪽으로 조금 이동시킨다. 카트리지를 이동시킬 때는 나사 두 개를 모두 반 바퀴 정도 풀어서 이동하고 다시 살짝 조인다. 오버행 게이지의 A 구역에서 중앙에 있는 그림처럼 카트리지 머리가 수직선과 아무런 각도 이루지 않게 되면 일단 1단계는 성공한 것이다. 톤암을 안으로 움직여 B 구역에서도 이 과정을 반복한다. A 구역과 B

---

* 개별 톤암의 전용 오버행 게이지 제작은 9장의 톤암 추천에서 자세히 다룬다. 제작된 오버행 게이지 사진은 277페이지 사진을 보면 된다.

구역에서 모두 오버행 게이지의 수직선과 카트리지 머리가 중앙에 있는 그림처럼 아무런 각도도 만들지 않으면 오버행 조정이 끝난 것이다.

오버행을 맞추기 위해 카트리지를 이동할 때 절대로 카트리지를 좌우로 삐딱하게 틀어서는 안 되고 앞뒤로만 이동시켜서 맞춰야 한다. 아래 그림처럼 헤드셸과 평행하게 움직여야지 삐딱한 상태가 되게 해서는 안 된다. 헤드셸을 주차선이라고 하고 차를 카트리지라고 하면 핸들을 정중앙에 놓고 전진과 후진기어만으로 주차를 시키는 것으로 생각하면 된다. 차의 앞 범퍼와 주차선의 앞 직선이 각도를 만들어서는 안 되고 평행한 상태여야 한다. 여기까지 끝났으면 이제 헤드셸 위에 있는 볼트의 나사를 살짝 더 조인다. 카트리지가 단단하게 장착되어야 한다는 생각으로 세게 조이는 경우가 많은데 그렇게 하면 안 된다. 헤

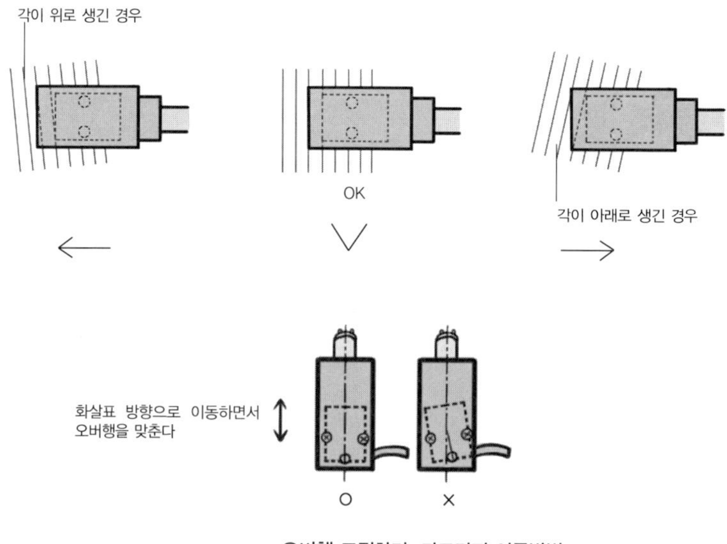

오버행 조정하기, 카트리지 이동방법

드셀과 카트리지가 덜렁거리지 않고 한 몸이 되게만 하면 된다. 볼트를 너무 세게 조이면 나사산이 망가지고 카트리지에도 과도한 힘이 가해져서 좋지 않다.

이야기 나온 김에 듀얼 턴테이블의 경우도 짚고 넘어가자. 듀얼 턴테이블의 오버행을 맞추려면 카트리지를 움직여야 할 때마다 캐리어를 헤드셀에서 떼어냈다 다시 장착해야 한다. 몇 번의 작업을 해야 하는 불편함이 있지만 한번 오버행을 맞춰두기만 하면 그 다음부터는 아주 편리하다. 여러 개의 캐리어를 구

듀얼 전용 슈어 카트리지(V-15 TypeⅢ I-M)

해 카트리지를 장착해서 처음 한번만 오버행을 맞춰두면 그 다음부터는 오버행 조정 없이 침압만 맞춰 바로 음악을 즐길 수 있다. 듀얼의 독특한 헤드셀 캐리어 때문에 처음에는 오버행 맞추는 과정이 번거롭지만 한번 맞춰 두기만 하면 다양한 카트리지를 즐길 수 있는 장점이 있다. 듀얼 턴테이블이 처음에 오버행 맞추는 과정이 번거롭다는 점에 착안해 듀얼 전용 카트리지도 출시되었다. 사진에서 보는 것처럼 듀얼 캐리어에 나사 없이 바로 끼우는 방식이다. 미리 오버행을 계산해서 제작했기 때문에 끼우기만 하면 자동으로 오버행이 맞는다. 따로 오버행 조정할 필요가 없는 셈이다. 전용 카트리지는 생각보다 구입하기 쉽

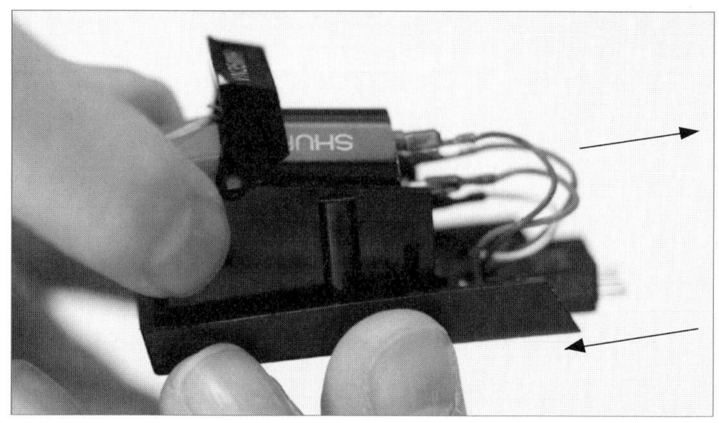

듀얼 전용 카트리지와 캐리어 분리 방법 화살표방향으로 힘을 주면서 카트리지를 위로 들어올리면 카트리지와 듀얼 전용 캐리어가 분리된다.

다. 듀얼 턴테이블이 워낙 많이 팔렸고 처음에 판매될 때 대부분 슈어의 듀얼 전용 카트리지를 장착한 상태였기 때문이다.

4. 침압 맞추기

오버행 조정이 끝났으면 네 번째로 할 일은 침압을 맞추는 것이다. 침압을 맞추려면 먼저 자신이 가진 톤암이 무게로 침압을 주는 스태틱 밸런스 방식인지 스프링의 장력으로 침압을 주는 다이내믹 밸런스 방식인지 파악해야 한다. 듀얼의 거의 전 모델은 다이내믹 밸런스 방식의 톤암이다. 274페이지 사진처럼 톤암 축 부분에 숫자가 써진 다이얼이 보일 것이다. 레가의 RB300 톤암이나 PE, 엘락 일부 모델은 톤암 축 부분에 다이얼이 있는 다이내믹 밸런스 타입 톤암이다.

다이내믹 밸런스 톤암의 경우 톤암 축 부분에 다이얼을 돌려 0에 놓는 것이 침압을 맞추기 위해 맨 먼저 해야 할 일이다. 스태틱 밸런스 방식 톤암은 숫자가 써진 다이얼이 없기 때문이 이 과정이 필요 없다. 이제 침압을 주는 단계로 들어가자. 헤드셸을 왼손으로 살짝 잡은 상태에서 톤암 뒤에 있는 무게 추를 돌려 톤암이 평형이 되도록 해야 한다. 톤암 리프트를 아래로 내린 상태에서 톤암을 자유롭게 놓아준다. 카트리지가 달린 앞쪽이 내려가면 무게 추를 시계 방향으로 돌려 뒤로 뺀다. 카트리지가 위로 들리면 반대로 무게 추를 반시계 방향으로 돌려 앞으로 오게 한다. 이렇게 조정하다 보면 톤암이 밑으로 내려가지도 않고 위로 올라가지도 않는 상태가 생긴다.

쉽게 설명하면 세 살짜리 아이를 시소 끝에 앉히고 시소 반대편에는 아버지가 앉아 있다고 생각해보자. 아이가 가벼워서 아버지가 시소 끝에 앉아서는 시소가 평형이 될 수 없다. 아버지가

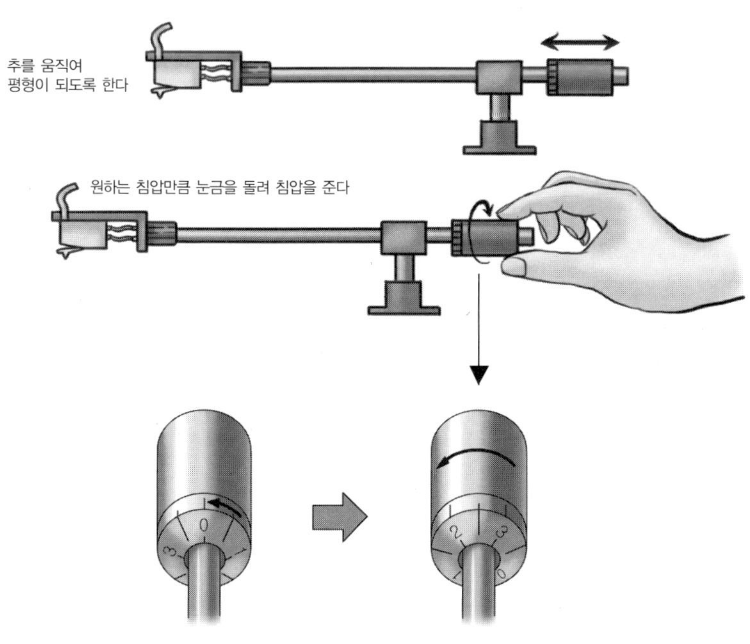

스태틱 밸런스 톤암 침압주기

시소의 중심으로 한참 당겨 앉아야 수평을 맞출 수 있다. 아버지가 시소 중심에 아주 가까워지는 어느 지점에 이르면 시소는 수평을 이루게 된다. 톤암이 시소고 아이는 카트리지, 아버지는 무게 추라고 이해하면 된다. 아주 쉽게 이해가 되었을 것이다.

톤암이 수평 상태가 되었으면 이제 침압을 줄 차례다. 스태틱 밸런스의 경우는 무게 추 앞부분에 눈금이 그려져 있다. 보통 작은 한 눈금이 0.5g이고 큰 눈금이 1.0g이다. 톤암이 수평을 이룬 상태에서 무게 추를 반시계 방향으로 돌려 원하는 침압을 주면 된다. 예로 2.0g의 침압을 주고 싶으면 작은 눈금 4개만큼 무게 추를 반시계 방향으로 돌려주면 된다. 간혹 무게 추 앞에 눈금이 그려진 부분이 무게 추와 별도로 움직이도록 되어있는 톤암이 있다. 이런 경우는 톤암의 수평이 맞은 상태에서 무게 추를 고정하고 눈금이 그려진 부분을 헛돌게 해서 위에 0 숫자가 오도록 한다. 그 다음에 반시계 방향으로 원하는 침압의 숫자가 나올 때까지 무게 추를 돌려주면 된다. 다이내믹 밸런스 방식의 톤암은 침압 주기가 더 간단하다. 톤암 축 부분에 있는 다이얼을 침압 숫자만큼만 돌리면 된다. 다시 한 번 얘기하지만 침압은 카트리지의 규격에 나와 있는 범위를 벗어나게 주면 안 된다.

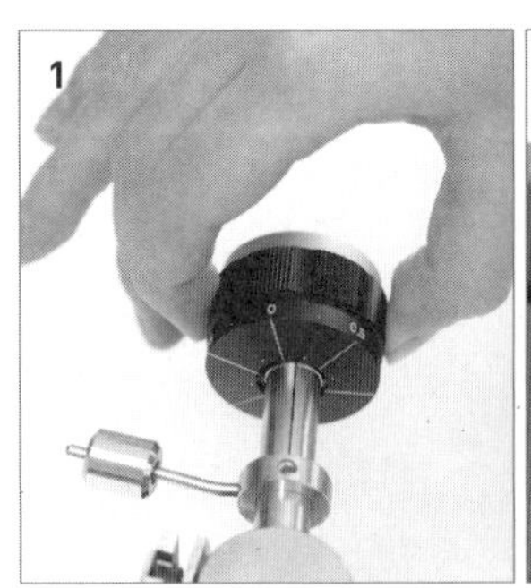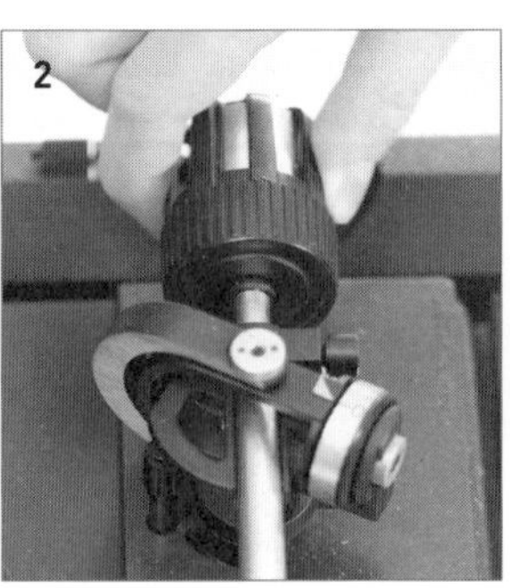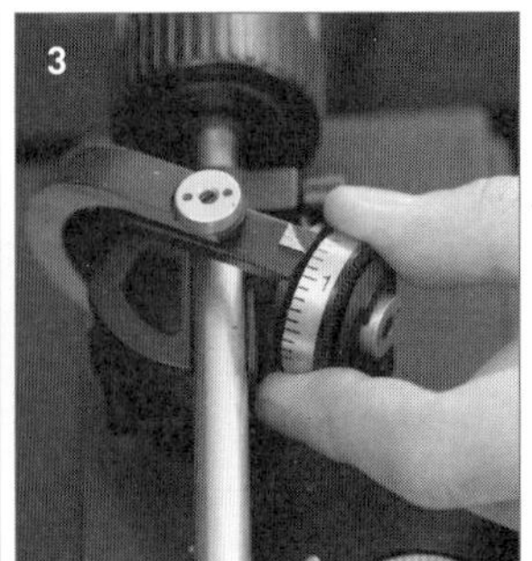

1. 스태틱 밸런스 톤암의 침압 주기   2, 3. 다이내믹 밸런스 톤암의 침압주기

    최윤욱의 아날로그 오디오 가이드

이와 같이 톤암을 조작해서 침압을 줄 수 있지만 좀 더 정확하고 편하게 침압을 주는 방법이 있다. 침압계라는 액세서리를 이용하는 방법이다. 보편적으로 많이 사용하는 슈어 침압계를 예를 들어 설명하겠다. 침압계 좌측에 있는 금속 바를 원하는 침압 수치에 위치시킨다. 그 다음 우측의 바늘 놓는 위치에 바늘이 내려오도록 무게 추나 침압 주는 다이얼을 조금만 돌린다. 바늘을 침압계 우측의 바늘 놓는 위치에 정확히 내려오도록 한다. 침압계의 시소가 수평이 되도록 무게 추(스태틱)나 침압 다이얼(다이내믹)을 돌린다. 시소가 한쪽으로 쏠리지 않고 수평이 되어 천천히 움직이면 원하는 침압이 맞춰진 것이다. 여기서도 역시 시소의 원리가 적용된다. 전자식 침압계는 훨씬 더 쉽다. 바늘 끝을 무게 재는 곳에 닿도록 하고 디지털로 표시되는 g 숫자가 원하는 침압이 되도록 조정하면 된다.

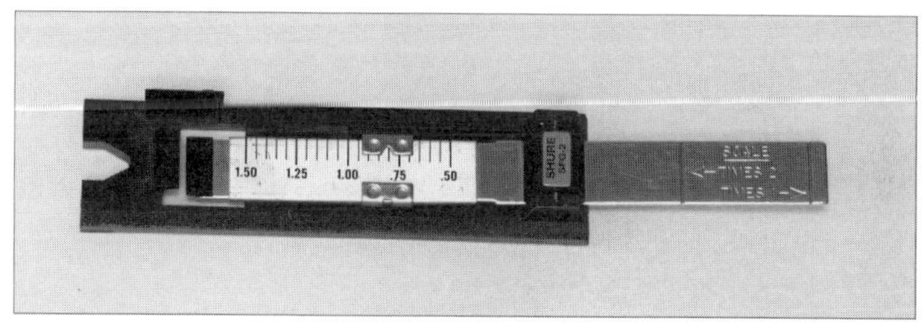

슈어 침압계

5. 안티스케이팅 맞추기

침압 조정이 끝났으면 다음은 안티스케이팅을 맞출 차례다. 안티스케이팅을 이해하려면 먼저 스케이팅이 무엇인지를 알아야 한다. 스케이팅이란 톤암 끝이 안쪽으로 휘어져 있어서 레코드의 소릿골과 바늘이 마찰하면서 생기는 힘이 안쪽으로 분산되어 생기는 힘이다. 이 힘은 카트리지를 레코드의 중심 쪽으로 쏠리게 해서 결과적으로 소릿골의 왼쪽 채널에 더 많은 압력이 가해지게 만든다. 이 힘을 상쇄시키기 위해서는 인위적으로 레코드의 바깥쪽으로 힘을 줄 필요가 있다. 다시 한번 설명하면 톤암이 안쪽으로 휘어진 탓에 바늘이 레코드를 주행하면서 자연스럽게 안쪽으로 쏠리게 하는 힘이 스케이팅이다. 이것을 상쇄시키기 위해 인위적으로 레코드 바깥쪽으로 힘을 주게 만든 장치가 바로 안티스케이팅이다.

충분히 이해가 되지 않았다고 걱정할 필요는 없다. 안티스케이팅에 대한 설명은 조금 어렵지만 조정은 식은 죽 먹기다. 톤암 축 부위 근처에 숫자가 써진 노브가 보인다면 그것이 바로 안티스케이팅 조정 장치다. 그 노브를 돌려 숫자를 침압의 70% 정도 주면 끝난다. 듀얼 턴테이블의 경우는 안티스케이팅 노브가 사진처럼 좀 특이하게 생겼다. 바늘이 원뿔(원형 단면)형인지 엘립티컬(타원 단면)형인지 구분해서 안티를 주게 되어 있다. 간혹 CD-4라는 글자도 보이는데 이것은 4채널 레코드를 의미한다. 그쪽으로는 노브를 돌릴 필요가 없다. 드물게 안티스케이팅 조정장치가 없는 톤암도 있다. 이런 경우는 안티스케이팅 조정을 하지 않고 그냥 레코드를 들을 수밖에 없다.

정확하게 안티스케이팅을 맞추고 싶다면 좀 더 수고를 해야 한다. 이때는 보통 레코드와 크기는 같지만 소릿골이 없는 투명 아크릴 판을 사용한다. 아크릴 판을 플래터에 얹고 턴테이블을 플레이시킨다. 아크릴 판을 레코드

듀얼 턴테이블 안티스케이팅

라고 가정하고 소릿골의 중간쯤 되는 부분에 카트리지를 안착시
킨다. 안티스케이팅이 걸리지 않은 상태에서 대부분의 톤암은
스핀들 쪽으로 움직이게 된다. 이 때 안티스케이팅 노브를 돌려
수치를 높여주기 시작한다. 안티스케이팅 수치를 계속 올리다
보면 톤암이 바깥쪽으로 흐르게 된다. 이 경우는 안티스케이팅
이 너무 많이 걸린 것이다. 노브를 돌려 수치를 낮춰야 한다. 톤
암이 안쪽으로 흐르지도 않고 바깥쪽으로 흐르지도 않고 정지한
듯이 있으면 안티스케이팅이 적당하게 조정이 된 것이다.

　아크릴 판보다 비용이 적게 드는 방법이 있다. 종이에 컴퍼스
로 지름 7.3cm와 29cm 원을 그린다. 작은 원의 안쪽과 큰 원의
바깥쪽을 가위로 오려낸 후 문방구에 가서 코팅을 한다. 그러면
보통의 레코드보다 약간 작은 사이즈의 레코드 모양이 된다. 이

안티 조정하는 방법　플래터가 회전하는 상태에서 톤암이 ①번 방향으로 흐르면 안티스케이팅을 늘려야하고 ②번
방향으로 흐르면 줄여야 한다. 정지해서 움직이지 않으면 조정이 완료된 것이다.

판을 플래터에 얹어서 앞에서 한 방법대로 안티스케이팅을 조정하면 된다. 아크릴 판보다 비용도 싸고 좀 더 정확하게 조정할 수 있는 훌륭한 방법이다.*

6. VTA, 애지무스 조정하기

안티스케이팅까지 맞추었다면 카트리지 장착의 막바지에 이른 셈이다. 여섯 번째로 할 일은 톤암에서 VTA(Vertical Tracking Angle)와 애지무스(Azimuth)를 조정하는 것이다. 사실 입문용 턴테이블에 달린 톤암은 VTA나 애지무스 조정 자체가 불가능한 경우가 대부분이다. 그렇더라도 어떤 내용인지 알고는 있어야 한다. 향후 업그레이드를 해서 좀 더 고급 턴테이블과 톤암을 쓰게 되면 조정해야 하는 일이 생기기 때문이다. VTA는 앞에 카트리지 업그레이드 편에서 슈어 V-15 시리즈를 언급하면서 잠시 얘기한 적이 있다. 카트리지 바늘이 레코드와 일정한 각도를 유지하면서 소릿골을 추적해야 레코드에 담긴 소리를 최대한 정확하게 읽어낼 수 있다. 그림처럼 암 파이프가 수평을 이루어야 한다.

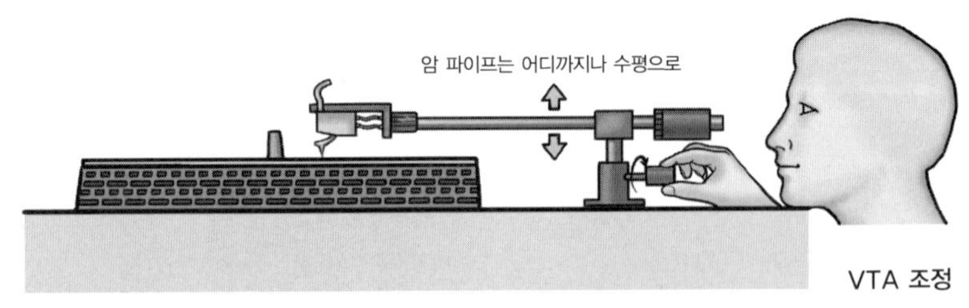

* 9장의 톤암 추천에서 전용 오버행 게이지를 이 종이에 그려 넣으면 좋다. 이렇게 만들면 안티스케이팅도 조정하고 오버행 게이지로도 쓸 수 있다.

만약 톤암의 뒷부분(축)이 수평보다 낮으면 소리는 약간 둔해지면서 묵직해진다. 톤암의 뒷부분(축)이 높으면 소리는 날카로워지면서 가벼워진다. 기본 세팅은 레코드에 바늘이 접촉한 상태에서 옆에서 보았을 때 톤암 파이프가 레코드와 평행한 상태면 된다. 아날로그에 익숙한 경우라면 좀 더 세밀하고 섬세한 소리를 듣고자 톤암의 뒷부분을 아주 약간 높게 조정하기도 한다. 그렇지만 기본은 암 파이프와 레코드가 서로 평행이 되게 하는 것이다. 육안으로는 평행이 되었는지 가늠하기가 쉽지 않다. 문구점에서 파는 15㎝ 방안선 자를 사서 사진처럼 톤암 안쪽 레코

방안선 자 세운 모습

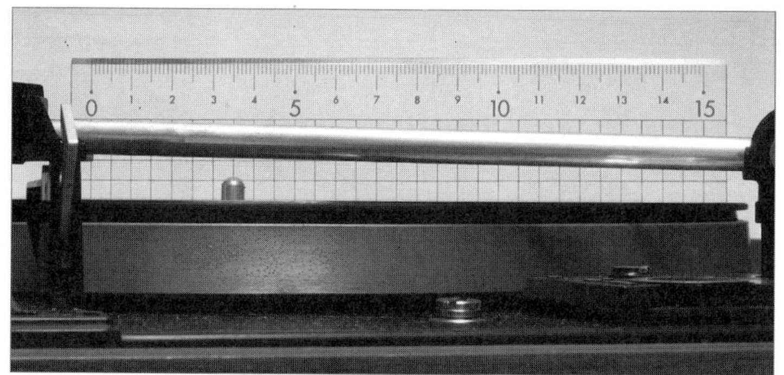

톤암 수평 보는 방법 사진을 보면 톤암 축 부분이 낮다는 것을 알 수 있다.

드 위에 모로 세운다. 그런 다음 톤암 바깥쪽에서 보면 방안선 격자 때문에 톤암 파이프의 평행 여부를 쉽게 알 수 있다.

애지무스도 사실 입문용 톤암에서는 신경 쓸 필요가 없는 항목이다. 톤암이 전후좌우로 움직이는 유니피봇(Uni-pivot) 방식의 톤암인 경우에만 조정이 필요한 항목이다. 유니피봇 톤암은 고급 톤암 중에서도 20% 정도로 드문 편이다. 애지무스가 무엇을 의미하는지 이해만 하고 넘어가자. 그림에서 보듯 애지무스는 눈높이를 헤드셸 끝에 두고 카트리지의 앞면을 보았을 때 좌우의 수평을 의미한다. VTA도 그렇지만 카트리지의 좌우 수평이 맞지 않으면 레코드의 소릿골에 바늘이 틀어진 각도로 접촉하게 된다. 다행히 입문용이나 중급용 턴테이블과 톤암에서는 유니피봇 톤암이 거의 없다. 그래서 조정할 일은 별로 없다.

입문용 턴테이블의 경우 톤암 파이프나 헤드셸이 틀어져서 에지무스가 어긋나 있는 경우가 간혹 있다. 톤암 파이프와 헤드셸을 연결하는 부위에 나사가 있다면 이것을 풀고 헤드셸을 정상위치로 돌리고 다시 나사를 조이면 된다. PE 턴테이블이 경우는 톤암 파이프를 잡고 헤드셸을 살짝 돌려 바로 잡기도 한다. 이런 방법이 불가능한 경우에는 카트리지 몸체와 헤드셸 사이에 작은 와셔 같은 것을 끼운 채로 카트리지를 장착해서 해결하는 방법도 있다.

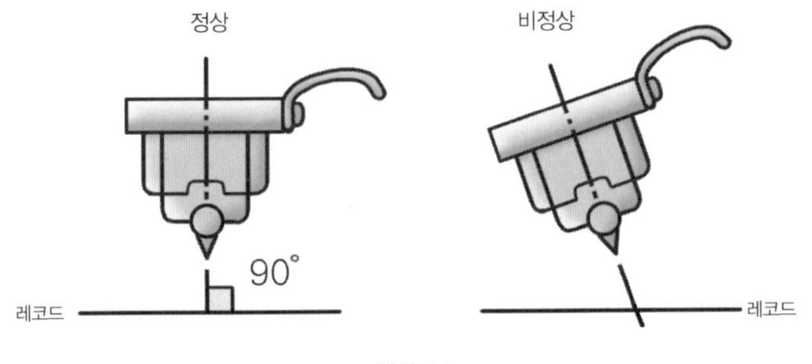

애지무스

 최윤욱의 아날로그 오디오 가이드

7. 턴테이블 수평 맞추기

카트리지를 톤암에 장착해서 조정하는 일은 모두 끝났다. 이제 남은 것은 턴테이블을 수평으로 배치하는 일만 남았다. 턴테이블이 놓일 곳은 튼튼하고 단단한 바닥이 좋다. 어쩔 수 없이 오디오 랙 위에 놓아야 한다면 흔들리지 않고 단단하게 고정된 곳에 놓는 것이 좋다. 아래 그림과 같이 플래터에 수평계를 놓고 거품이 중앙에 오도록 턴테이블의 발을 조정한다. 발 조절이 안 되는 경우에는 발밑에 단단한 플라스틱 조각이나 동전 같은 것을 받쳐서 수평을 맞춘다. 이제 수평을 맞추는 방법을 턴테이블 종류별로 자세히 살펴보자.

수평을 맞추는 것도 턴테이블 방식에 따라 방법이 약간 다르다. 리지드 턴테이블은 베이스의 수평과 플래터의 수평이 일치한다. 그래서 베이스의 수평을 맞추면 플래터도 자동적으로 수평이 맞게 된다. 만약 그렇지 않다면 외부 충격으로 손상을 입은 것이다. 플래터에 수평계를 놓고 수평을 맞주면 된다. 설중형 턴테이블의 경우에는 이동시 플린스가 출렁거리지 말라고 고정한 나사를 풀어서 손으로 눌렀을 때 출렁거리는 상태에서

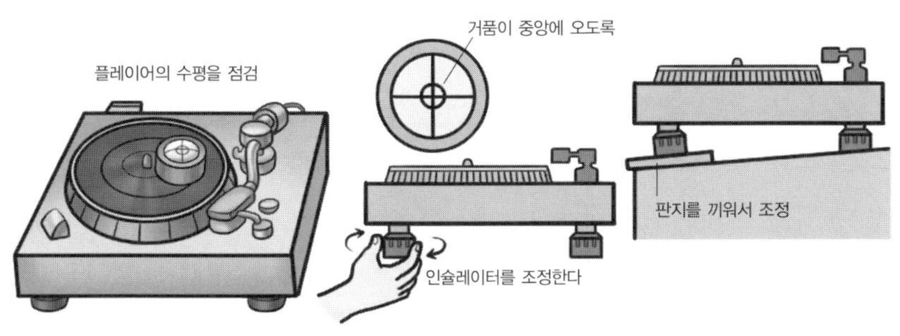

턴테이블 수평 맞추기

수평을 잡아야 한다. 절충형 턴테이블도 플래터의 수평이 맞으면 플린스의 수평도 자동적으로 맞게 설계되어 있다.

　문제는 플린스와 플래터가 스프링을 통해 결합해서 따로 놀도록 설계된 플로팅 턴테이블이다. 플래터와 플린스 두 곳 모두에서 수평을 맞추기는 현실적으로 어렵다. 플로팅 턴테이블의 이상적인 세팅은 플래터가 수평이 되는 것에서 끝나지 않는다. 플래터가 정지 상태에서 수평을 유지해야 하는 것은 물론이고 손가락으로 스핀들 바로 뒷부분을 위에서 아래로 살짝 눌렀을 때 플래터가 정확히 수직으로만 출렁거려야 한다. 이렇게 하기 위해서 플래터와 플래스 사이에 있는 스프링의 강도를 끊임없이 조정해야 한다. 이런 세팅은 입문자나 초보자가 할 수 있는 것이 아니다. 전문가나 전문 수리점을 통해서만 가능한 작업이다. 입문자가 할 수 있는 조정은 플린스의 수평은 포기하고 플래터의 수평만 잡는 것이다. 이동시 플래터를 고정하는 나사를 풀어서 플래터가 출렁거릴 수 있는 상태가 되게 하는 것이 첫 순서다. 플래터가 출렁거리기를 멈추고 정지 상태가 되면 조심스럽게 수평계를 플래터 위에 놓는다. 플래터를 4등분한 네 곳에서 모두 수평계가 수평을 유지하는 상태기 되도록 턴테이블 발을 조정하면 된다.

8. 회전 속도 확인과 케이블 연결하기

　이제 남은 것은 플래터의 속도를 체크하는 일과 턴테이블과 포노앰프를 케이블로 연결하는 것이다. 플래터의 속도 체크는 이 책의 부록으로 제공되는 스코프를 이용하면 된다. 가정용 전원인 60Hz에 반응하게 만들어진 제품이다. 삼파장이 아닌 재래식 형광등이나 백열등 아래에서 보게 되면 쉽게 속도 체크가 가능하다. 막대가 정지한 듯이 보이면 속도가 맞는 것이고 왼쪽으로 막대가 이동하는 듯이 보이면 속도가 빠른 것이다. 반대로 막대가 오른쪽으로 이동하는 듯이 보이면 속도가 약간 늦은 것이다. 속도 조정 노브가 있다면 간단히 노브를 돌리는 것으로 속도를 맞출 수 있다. 좀 더 전문적인 속도 측정을 위해 300Hz 빛을 이용하는 전용 램프와 스코프를 쓰기도 한다. 가격이 저가 입문용 턴테이블과 비슷할 정도로 비싼 장비로 입문자가 굳이 갖춰야 할 필요는 없다.

턴테이블과 포노앰프를 연결하기 전에 카트리지부터 톤암 케이블까지 정상적으로 잘 연결이 되었는지 다시 한번 확인해야 한다. 이 작업에는 디지털 방식의 테스터기가 필요하다. 디지털 테스터의 셀렉터를 돌려 저항(R)에 위치시킨다. 뒷 페이지 사진처럼 톤암 케이블 끝 RCA 단자의 중앙과 바깥 테두리에 테스터기의 단자를 접촉시킨다. 만약 MM 카트리지라면 수백Ω 에

린 스트로보스코프

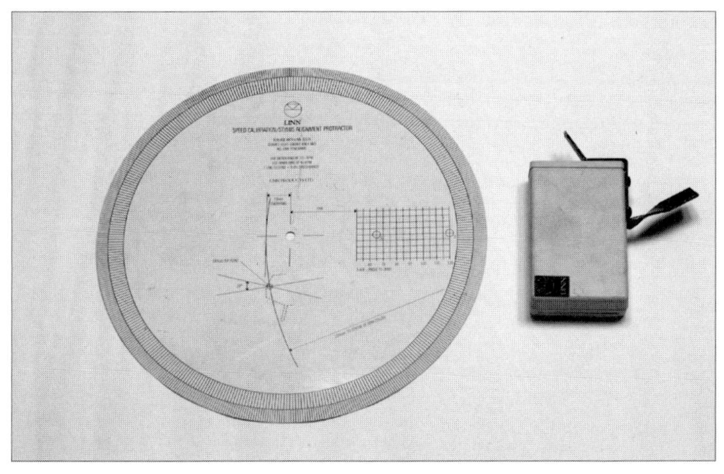

서 1KΩ 정도의 수치가 표시창에 뜰 것이다. MC 카트리지라면 수십Ω 에서 수백Ω 정도의 수치가 나올 것이다. 만약 2~3Ω 이하 수치가 나오면 그 채널의 +와 −가 합선(붙어) 된 상태다. 수 KΩ 이상의 수치가 나오면 연결 부분 어딘가 접속이 제대로 되어 있지 않거나 카트리지의 코일이 끊어진 것이다. 톤암 케이블의 나머지 RCA 단자도 같은 방법으로 확인한다. 양쪽 채널 모두 정상적인 수치가 나왔다면 양쪽 수치의 차이가 얼마나 나는지 확인해야 한다. 양쪽 값의 차이가 10% 이내에 있어야 제대로 연결이 된 것이다. 10% 이상 차이가 나면 연결부분 어딘가가 불완전하게 접속된 것이다.

디지털 테스터기로 확인 결과 문제가 있다고 판단되면 카트리지 단자 접촉부와 톤암-헤드셸 접합부를 다시 한 번 점검해야 한다. 점검을 마친 후 다시 테스터로 이상 여부를 확인해야 한다. 이상이 없으면 포노앰프의 입력 단자에 톤암 케이블을 꼽으면 된다. RCA 단자는 보통 적색이 우측 채널이고 검은색이나

RCA 단자 테스터기로 확인하기

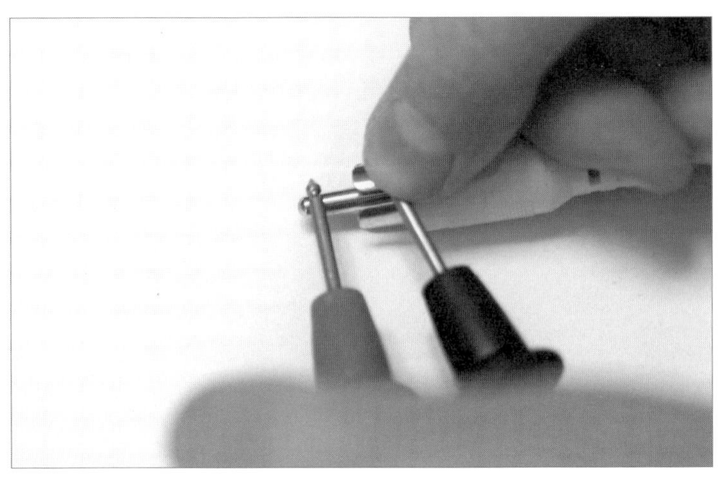

    최윤욱의 아날로그 오디오 가이드

흰색이 좌측 채널이다. 포노앰프 입력 단자에 RCA단자를 꽂고 어스 단자도 포노앰프의 어스 단자를 찾아서 연결한다. 튜너나 CD플레이어와 달리 턴테이블은 좌우 두개의 RCA 단자 외에 어스선이라는 것이 추가로 있다.* 이것을 빼먹지 말고 꼭 포노앰프의 어스 단자에 연결해야 한다. 단자 연결은 앰프의 전원이 꺼진 상태에서 해야 한다.

이제 연결이 다 되었으면 앰프의 전원을 켠다. 전원을 켜고 최소 2분 정도만 기다리자. 앰프가 정상 작동하기까지 최소한의 시간이 필요하다. 이제 턴테이블의 전원을 켜고 헤드셸 손잡이를 움직여 레코드 위에 놓고 암 리프트를 내리자. 그러면 천천히 카트리지가 아래로 내려가다가 레코드에 부드럽게 안착할 것이다. 이제 앰프의 볼륨을 살짝 올려보자. 확인에 재확인을 한 것이라 문제없이 스피커에서 음악소리가 흘러나올 것이다.

이제 당신도 카트리지를 장착할 수 있게 되었다. 뿌듯한 마음으로 레코드에서 나오는 음악을 만끽하기만 하면 된다. 축하한다!

---

* 레가 턴테이블은 원래 어스 단자가 없다.

레코드 관리와 액세서리

'아이네 클라이네 나흐트무지크(Eine Kleine Nachtmusik)' 솔
직히 이런 곡을 들을 일은 거의 없다. 내가 모차르트를 자주 듣
지 않아서 그렇기도 하지만 너무 대중적으로 알려진 곡이다 보
니 오디오 마니아들은 잘 듣지 않는 곡이다. 3년째 바이올린 레
슨 받는 딸내미가 연습곡이 '아이네 클라이네 나흐트부지크' 라
면서 틀어달라는 것이다. 명색이 오디오 한다고 하는데 그 흔한
레퍼토리도 없다면 아빠를 놀릴 게 뻔하다. LP장을 한참 뒤져
라이선스 음반을 찾았다. 이 한 장의 라이선스 음반 덕분에 바
이올린 배우기의 기본은 많이 듣는 것이라고 강조해온 아빠의
체면을 지킬 수 있었다.

　레코드를 얹고 딸과 같이 소리가 나오길 기다렸다. 누구나 들
어보았을 낯익은 선율이 흘러나온다. LP 생산을 그만둘 무렵에
구한 민트급 음반이라서 잡음이 전혀 없는 깨끗한 소리가 난다.
잡음 없는 LP 소리를 들으면서 문득 드는 생각은 굳이 수입반이
나 원반을 고집할 필요가 있을까 하는 것이다. 평소 자주 듣는
음반 대부분은 중고 수입반이다. 자연스럽고 깊은 맛을 주지만

음질은 지글거리는 잡음과 틱틱거리는 정전기로 좋지 못한 것
이 많다. 몇 만원씩 주고 잡음 나는 레코드를 들어야 하는가에
대한 회의가 든다.

그나마 다행은 아날로그 열풍으로 국내에 수입반이 넘쳐나
면서 가격이 많이 내렸다. 희귀반이나 명반이 아니면 수입반도
비싸지 않은 값에 쉽게 구할 수 있다. 이렇게 수입반이 홍수를
이루면서 클래식 라이선스 음반 거래는 거의 자취를 감췄다. 이
런 이유로 라이선스 음반은 민트급이 아니면 중고로 팔 생각을
하기 힘들어졌다. 이에 비해 유명한 레퍼토리의 수입 반은 아직
도 비싸다. 거기다 전 소유자가 많이 들었을 것이기에 음반 상
태가 좋지 않을 가능성이 크다. 이에 비해 라이선스 반은 상대
적으로 깨끗하고 가격도 훨씬 저렴하다. 조금만 노력을 기울이
면 아주 좋은 값에 아주 깨끗한 라이선스 반을 구입할 수 있다.
명반으로 소문난 음반이라도 비싼 돈을 주고 사서 잡음을 들을
필요는 없다. 민트급 라이선스 반을 저렴하게 구입해서 즐기는

용산 전자랜드 신관 오픈매장

   최윤욱의 아날로그 오디오 가이드

것이 현명한 선택이다. 라이선스 음반으로 충분히 들어보고 정말 마음에 드는 음반이라는 생각이 들면 그때 가서 고가 반을 구입해도 늦지 않다.

LP는 매장을 방문해 직접 고르면서 사거나 인터넷 쇼핑몰을 통해 구입할 수 있다. 다소 번거롭더라도 시간을 내 매장을 방문해서 구입하는 것이 좋다. 음반의 상태를 직접 확인할 수 있고 경우에 따라서는 시청해볼 수도 있기 때문이다. 인터넷을 통한 구매는 믿을 만한 사이트를 수소문해서 우선 시험적으로 소량을 구매해 상태를 확인하는 절차를 거치는 것이 좋다. 온라인 쇼핑몰을 통한 LP 구입은 구하기 어려운 음반을 찾을 때 검색을 통해 쉽게 찾을 수 있는 장점이 있다. 간혹 클래식 전문 숍에서 팝 음반을 싸게 팔거나 팝 전문 매장에서 클래식 음반을 싸게 파는 경우가 있다. 이런 횡재는 LP를 구입하면서 겪는 작은 즐거움 정도로 치부하고 기본적으로 제값 주고 산다는 자세로 쇼핑하는 것이 좋다. 이 장 말미에 가볼만한 LP 매장과 온라인 LP 숍을 간단히 소개할 예정이다. 중고 LP 구매에 조금이라도 도움이 되었으면 한다.

인터넷 쇼핑몰 외에 장터를 통한 개인 간 직거래로 LP를 구입할 수도 있다. 직거래 장터는 매장이나 쇼핑몰보다 가격이 저렴한 장점이 있는 대신에 판매자에 대한 확인과 LP를 고르는 안목이 필요하다. 가장 활발한 장터로는 소리전자(soriaudio.co.kr)의 음반 장터인데 하루에도 수백 건의 매물이 올라온다. 좋은 음반을 값이 싸게 구할 수 있는 곳이지만 버려야할 판을 사게 되는 위험도 있는 곳이다. 좋은 매물은 판매 글이 올라온 지 얼마 지나지 않아 거래가 완료된다. 세상에 다 좋은 것은 없듯 좋은 음반을 싸게 사려면 수시로 음반 장터를 지켜보고 있어야 하는 불편을 감수해야 한다. 간혹 음반 상태가 좋지 않은 매물도 있어서 신뢰할만한 판매자에게 구입하는 것이 좋다. 국악음반에 관심이 있는 사람들이 요즘 늘고 있는데, 국악음반은 전문매장이나 온라인 숍에서 가격이 계속 오르고 있는 추세다. 소리전자 음반장터나 황학동 헌책방, 인터넷 중고서점을 이용하면 좀 더 싼 값에 구할 수 있다.

돌 레코드

 최윤욱의 아날로그 오디오 가이드

LP 보는 방법과 세척

LP는 중고 구입이 대부분이라 살 때 처음 상태가 중요하다. 뒷 페이지의 사진과 같이 왼손으로 재킷을 잡고 오른손으로 LP를 꺼낸다. 두 손으로 LP를 잡고 앞뒷면의 상태를 본다. 심한 상처나 스크래치는 이 때 발견할 수 있다. 이 과정을 통과했으면 불빛에 비스듬하게 비춰본다. 그러면 위에서 보았을 때 보이지 않던 작은 스크래치도 잘 보인다. 사실 이 과정이 더 중요하다. 몇 번의 시행착오를 거치다 보면 보는 안목이 생긴다. 잘 알려져 있지 않지만 판을 많이 들었는지 파악하는 방법이 있다. LP를 턴테이블에 얹기 위해서는 중앙에 난 구멍을 사용하게 된다. 레코드 중앙의 구멍 부근에 플래터의 스핀들이 접촉한 흔적이 있는지 보는 것이다. LP의 라벨은 대부분 종이 재질이라서 금속인 스핀들에 닿게 되면 흔적이 남는다.

이런 과정보다 중요한 것은 실제로 소리를 들어보는 것이다. 요즘 LP 매장에는 턴테이블과 헤드폰을 구비해서 간단히 들어 볼 수 있도록 해놓은 곳이 많다. 외관이 아주 깨끗해도 실제 들어보면 잡음이 심한 경우가 많기 때문에 시청이 가능하면 들어

LP 꺼내는 방법

LP 상태 확인하는 방법

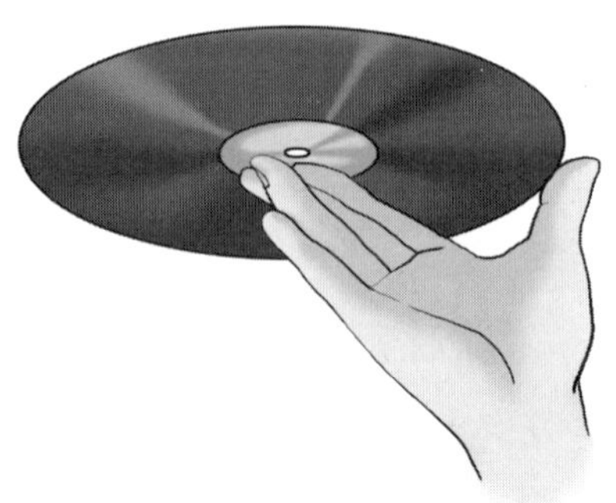

 최윤욱의 아날로그 오디오 가이드

보는 것이 좋다. 외관에 아무 문제가 없어도 너무 많이 플레이한 음반은 지글거리는 잡음이 지속적으로 끊임없이 들린다. 먼지가 낀 것은 레코드 클리너를 통해서 상태를 호전시킬 수 있지만 사용을 많이 해서 잡음이 나는 경우는 방법이 없다. 이런 음반은 수명이 다한 것이기 때문에 전문적인 LP 클리닝 장비를 사용해도 상태를 호전시킬 수 없다. 버리거나 장식용으로 사용하는 것이 최상이다. 말이 나온 김에 레코드 클리너에 대해서 알아보자. 전문 장비는 기십에서 기백 만원이 넘어 입문자가 구입하기에는 부담이 있다. LP 판매점에 레코드 클리너가 있다면 클리닝 서비스를 받는 것이 좋다. 저렴하면서 나름 효과가 있는 제품으로는 손으로 작업하는 디스크 워셔(Disc Washer) 제품을 추천할 만하다.

집에서 간단히 레코드를 청소하는 방법이 있다. 세탁기보다 손빨래기 힘들긴 헤도 때기 속 시원히 삐지듯 손으로 세척히는 것이 귀찮고 힘들지만 가장 확실하다. 종이 재질의 라벨을 보호하기 위해 일명 라벨 보호기(UFO)라고 부르는 장비를 구입하는

VPI 16.5 레코드 클리너

레코드 라벨 보호기(UFO)

것이 좋다. 사진처럼 라벨 양면에 대고 나사를 조이면 라벨이 물에 젖지 않는다. 대야에 미지근한 물을 붓고 중성세제 몇 방울을 떨어뜨린 후 UFO를 장착한 LP를 10분 정도 담가 둔다. 빳빳한 페인트용 붓이나 끝이 아주 가는 칫솔에 주방용 세제를 묻혀 소릿골 결을 따라서 대고 문지른다. 구석구석 거품을 내면서 문지른 후 샤워기를 이용해 헹궈주면 된다.

세탁기에서 세탁이 끝난 옷을 꺼내지 않고 그대로 두면 상하듯 세척한 LP도 반드시 물기를 말려줘야 한다. 물기가 남아 있는 채로 비닐 속지에 넣게 되면 곰팡이가 생기게 된다. 물기가 남아있는 LP는 극세사나 융으로 된 천으로 물기를 훔치고 바람이 잘 통하는 그늘에 30분 정도 두면 물기가 다 마른다. 판이 여러 장일 때는 판과 판 사이가 밀착되지 않고 약간의 간격이 있어야 그 사이를 통해 물기가 증발된다. 이렇게 건조까지 끝났다고 원래 속지에 그대로 넣으면 안 된다. LP를 판매하는 인터넷 쇼핑몰에서 새 속지를 쉽게 구할 수 있다. 샤워하고 나서 입던 속옷이 아니라 새 속옷으로 갈아입듯 새 속지에 세척한 판을 넣어야 한다. 헌 속지에 넣으면 속지에 남아있던 먼지가 세척이 끝난 깨끗한 판에 다시 달라붙기 때문이다. LP를 직접 세척해보면 열 장만 넘어가도 무척 힘이 든다. 좋아하는 판이나 어렵게 구한 판인데 상태가 좋지 않은 것들을 따로 모아두었다가 한꺼번에 하는 것이 좋다.

 최윤욱의 아날로그 오디오 가이드

LP 관련 액세서리

이제 LP를 턴테이블에 얹어 음악을 듣는데 필요한 액세서리에 대해 살펴보자. 우선 LP가 얹어지는 플래터를 살펴보자. 대부분의 플래터는 금속재질이라 매트가 깔려져 있는 경우가 많다. LP가 직접 접촉하는 것은 플래터가 아니라 매트인 셈이다. 기본으로 깔려져 있는 오리지널을 사용하는 것이 무난하지만 음질 개선을 원한다면 교체를 시도해보는 것도 좋다. 제일 흔한 고무 매트는 소리를 차분하게 하는 면이 강한 반면에 다소 흐릿하고 멍청한 느낌을 준다. 우레탄 매트는 고무보다 음을 흐릿하게 하는 단점이 적지만 전체 경향은 비슷하다. 천연 재질의 펠트 매트는 음을 흐릿하게 만들지 않으면서도 자연스러운 음색을 내서 가장 사랑받는다. 탄소섬유인 카본을 사용한 매트는 여운을 고급스럽게 만들면서 전체적으로 밸런스가 좋아서 높은 평가를 받는다. 카본 매트는 장점이 많지만 가격이 비싼 것이 흠이다. 드물게 코르크 같은 재질을 사용한 매트도 보이는데 나무 느낌의 음색이 특징이다. 매트 선택에서 유의해야 할 점은 매트의 면이 평평한지 요철을 두었는지 살피는 것이다. LP와 접촉하는

면적을 줄이기 위해서 요철을 두게 되면 고음의 해상력이나 섬세함은 좋아지지만 저음의 양이 줄어들 가능성이 있다는 것을 잊어서는 안 된다.

이제 LP를 플래터에 얹는 과정을 살펴보자. 앞의 사진에서 보는 것처럼 왼손으로 재킷을 잡고 오른손으로 LP를 꺼낸다. 듣고자 하는 면을 위로 가게 플래터에 얹는다. 스태빌라이저가 있다면 플래터의 스핀들에 끼우면 된다. 스태빌라이저는 LP 재생에 꼭 필요한 장비는 아니지만 음질을 개선시킬 수 있는 유용한 액세서리다. 스태빌라이저는 LP를 플래터에 밀착시키고 플래터의 관성 질량을 늘려서 회전 안정성을 좋게 해준다. 이런 이유로 스태빌라이저를 사용하면 음이 차분해지면서 안정감이 생긴다. 또한 스태빌라이저의 재질에 따라 음색도 재미있게 변한다. 알루미늄 같은 금속 재질은 화사한 광채를 느끼게 하고 목재는 은은한 나무 느낌이 난다. 스태빌라이저 사용에 있어서 주의할 것이 있다. 아무 턴테이블이나 스태빌라이저를 사용할 수 있는 것은 아니다. 플로팅 턴테이블로 분류된 제품에는 스태빌라이저 사용에 신중을 기하는 것이 좋다. 이유는 스태빌라이저의 무

 최윤욱의 아날로그 오디오 가이드

스태빌라이저

게가 추가되면 톤암과 플래터를 받치는 스프링에 부담을 줄 수 있기 때문이다. 플로팅 턴테이블에서 스태빌라이저를 사용하고 싶다면 200g이하의 가벼운 제품을 사용하는 것이 좋다.

스태빌라이저를 얹었다면 이제 턴테이블의 스위치를 켠다. 그러면 플래터가 놀기 시작할 것이다. 카본 브러시를 다음 페이지의 사진과 같이 레코드의 소릿골 있는 부분에 접촉시킨다. LP가 돌면서 표면에 있는 먼지가 카본 브러시에 모이게 된다. 두세 바퀴 정도 돌고 나면 카본 브러시를 앞으로 천천히 직선으로 이동시킨다. 이 과정을 통해 LP 표면에 있던 큰 먼지와 머리카락 같은 이물질이 어느 정도 제거된다. LP 표면의 정전기를 줄여주는 효과도 있어서 아주 깨끗한 판이 아니라면 이 과정을 거치고 음악을 듣는 것이 좋다.

정전기는 레코드 재생 중에 불규칙하게 '탁~' 하는 파열음을 내면서 방전된다. 이 소리를 줄여준다는 정전기 방지제가 있다. 스프레이 타입으로 뿌려주는 제품은 정전기는 줄지만 스프레이 잔유물이 레코드 표면에 남아 문제를 일으킬 수 있다. 이런 이

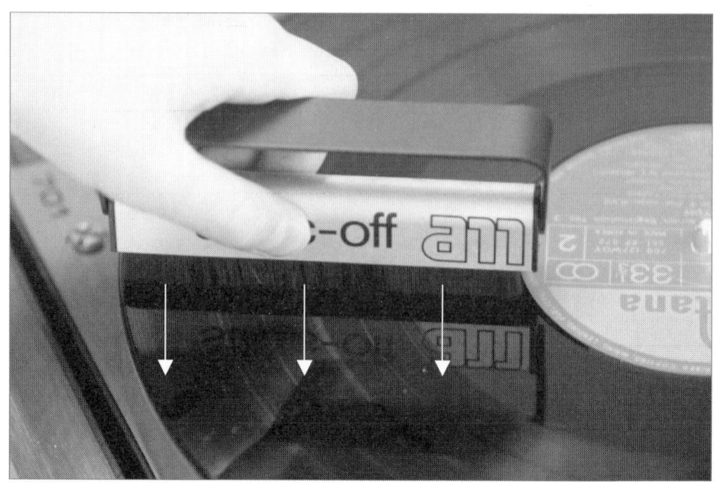

카본 브러시 사용 화살표 방향으로 브러시를 직선이동하면 자연스럽게 레코드의 먼지가 브러시에 붙어 빠져나온다.

유로 스프레이식 정전기 방지제는 사용하지 않는 것이 좋다. 조금 불편하지만 전용 박스에 넣고 솔 같은 것으로 레코드 표면을 문질러서 정전기를 방전시키는 장치도 있다. 이런 처리를 하고 들어보면 정전기가 방전되는 '탁~' 하는 소음도 없어지고 음질도 한결 차분해지고 정숙해진다. 가격이 싸진 않지만 효과는 분명히 있다. 다만 매번 처리를 해줘야 하는 번거로움을 감수할 각오를 하고 구입해야 한다.

정전기 방지 장치 중에는 지속적으로 돌고 있는 레코드 표면에 이온을 방사시켜 방전시키는 장치도 있다. 흔적도 남지 않고 소리도 정전기가 줄고 좀 더 차분해진 음질을 즐길 수 있지만 상대적으로 가격이 비싸다. 장시간 과도

제로스타트

     최윤욱의 아날로그 오디오 가이드

하게 이온을 방사하면 시청실 안에 있는 사람의 폐에 자극이 될 수도 있으니 장시간 사용은 피하는 것이 좋다. 권총식으로 LP를 향해 발사하는 방식의 제로스타트(ZeroStat)라는 제품도 있는데 앞서 언급한 제품보다 효과가 약한 편이다.

레코드를 카본 브러시로 청소를 해주듯 바늘도 수시로 청소를 해 줘야 오래 사용할 수 있다. 카트리지 편에서 이야기한 것처럼 다이아몬드로 된 바늘도 수백시간 이상 사용하면 닳아서 수명이 다하게 된다. 바늘의 수명은 어떤 환경에서 사용했느냐에 따라 달라진다. 먼지가 많고 더러운 상태에서 플레이 하면 잡음이 많아지면서 다이아몬드의 마모도 더 빠르다. 바늘은 수시로 청소해줄 수록 잡음이 적은 소리를 내고 수명도 연장된다. 바늘 청소용 도구는 무수 알콜을 이용한 제품이 주를 이룬다.

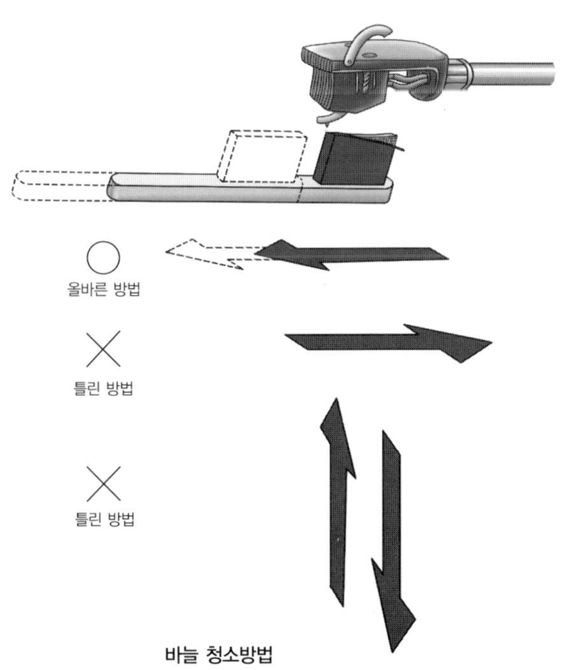

바늘 청소방법

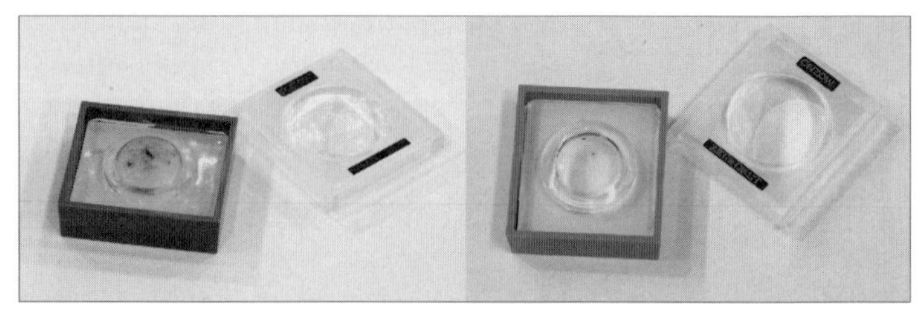

제로 더스트

스타일러스 클리너

무엇보다 수시로 자주 바늘을 닦아주는 것이 중요하다. 바늘을 청소하는 방법은 앞 페이지 그림처럼 카트리지 아래쪽 뒤에서 앞으로 쓸어 당기듯 해야 한다. 앞에서 뒤로 밀거나 좌우로 터는 것은 캔틸레버를 부러트릴 위험이 있어서 절대로 해서는 안 된다. 쉽고 편리하게 바늘을 청소하기 위한 도구도 있다. 제로 더스트(Zero Dust)라는 제품이다. 이 제품을 바늘 아래에 놓고 헤드셸 손잡이를 잡아 바늘이 창포 묵처럼 말랑거리는 표면에 꼭 찍히도록 내렸다 올리면 된다. 제로 더스트의 표면이 많이 더러워졌을 때는 간단히 물로 씻으면 새것처럼 다시 사용할 수 있다. 스타일러스 크리너는 큰 먼지 제거에 효과적이고 제로 더스트는 미세먼지 제거에 효과적이다. 미세 먼지가 쌓이다 보면 바늘 주위에 단단하게 치석처럼 달라붙게 된다. 이를 방지하기 위해서는 제로 더스트를 사용해서 수시로 바늘을 청소해주는 것이 좋다.

  최윤욱의 아날로그 오디오 가이드

카트리지를 톤암에 장착하기 위해 필요한 액세서리도 살펴보자. 오버행 게이지는 카트리지를 장착할 때 오버행을 정확히 맞추기 위한 기구로, 톤암에 따라 전용기구를 사용하는 것이 원칙이다. 사용하는 톤암 전용의 오버행 게이지가 없을 경우에는 간이로 이 책에서 제시하는 대로 만들면 된다. 스코프는 구식 형광등이나 백열등 아래서 보면 플래터의 속도를 간단히 확인할 수 있는 액세서리로, 이 책에서 부록으로 제공한다. 수평계도 턴테이블 세팅에 꼭 필요한 액세서리다. 비싸지 않으니 하나쯤 구비해 두는 것이 좋다.

침압을 재는 침압계도 구비하는 것이 좋다. 전자 침압계는 편리하긴 하지만 가격이 비싸고 가끔 오작동 하는 경우가 있다. 슈어의 시소식 침압계가 오작동 염려도 없고 가격이 싸서 추천할 만 하다. 슈어 침압계 사용법을 간단히 살펴보자. 좌측에 이동이 가능한 추를 원하는 침압 숫자에 위치시킨다. 그 다음 우측 끝부분에 파진 홈에 바늘을 내려 시소가 수평을 이루면 원하는 만큼 침압이 주어진 것이다. 좌측의 눈금이 1.5g까지 밖에 없어서 그 이상의 침압은 어떻게 재라는 것인지 궁금할 것이다.
예를 들어 2g의 침압을 주고 싶으면 좌측의 추를 1g에 위치시키
고 바늘 끝을 우측의 안쪽에 있는 눈금에 내려서 수평이 되면
정확히 2g의 침압이 가해진 것이다. 이유는 간단하다. 시소의
원리로 안쪽 눈금에 바늘을 내리면 좌측의 침압 수치가 두 배가
되기 때문이다.

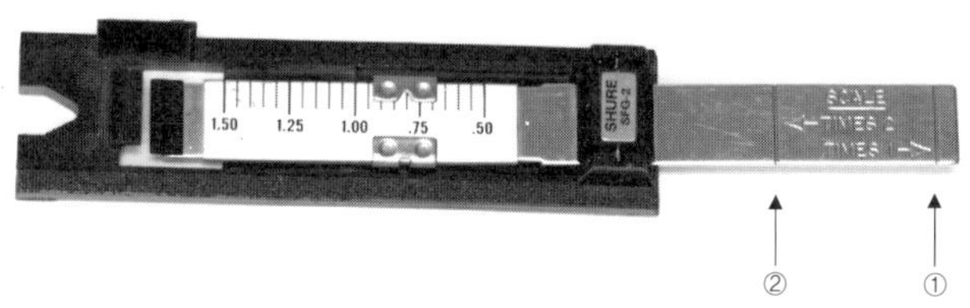

슈어 침압계 사용법 ① 정상 바늘위치로 침압수치를 그대로 읽는다. ② 정상보다 두배 위치
로 침압수치에 ×2를 해서 읽는다.

    카트리지 장착에 꼭 필요한 것은 아니지만 음질을 변화시키
는 액세서리도 있다. 대표적인 것이 카트리지와 헤드셀 사이에
끼워 넣는 카트리지 댐퍼다. 댐퍼는 보통 사진에서 보는 것처럼
작은 판자에 나사 구멍이 나 있는 형태가 대부분이다. 이 작은
댐퍼가 과연 음질을 변화 시킬 수 있을까 하는 의구심이 들 것
이다. 실제로 사용해보면 소리에 나무 느낌의 음색이 베어 나온
다. 카트리지와 헤드셀 사이에 끼워지는 댐퍼에서 발전해서 좀
더 적극적으로 소리를 변화시키고자 개발된 것이 목재 헤드셀
과 카트리지 바디다. 사진의 오른쪽은 데논 DL-103 카트리지
용 목재 바디로 DL-103 카트리지의 외피를 제거하고 카트리지
본체만 끼워 넣어 사용할 수 있게 만든 제품이다. 재미있는 사
실은 같은 모양의 목재 바디지만 목재의 종류에 따라 음색이 약
간씩 달라진다는 점이다. 본인의 취향에 따라 다양한 음색을 즐

흑단 댐퍼(좌), 목재 카트리지 바디(데논 DL-103용)

길 수 있다. 외국의 제품도 있지만 최근 국내 제품이 좀더 저렴한 가격으로 출시되었다. 알뜰하게 아날로그를 즐기고자 하는 사람들에겐 반가운 소식이다.

레코드는 수직으로 세워 보관하는 것이 원칙이나. 선용 LP랙이면 좋지만 일반 책장도 사이즈만 맞으면 사용하는 데 아무런 문제가 없다. 깊이가 30㎝ 정도이고 높이가 32㎝ 이상이면 LP장으로 사용할 수 있다. 가로로 LP를 보관하는 것은 권하지 않는다. 부득이하게 그렇게 할 수밖에 없다면 난방이 들어오지 않는 평평한 바닥에 열장을 넘지 않는 수준으로 쌓아 보관하는 것이 좋다. 가로로 보관하거나 심하게 비스듬하게 보관하면 판이 휘어질 가능성이 높아진다. 쉽게 구할 수 있는 판이라면 괜찮은데 아끼는 판이나 구하기 힘든 판이라면 상심이 클 수밖에 없다. 휘어진 판을 펴는 디스크 플래터라는 전문 장비가 있지만 가격이 100만원을 넘는다. 판 한두 장 펴자고 비싼 기기를 살수는 없다. 풍문으로는 유리판 사이에 판을 끼우고 뜨끈뜨근한 아랫목에 무거운 책으로 눌러 놓으면 된다고 하는데, 온도가 낮으면 아예 펴지질 않고 온도가 너무 높으면 판의 소릿골이 물러져 상하기 쉽다.

이 문제로 고민을 하다 처음 찾은 방법이 핫플레이트라는 온도조절 기능이 있는 전열기구를 사용하는 것이었다. 핫플레이트의 온도를 70℃에 맞추고 그 위에 유리판 사이에 휜 LP를 끼워 올려놓았다. 약간의 무게를 주기 위해 두꺼운 책을 올려 두고 하룻밤을 보낸 다음 꺼내 보니 휘어진 부분이 꽤 평평하게 펴졌다. 핫플레이트도 온도가 예민하게 조절되는 제품이라면 중고로 사도 10만 원 정도 주어야 한다. LP 몇 장 펴자고 핫플레이트를 따로 산다는 건 비효율적이다. 집에서 흔히 사용하는 가정용품 중에 마땅한 것이 있을까 찾다가 용도에 딱 맞는 제품을 발견했다. 자동으로 온도조절이 되는 가정용 전기 찜질기다. 보통 전기를 사용하는 전기 찜질기는 온도조절 스위치가 있다. 약, 중, 강 세 단계로 조절하게 되어 있는 제품은 '중'에 놓고 그 위에 온도계와 유리판을 얹고 가벼운 솜이불로 덮어준다. 30분 정도 지난 후 이불을 젖히고 온도계의 온도를 살핀다. 보통 70℃ 정도가 최고 온도인데 간혹 80℃까지 올라가는 제품도 있으니 꼭 온도를 확인해야 한다. 유리판 온도가 70~72℃로 맞추어졌으면 유리판 사이에 휜 판을 넣고 무거운 책으로 눌러준 다음 8시간 정도 이불을 덮어둔다.

몇 번에 걸친 실험을 통해 확인한 것은 온도가 65℃ 정도에서는 판이 거의 펴지지 않고 75℃가 넘어가면 판이 흐물흐물해지면서 손상되었다. 이상적인 온도는 70~72℃였으며, 8시간에서 10시간 정도 눌러주면서 가열했을 때 효과가 좋았다. 전기 찜질기는 정상적인 제품이면 국산이더라도 자동으로 온도가 조절되기 때문에 필요 이상으로 온도가 올라가지 않는다. 온도가

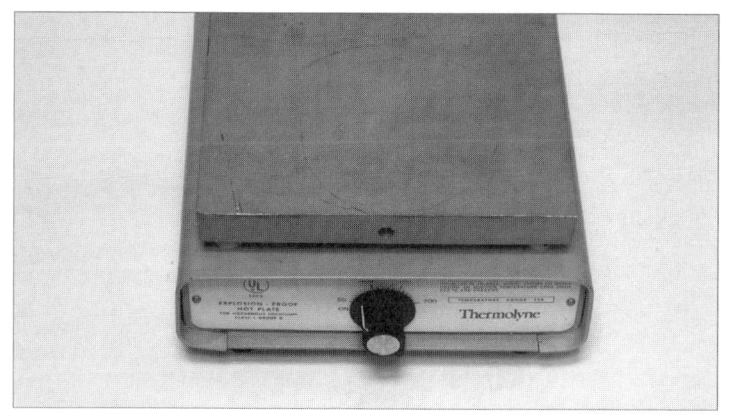

핫플레이트

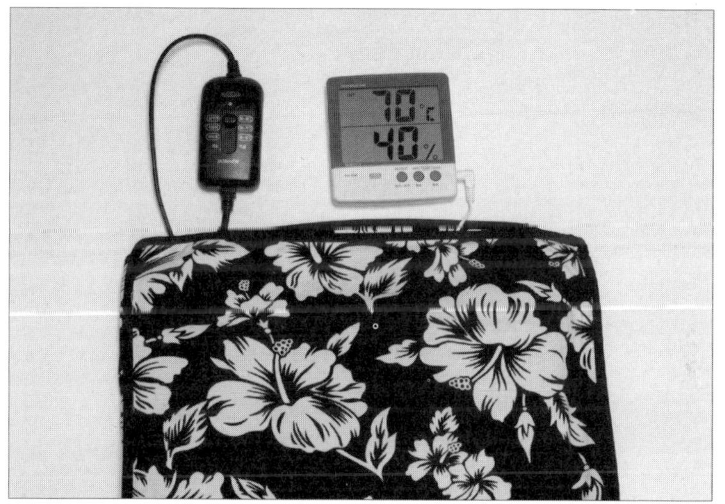

전기 찜질기

숫자로 써진 전기담요 같은 제품은 온도 다이얼을 70℃에 맞추
고 유리 사이에 판을 넣고 책같이 무거운 것으로 누른 후 담요
나 얇은 이불로 전체를 덮어준다. 실제로 해보면 휘어진 부분이
100% 회복되지는 않고 대략 70% 정도 회복된다. 이 정도만 회
복되어도 턴테이블에 얹어 음악을 감상하는 데 아무 문제가 없

다. 집에 전기 찜질기가 없다면 어깨나 허리가 결릴 때 찜질기로 사용하거나 추울 때 전기방석으로 쓰자고 이야기하고 구입하면 아내도 좋아할 것이다. 물론 아내 몰래 가끔 휘어진 판을 펴는 기구로도 사용하고 말이다.

카트리지를 정확하게 세팅하고 싶다면 'TEST LP'를 구입하는 것이 좋다. 테스트 LP는 채널확인부터 안티스케이팅, 애지무스 등을 정확하게 조정할 수 있게 다양한 신호가 수록되어 있다. 보통 'HIFI NEWS'에서 출시한 LP를 사용하는데 가격이 만만치 않다. 슈어에서 나온 테스트 LP가 가격이 저렴하고 구입도 쉬운 편이다. 국내 구입이 힘들면 이베이에서 어렵지 않게 구할 수 있다.

슈어 테스트 LP

 최윤욱의 아날로그 오디오 가이드

:: 회현 지하 상가

클림트 – 클래식. 사랑방 같은 분위기.

파파게노 – 클래식. 중후한 분위기.

파스텔 – 클래식. 음반 정리가 잘 되어있음.

리빙사 – 다양한 장르. 방대한 음반 보유.

LP Love – 팝 재즈. 정찰제 시행.

하이페츠 – 클래식. 컬렉터 아이템 다수 보유.

:: 기타 지역 및 온라인 숍

하이엔드 뮤직(용산 전자랜드 신관) – 다양한 장르. 국내 최대 음반 보유 오픈 매장.

33RPM/45RPM(용산 전자랜드 신관) – 클래식. 컬렉터스 아이템 보유. 음반 상태 표시 양호.

Metavox(홍대 앞) – 클래식. 음반 상태 표시 철저.

Lpheim.com(양재동) – 클래식. 동구권 음반 전문매장, 음반 상태 표시 양호.

Lpking.co.kr(송파) – 클래식. 중저가 미국음반 다수 보유.

Lptown.co.kr(개포동) – 가요/팝/클래식(라이선스). 가요와 국악 음반 보유.

Recordmania.co.kr(대구) – 다양한 장르/클래식(라이선스). 전통 있는 온라인 레코드 숍.

Recordian.co.kr(대구) – 다양한 장르/클래식(라이선스). 시청실 운영.

Clapia.com(춘천) – 클래식. 음반 상태 표시 양호.

Lprecord.co.kr(일산) – 다양한 장르. 음반과 아날로그 액세서리 판매.

돌레코드(황학동) – 가요/팝. 황학동 터줏대감.

장안레코드(황학동) – 가요/팝. 가볍게 들르는 분위기.

대한레코드(부산) – 다양한 장르. 고르기 편한 분위기.

아날로그
비급

chap. 9

아날로그가 부활을 지나 열풍으로 이어지고 있지만 한국에서는 두세 개의 브랜드 제품만 인기를 끄는 브랜드 편식 현상이 심하다. 조금만 찾아보면 제대로 잘 만든 아날로그 명품들이 있는데도 가라드나 토렌스, 오토폰이 절대 다수를 차지한다. 많은 아날로그 마니아들이 이름이 널리 알려진 제품만 찾다 보니 이 제품들은 상대적으로 비싼 가격에 거래된다. 아날로그의 저변을 확대하고 제한된 예산으로 보다 좋은 소리를 듣고자 하는 아날로그 마니아들을 위해 알려져 있지 않은 제품 중에서 좋은 소리를 내는 아날로그 명품을 소개하고자 한다.

여기에 소개하는 제품은 덜 알려진 탓에 구입하는 데 약간의 수고가 필요하지만 성능에 비해 가격은 저렴하다. 그동안 아날로그 생활을 하면서 무수히 많은 기기를 만져보고 직접 분해하고 조립하면서 알게 된 알토란같은 지식이다. 가까운 지인들끼리만 공유했던 것으로 시쳇말로 몰래 꼬불쳐두었던 내용이다. 주머니는 가볍지만 좀 더 좋은 소리를 듣고자 하는 열망은 누구 못지않은 아날로그 애호가에게 도움이 되었으면 좋겠다.

브라운 PS500

재야에 숨어있는 고수를 만나 기회가 있었다. 고수의 작업실에
는 PE는 물론이고 엘락, 듀얼, AR, NEAT 턴테이블이 즐비하다.
재야 고수 왈 "엘락이나 PE나 별반 다를 게 없는데……" 하면서
슬쩍 나를 떠본다. 내가 쓴 책 〈아날로그 즐거움〉에서 PE 턴테

이블을 호평한 것을 지적하는 얘기다. "엘락 좋은 건 알고 있죠!" 라고 응수하니 "이 턴테이블 한번 들어보셔" 하며 꺼내 들려준 턴테이블이 브라운 PS500이다. 브라운 제품이 다 그렇듯 지극히 현대적인 디자인과 깔끔한 만듦새를 보여준다. 재야 고수가 얼마 전에 우연히 구한 턴테이블인데, 소리를 들어보고 난 뒤에 엘락과 PE를 뒤로 물리고 메인으로 쓰게 되었다고 했다.

음악이 끝나자 브라운 턴테이블의 플래터를 들어내서 손가락 마디로 가볍게 두드리니 깡~ 하는 짧고 경쾌한 음이 울린다. 그리곤 말없이 플래터를 나에게 건넨다. 크기에 비해 묵직한 느낌의 플래터는 듀얼부터 엘락, PE로 이어지는 계보의 아연합금 재질이다. 플래터를 들어낸 곳에 자연스럽게 시선이 머문다. 모터가 아이들러를 돌리고 그 아이들러가 벨트로 서브 플래터를 돌리는 독특한 구조다. 아이들러와 벨트를 이중으로 사용하는 방식은 토렌스 124와 같은데 사용 순서가 반대다. 중간에 끼워진 풀리를 비스듬한 원통형으로 제작해 미세한 속도 조정이 가능하다.

브라운 PS 500 구동부

최종적으로 플래터를 돌리는 것은 벨트이므로 토렌스 124보다 힘은 약해도 보다 균일한 회전을 얻을 수 있는 방식이다.

서브 플래터는 직경이 가는 스핀들 축 위에 얹어져 있고 그 위에 3kg에 달하는 플래터가 올라앉게 된다. 플래터와 톤암이 서브 새시 위에 결합되어 플린스와 별도의 완충장치를 통해서 연결되어 있다. 쉽게 말해 플로팅 방식의 턴테이블이라는 얘기다. 어떤 반응을 보이는지 궁금해서 플래터를 손으로 살짝 누르니 부드럽게 움직인다. 손을 뗀 후에 한동안 출렁거릴 것이라고 예상했는데 한번 움직이더니 바로 움직임을 멈춘다. 도대체 어떤 스프링을 사용해서 이렇게 동작하는지 궁금했다. 플로팅 턴테이블의 원조인 AR-XA의 플래터를 손으로 움직여 보면 한동안 출렁거림을 멈추지 않는 것을 확인할 수 있다. 스프링이 진동에너지를 흡수하지 못해서 한참을 계속 출렁거리는 것이다. 그런데 PS500은 한번 움직인 후 곧바로 출렁거림을 멈췄다. 완충장치에 진동 에너지를 효과적으로 흡수하는 무엇인가가 있다는 얘기다. 내가 궁금해 하는 눈치를 보이자 고수는 빙그레 웃으면서 밑판을 열기 좋게 세로로 세우고는 일자 드라이버를 건네준다.

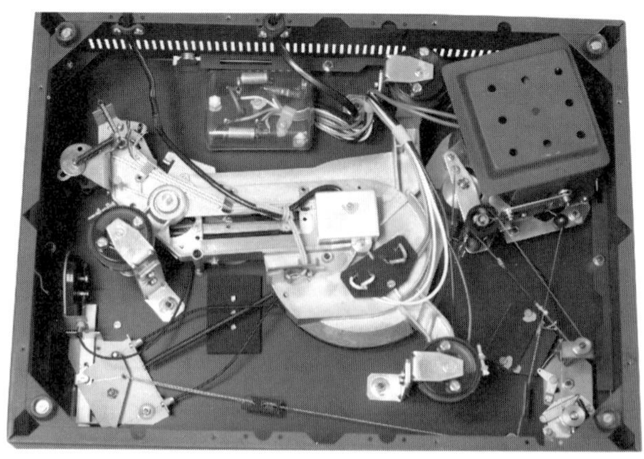

브라운 PS500 내부

밑판을 열어 보는 순간 눈을 의심하지 않을 수 없었다. 플린스와 서브 섀시가 인장 스프링으로 연결되어 있고 스프링 아래가 점성이 있는 유체 튜브 속에 담겨 있었다. 내가 평소 턴테이블용 완충장치로 가장 이상적이라고 주장해온 형태다. 스프링으로 받치되 스프링이 계속 출렁이고자 하는 진동에너지를 댐핑 오일 등으로 효과적으로 흡수하는 구조를 하고 있어야 한다. 평소 이상적인 완충장치의 모델로 생각했던 것을 눈앞에서, 그것도 70만 원짜리 입문용 턴테이블에서 보게 되리라곤 상상하지 못했다. 수백만 원짜리 턴테이블에서도 볼 수 없는 것이기에 충격이 더 컸다. 내 마음속에 PS500을 갖고 싶은 욕망이 순간 꿈틀대는 것을 눈치 채고는 "최 선생이 개조한 EMT930이랑 바꿉시다"며 일합을 날린다. 물론 상식적으로 이치에 맞지 않는다는 걸 뻔히 알면서 일부러 나의 심기를 건드려 보는 것이다. 나도 고수의 의도를 아는지라 "바꾸고 싶어도 여긴 EMT930 놓을 자리도 없는데요!"라고 눙치며 받아넘긴다. 이 만남은 재야 고수의 한방에 내가 비틀기리며 한 수 배운 꼴이 되었디.

쿠즈마(Kuzma) 스타비(Stabi) 턴테이블의 독특한 플로팅 방식을 본 이후로 이런 충격은 처음이다. 참고로 스타비 턴테이블은 플래터와 톤암을 플로팅시킨 후 서브 섀시에서 발을 내려서 그 발을 유체 속에 담그게 했다. 플래터와 톤암이 외부 충격으로 움직이려고 하면 유체 속에 담긴 발도 같이 움직여야 한다. 유체의 저항에 의해 출렁이는 진동에너지가 곧바로 소실될 수밖에 없어서 바로 정지하게 된다. 물론 이런 독특한 구조 탓에 스타비 턴테이블을 옆으로 심하게 기울이면 이 유체가 흘러내릴 수 있다. 스타비는 중고가로 따져도 브라운 PS500의 몇 배가 되는 하이엔드 턴테이블이다. 그런데 PS500은 유체를 튜브로 밀봉해 턴테이블을 거꾸로 뒤집어도 유체가 흘러나올 염려가

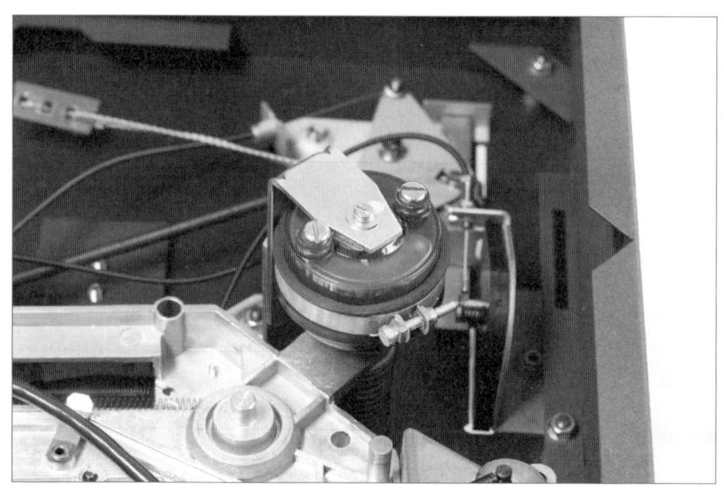

플로팅 서스펜션 완충기

없다. 가격을 떠나 플로팅 방식의 턴테이블 중에 이보다 선진적인 방식의 완충기를 사용한 턴테이블을 본 적이 없다.

소리는 진동을 효과적으로 흡수하는 완충장치 탓에 고가의 턴테이블에서나 느낄 수 있는 안정감과 묵직함을 느끼게 해준다. 벨트가 최종적으로 서브 플래터를 돌리는 구조라 회전 불균일이 거의 없어서 고음이 자연스럽게 연기 피어오르듯 올라간다. 플래터 구동방식이나 완충 시스템에 비해 톤암은 약간 아쉬움을 준다. 하지만 스프링으로 침압을 주는 다이내믹 밸런스 방식에 안티스케이팅 기능도 갖추고 있고 VTA 조정도 가능하다. 입문용 턴테이블에 달려 있는 허접한 스태틱 밸런스 방식의 톤암에 비하면 분명 한수 위다. PS500은 톤암 성능의 한계로 기백만 원 하는 하이엔드 턴테이블에 대적할 만한 소리를 내주지는 못하지만 백만 원 근처까지는 대적할 상대가 없다. 무엇보다 바닥에 깔리는 안정된 사운드 스테이지가 이 턴테이블이 입문용이 맞나하는 생각이 들게 한다. 노브와 손잡이, 플래터에서 느

톤암(침압 주는 부분)

꺼지는 치밀하고 완벽한 마무리와 이 모든 것이 어우러져 만드는 통일된 이미지의 디자인은 보는 즐거움을 선사한다. 천재적인 산업디자이너 디터 람스(Dieter Rams)의 작품답게 심플함과 단순힘의 미힉을 보여준다. 톤암과 노브의 조작 김촉도 하이엔드 오디오 부럽지 않을 정도로 좋다.

독일의 기계 제작 기술과 금속 가공 기술의 진수를 맛보게 하는 브라운 턴테이블이지만 한국에서 사용하기에는 문제가 있다. 모터가 50Hz 전용이라 한국의 60Hz 전원에 연결하면 속도가 빨라져서 속도 조정이 어렵다. 교류 동기모터는 전원 주파수에 따라서 속도가 정해지는데 50Hz용 모터에 60Hz 전원을 공급하면 높아진 주파수만큼 속도가 빨라진다. 속도가 20% 정도 더 빨라져서 가변 속도 조절 노브를 최대로 느리게 해도 플래터가 정상 속도보다 빠르게 회전한다. 60Hz 모터가 장착된 제품이 있나 싶어 이베이를 샅샅이 뒤졌지만 찾을 수 없었다.

직류 모터를 사용하는 상급 모델인 PS600은 전원 주파수에 관계가 없어서 풀리 개조 없이 회로의 저항만 바꾸면 바로 한국에서 사용할 수 있다. PS600은 반자동인 PS500과 달리 자동기능이 있어서 음질에서 불리하다. PS600은 PS500과는 구동방식과 서스펜션이 다르다. PS600은 벨트를 사용하지 않고 순수하게 아이들러만으로 플래터를 돌리고 서스펜션도 플로팅이 아닌 절충형을 택하고 있다. 베어링도 PS500은 일점 접촉의 일반 베어링인데 반해 PS600은 PE나 엘락과 같이 작은 볼이 여러 개 들어가는 트러스트 베어링을 사용한다. 이런 탓에 PS600은 소리의 묵직함이나 저음의 양에서는 PS500에 앞선다. 하지만

(위)브라운 PS600　　(아래)브라운 PS600 플린스

최윤욱의 아날로그 오디오 가이드

PS600은 유체를 이용한 댐핑 시스템이 사용되지만 절충형 방식이어서 음의 해상력이나 배경의 깨끗함에서 플로팅방식인 PS500에 밀릴 수밖에 없다.

매직이라고 할 수 있는 댐핑 서스펜션을 갖춘 PS500을 선택한다면 모터 축을 살짝 갈아내 사용하는 수밖에 없다. 모터가 도는 상태에서 줄이나 굵은 사포로 아주 조금씩 갈아내다 보면 가변으로 속도조정이 가능한 범위로 속도가 들어오게 된다. 속도 조정 범위로 들어오면 가는 사포로 표면을 매끄럽게 하면 된다. 이때 주의 할 점은 턴테이블에 내장된 스코프는 50Hz용이기 때문에 이것을 보고 하면 안 된다. 플래터 스핀들에 60Hz용 스코프를 꽂아 확인하면서 갈아내는 작업을 해야 한다.

여기서 잠깐 태클 거는 독자가 있을 것이다. 기껏 〈아날로그의 즐거움〉에서는 전원 주파수 문제 때문에 모터의 풀리를 갈아서 속도를 맞추는 것은 난센스라고 해놓고, 여기서는 서슴없이 풀리를 사포로 갈아내서 사용하라니 앞뒤가 안 맞는다고 할 수 있다. 맞는 말이다! 아이들러 턴테이블에서 모터의 풀리를 갈아내다 보면 균일하게 갈아지지 않게 되고 그 오차가 아이들러를 통해 플래터에 그대로 전해지게 된다. 그런데 브라운 PS500은 최종적으로 플래터를 돌리는 것은 벨트다. 풀리를 갈아낼 때 생길 수 있는 오차가 벨트에서 충분히 흡수되어 플래터에 전해지지 않는 구조다.

PS500과 같은 구조를 가진 모델로는 PS430*, PS420, PS1000이 있다. 이중 PS1000은 직류모터를 사용해 전원 주파수 문제도 없고 음질도 가장 좋다는 평을 듣는다. 이쯤 되면 PS1000의 음질이 궁금해서 좀이 쑤시게 된다. 그런데 이 시리

---

* PS400, 410, 420, 430, 450 모두 구동 방식과 기본 구조는 같다. 다만 420과 430이 안티 스케이팅 기능을 갖추고 있어서 4xx 시리즈 중에서 추천할 만하다.

즈의 마지막으로 출시된 PS1000, 그 중에서도 안티스케이팅 기능이 추가된 모델 PS1000AS는 발매 대수가 많지 않다. 그런 이유로 PS500의 두세 배가 넘는 가격에 낙찰이 된다. 가격과 성능을 감안하면 반자동인 PS500과* 완전 수동 모델인 PCS-5가 가장 합리적인 선택이라고 하겠다.

모터의 풀리를 정밀하게 갈아내고 모터와 아이들러, 스핀들을 청소하는 오버홀을 끝내고 듣는 PS500은 차분하고 안정감 있는 소리가 무엇인지를 보여준다. 특히 하부 베이스가 철 재질이라 외부 노이즈에도 아주 강하다. 그래서 입문용 턴테이블에서는 경험하기 힘든 아주 깨끗한 배경을 느낄 수 있다. 톤암이 상대적인 약점으로 지적받는데, 턴테이블 전체가 하나의 완결된 디자인으로 설계된 만큼 톤암을 바꾸지 말고 사용하는 것이 좋다. 아쉬운 점은 국내에 이 제품이 몇 대 없어서 독일에서 구입하는 수밖에 없다는 것이다. 대부분의 독일인들은 한국으로의 배송을 기피하는 편이다. 열 개의 매물 중에 한국 배송이 가능한 경우는 하나 정도다. 더구나 무게가 많이 나가서 운반비가 100유로 정도로 만만치 않게 나온다.

톤암을 바꿔달고 베이스를 개조하는 개조파에게 어울리는 턴테이블은 아니다. 욕심 내지 않고 있는 그대로 최소한의 오버홀만 한 상태로 음악을 즐기기에 적당한 턴테이블이다. 일체형으로 오리지널인 상태에서 100만 원 아래에서는 적수가 없다. 구입이 쉽진 않지만 PS500은 보는 즐거움과 듣는 즐거움 모두 만족시킬 수 있는 몇 안 되는 턴테이블이다.

＊ 반자동 기능은 켜거나 끌 수 있는데, 톤암 축 안쪽 부분에 작은 걸쇠를 사용하면 된다. 반자동을 작동 시키면 레코드 마지막까지 연주하고 나서 톤암이 올라오고 전원이 꺼져 모터 회전이 멈춘다.

 최윤욱의 아날로그 오디오 가이드

럭스만 PD-300

순전히 진공흡착이 궁금해서 구입한 턴테이블이다. 레코드를
플래터에 착 달라붙도록 하는 진공흡착 기능이 있는 턴테이블
을 찾다가 우연히 럭스만 턴테이블이 눈에 들어왔다. 고급스러

운 분위기의 만듦새와 디자인이 범상치 않았다. 톤암은 입문용으로는 과한 수준인 Signet XK-35*로 실리콘 댐핑이 가능한 구조를 하고 있다. 디자인이 인상적이지만 그래도 수동으로 작동한다는 진공 펌프(DVS)**가 더 궁금했다. 미국에 사는 지인을 통해 이베이에서 구입한 뒤 안전하게 한국으로 배송 받았다.

실물을 받아보니 사진에서 볼 때보다 마무리와 디자인이 더 훌륭했다. 궁금해 했던 수동식 진공펌프는 전면 우측에 나있는 레버를 우측으로 돌려 작동시키는 것이었다. 레버를 돌린 상태에서 플래터에 레코드를 얹고 옵션으로 구입한 원형 덮개로 레코드를 살짝 누른 상태에서 레버를 왼쪽으로 살짝 풀면 진공흡착이 된다. 원리는 턴테이블 안에 커다란 풀무가 있는데, 이것이 손으로 조여진 스프링의 힘으로 공기를 빨아내서 레코드를 흡착하게 되는 것이다. 재래식 대장간에 있는 풀무와 아주 유사한 형태의 수동식 공기흡착기가 턴테이블 안에 자리 잡고 있다. 수동식이라 힘이 다소 약하기는 하지만 모터를 사용하는 에어펌프에 비해 소음이 거의 없다는 장점이 있다. 어떤 판은 한 면을 다 듣는 동안 압축을 그대로 유지했고, 약간 휜 판은 레코드 재생 중간에 압축이 풀리기도 했다. 상급기인 PD-310과 350은 VS-300이라는 모터로 작동되는 외장형 에어펌프가 기본으로 제공된다. 수동식으로 작동하는 PD-300도 별도의 에어 컴프레서를 구입해서 사용하는 게 가능하다. 진공흡착을 한 상태로 듣는 레코드의 소리는 바닥에 착 가라앉는 듯한 안정감을 준다. 진공흡착의 또 다른 장점은 정전기 노이즈가 줄어들어 소리가 깨끗해진다는 점이다.

---

* Signet는 오디오테크니카의 고급형 톤암 브랜드다.
** DVS는 Disc Vacuum Stabilizer의 약자로, 레코드를 진공 흡착하는 장치를 말한다.

 최윤욱의 아날로그 오디오 가이드

이 턴테이블을 살펴보면서 놀란 부분은 수동식 진공흡착이 아니라 모터였다. 손으로 돌려보면 아무런 저항 없이 아주 부드럽게 돌아간다. 크기가 크진 않지만 통돌이 모터로 토크가 크기에 비해 큰 편이다. 지금껏 많은 턴테이블 모터를 보아 왔지만 이렇게 부드럽게 돌아가는 모터는 무척 드물다. 기천만원에서 1억 원이 넘는 턴테이블에서나 볼 수 있는 부드러운 회전을 보여주었다. 쿼츠 락이 작동되는 BLDC* 모터로, 플래터를 모터가 직접 돌리는 다이렉트 턴테이블에 쓰는 수준의 정밀한 모터를 벨트 드라이브형에 사용한 것이다. 아날로그 전성기를 이루던 1980년대 일본에서 생산된 최고급 모터를 사용한 셈이다.

삼점지지의 플로팅 방식으로, 스프링에는 스펀지 등을 사용해 충분히 댐핑을 했다. 쉽게 말해 눌러도 계속 출렁거리지 않고 진동이 바로 멈춘다는 얘기다. 플로팅으로 떠 있는 서브 섀시도 철저히 무게중심이 맞도록 설계되었고 혹시 있을지도 모르는 공진을 억제하기 위해 콜타르 같은 물질을 덧붙였다. 삼점지지 스프링은 아래에서 밑판을 열지 않고도 조정이 가능하도록 했다. 톤암 보드도 독특하다. 9인치에서 10인치 톤암은 간단한 조작으로 쉽게 설치가 가능한 구조다. 플래터는 알루미늄 재질로 무게가 3.5kg에 이른다. 거기에 레코드를 진공흡착하는 DVS 기능을 갖추고 있다. 심지어 전원 극성을 확인하기 위한 장치까지 갖추고 있다. 이런 PD-300의 면면을 살펴보면 턴테이블 설계에서 이상적으로 갖추어야 할 사항을 거의 다 갖추고 있는 셈이다. 이런 구조 덕분에 턴테이블로서는 80dB이라는 놀라운 S/N비를 보여준다. 1981년 출시 당시 가격이 2500달러로

---

* BLDC는 Brush Less DC 모터의 약자다. 효율이 아주 좋고 잘 설계하면 지극히 부드러운 회전을 하는 고급 모터다.

1. 럭스만 PD300내부 2. 톤암보드(좌), 진공흡착 풀무(우) 3. 삼점지지 플로팅 조정 노브

최윤욱의 아날로그 오디오 가이드

당시 물가를 생각하면 엄청나게 비싼 하이엔드 턴테이블이었다. 지금 이렇게 만든다면 소비자가가 2천만 원짜리 턴테이블이 될 것이다.

울컥거림이 거의 없는 BLDC 모터로 벨트를 통해 플래터를 돌리고 출렁거리지 않는 플로팅 서스펜션 스프링에 진공흡착 기능까지 갖춘 PD300의 소리는 한마디로 당혹 그 자체였다. 심심한 음색에 아무런 맛이 없는 지극히 싱거운 소리였다. 탄산수, 소다수, 오렌지주스처럼 맛이 들어간 음료만 마시다가 생수를 먹는 기분이랄까? 지금까지 모터는 플래터를 회전시켜줄 뿐이지 소리에 영향을 미친다고 생각하지 않았다. 기껏해야 모터에서 발생하는 진동이 잡음으로 유입되는 정도로만 생각했다. 그런데 아주 부드럽게 돌아가는 럭스만의 모터를 경험하고 나서 모터가 어떻게 회전하느냐가 음색에 지대한 영향을 준다는 것을 깨달았다. 시게 초침처럼 정지했다 가다를 반복하면서 도는 모터는 음이 전체적으로 딱딱해지면서 고음이 날카롭게 변하고 부드럽게 회전하는 모터는 소리가 자연스러우면서 고음이 열려서 개방된 느낌을 준다.

럭스만이 만들어내는 소리를 입문자가 듣는다면 당혹스러움을 지나 황당하다는 느낌을 받을 것이다. 고통과 번뇌가 없는 이상적인 세계인 천국에서의 생활이 어떨까 상상해보자. 조금만 생각해보면 심심하기 그지없을 것이라는 걸 알 수 있다. 반대로 고통으로 가득 찬 지옥은 최소한 심심하지는 않을 것이다. 턴테이블을 이상적인 형태로 설계하고 제작하면 화려한 음색이나 짜릿한 긴장감을 주는 소리가 나오는 것이 아니라 자연스럽고 자극이 전혀 없는 편안한 소리가 나온다. 턴테이블로는 놀라운 80dB이라는 수치의 S/N비 탓에 배경도 아주 깨끗하다. 솔직히 말하면 깨끗하다 못해 심심하고 허전한 느낌까지 준다. 이런 특징은 플래터를 압축공기나 자석을 이용해 공중부양시켜서 베어링 마찰 소음을 없앤 고가의 턴테이블에서도 그대로 나타난다. 이런 고가의 턴테이블은 지극히 자연스러워서 자극이나 긴장이 느껴지지 않는 맑고 깨끗하다 못해 심심한 느낌의 소리가 난다. 이런 소리는 궁극의 아날로그라고 말하는 오픈릴 리코더에서도 느낄 수 있다. 나 자신도 이런 심심한 소리가 좋은 소리라는 것을 초고가 턴테이블과 오픈 릴 리코더를 사용하면서 비로소 알게 되었다.

럭스만의 PD-300의 실제 제작은 마이크로 세이키에서 담당했다. 아날로그 고수라면 진공흡착 방식이나 질 좋은 모터를 채용한 것에서 마이크로 세이키의 냄새를 어느 정도 느낄 수 있었을 것이다. 그런데 마이크로 세이키 이름으로 출시한 턴테이블은 이상적인 구조를 하고 있는 탓에 자연스럽고 부드러운 소리를 내주기는 하지만 음색에 약간의 서늘함이 있다. 이에 비해 럭스만 턴테이블의 소리는 차가운 느낌이 거의 없다. 온도로 치면 차갑지도 따뜻하지도 않아서 온도를 느낄 수 없는 수준이라고 할 수 있다. 이런 중립적인 온도감은 카트리지나 포노앰프에 의해 다양하게 색을 입힐 수 있다는 장점이 있다. 고음이 화려하기로 소문난 수미코나 라이라(LYRA)의 카트리지를 물려도 귀를 자극하는 소리를 내지 않는 것이 PD-300의 장점이다. 톤암을 장착하는 것 외에 특별하게 손대거나 개조할 곳이 없다. 그대로 사용하면 된다. 자극적인 소리보다는 자연스러운 소리를 좋아하는 하이엔드 취향의 마니아라면 도전해 볼만한 턴테이블이다.

추천할 만한 모델은 벨트 드라이브에 DVS 시스템을 장착하고 수동식인 PD-310, 350 그리고 두 개의 톤암을 장착할 수 있는 수동식 중 최고급 모델인 PD-550이다. 다만 자양강장제 파

 최윤욱의 아날로그 오디오 가이드

는 길거리 약장수가 "애들은 가라! 애들은 가"라고 외치듯이 럭
스만 턴테이블은 초보자에게 어울리는 턴테이블이 아니다. 아
날로그 이력이 충분하고 초고가의 공중부양 방식 턴테이블 소
리가 궁금하다면 럭스만 PD-300 시리즈를 구입해 호기심을 채
울 수 있다. 마이크로 세이키의 턴테이블도 호기심을 충족시켜
줄 수 있지만 가격이 장난이 아니다. 럭스만의 턴테이블은 비싸
지 않은 값에 자극이나 구김이 없이 지극히 자연스러운 아날로
그 소리를 경험하게 해준다.

독특한 발상
Lenco L-75

렌코 L-75

제원 속도 15, 33⅓, 45, 78 RPM S/N비 60dB 크기 38.5×33㎝

스위스 하면 토렌스 턴테이블이 떠오른다. 스위스에는 토렌스 말고도 유명한 턴테이블 메이커가 있는데 바로 렌코(Lenco)다. 내가 렌코를 처음 만난 것은 L-85라는 벨트 드라이브 턴테이블이었다. 소리전자에 매물로 나왔는데 순전히 스위스에서 만든 턴테이블이라는 설명 때문에 호기심이 발동해 구입했다. 구입하고 나서 살펴보니 속도가 안 맞아서 내부를 분해해서 조정하기로 마음먹었다. 중고가 40만 원짜리 턴테이블이 교류 전원을 정류해서 직류로 만든 다음 다시 교류를 발생시켜 교류 모터를 돌리는 방식을 하고 있었다. 만듦새와 구조에 감탄해서 렌코 라는 턴테이블에 관심을 가지게 되었다.

알고 보니 렌코 턴테이블은 벨트 드라이브로 유명한 것이 아니고 수직으로 세워진 아이들러가 플래터의 아랫면을 돌리는 독창적인 구조의 턴테이블로 유명한 회사였다. 가장 많이 팔린 제품은 L70, L75라는 모델로, 전 세계로 수출해서 미국은 물론이고 호주나 남미에서도 매물이 나온다. 유럽에서는 렌코로 판매했지만 영국에서는 골드링(Goldring) 브랜드를 달았고 미국에서는 보겐(Bogen)이라는 이름으로 판매를 했다. 브랜드는 달라도 모두 렌코에서 제작한 턴테이블이다.

구조를 살펴보면 교류 싱크로너스 모터가 가로로 놓여 있고 여기에 끝이 뾰족한 원반형 아이들러가 붙고 이 아이들러가 플래터의 아랫면에 밀착해서 플래터를 회전시키는 구조다. 지구 상의 모든 턴테이블이 수평 방향으로 작동하는 아이들러나 벨트를 생각할 때 렌코는 발상의 전환을 통해 수직방향으로 구동시키는 기발한 발상을 한 것이다. 이는 모두가 하늘이 돈다고 생각할 때 지구가 돈다는 지동설을 주장한 코페르니쿠스의 혁명에 비견되는 사건이다. 기존 방식과 다른 새로운 방식이라고 해서 무조건 좋은 것은 아니다. 새로운 방식이 기존의 방식보다 탁월해야 코페르니쿠스적 혁명이라고 할 수 있다.

　턴테이블이 돌면서 스피커에서 음악이 나올 때 턴테이블 베이스의 옆면을 손가락으로 톡 쳐보자. 그러면 그 충격이 스피커에 상당히 큰 소리로 증폭되어 나올 것이다. 경우에 따라서는 바늘이 튀면서 엉뚱한 부분에 가서 플레이를 할 수도 있다. 이번엔 베이스의 윗면을 손가락으로 톡 쳐보자. 스피커에서 소리가 나긴 하겠지만 베이스 옆을 쳤을 때보다 현저히 작은 소리가 난다. 물론 바늘이 튀는 일은 일어나지 않는다. 지구상에 존재하는 그 어떤 턴테이블로 실험해도 결과는 같을 것이다. 이처럼 턴테이블은 수평 방향 진동에는 아주 취약하지만 수직 방향 진동에는 아주 강하다. 아이들러가 수평 방향으로 플래터를 돌리면 모터의 진동이 수평 방향으로 플래터에 전달될 수밖에 없다. 만약 아이들러가 수직으로 방향으로 플래터를 돌린다면 모터의 진동은 수직방향으로 플래터에 전달된다. 이제 무슨 말을 하려는지 눈치를 챘을 것이다.

　렌코의 아이들러는 수직으로 세워져 있어서 모터의 진동이

렌코 L-75 아이들러

　최윤욱의 아날로그 오디오 가이드

플래터에 수직방향으로 가해진다. 특히 아이들러의 끝이 뾰족한 형태로 플래터 아랫면에 파진 미세한 홈에 끼워져 회전하는 구조로 접촉면이 극도로 적다. 이런 탓에 렌코는 아이들러형인데도 벨트 드라이브에 버금가는 놀라운 정숙성을 보여준다. 재미있는 것은 아이들러의 접촉면이 적은데도 5초 이내에 3.7kg에 달하는 아연합금 재질의 무거운 플래터를 정상속도에 이르게 한다. 물론 시간이 지나도 속도 변화는 거의 없다. 토렌스 124가 정상속도에 이르는 데에 걸리는 시간이 훨씬 길고 정상속도에 이른 후에도 미세하게 속도가 변하는 것에 비해 렌코의 속도 안정성은 놀라울 정도로 정확하다. 렌코의 모터는 2극의 세이디드 폴 타입의 유도 모터로 높은 수준의 모터는 아니다. 그런데도 놀라운 회전 안전성을 보여주는 것은 모터를 포함한 구동부 전체가 완벽하게 설계되고 제작되었기 때문이다.

　속도 선택 방식도 특이하다. 사진에서 보듯 유선형으로 만들어진 풀리 위를 아이들러가 위치를 바꿔 접촉하면 풀리의 직경과 플래터 아랫면에 닿는 위치가 동시에 변하면서 속도가 바뀌게 된다. 풀리의 직경과 플래터 아랫면의 위치가 동시에 변하기 때문에 설계가 까다롭고 부품의 정밀도도 우수해야 안정적으로

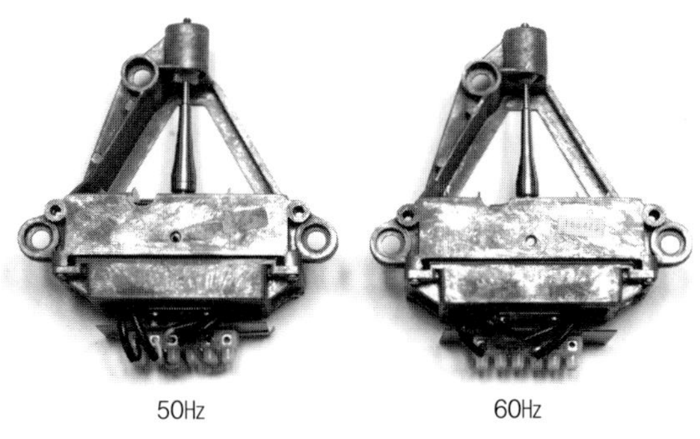

L-75 모터

플래터를 회전시킬 수 있다. 유선형 풀리라 16, 33, 45, 78회전은 물론 최대 88RPM까지 가능해서 SP 레코드도 문제없이 즐길 수 있다. 눈여겨 볼 것은 모터의 축과 아이들러가 부착되는 유선형의 풀리가 일체형으로 되어 있다는 점이다. 이런 경우는 EMT의 927/930을 제외하면 어느 턴테이블에서도 볼 수 없는 것이다. 모터 축과 풀리의 편차를 원천적으로 없앤 탁월한 방식이다.

브라운 PS-500도 그렇지만 L-75도 미세한 속도조정은 아이들러가 붙는 위치를 움직여서 하는 방식이다. 많은 턴테이블이 가라드 301이나 토렌스 124처럼 자석과 알루미늄 원판을 이용해 전자 브레이크로 속도를 조절한다. 이런 방식은 간편하긴 하지만 일정하게 부하가 걸리는 구조라 바람직하지 않다. 자동차를 예로 들어 설명하면 사이드 브레이크를 풀지 않은 채 액셀을 세게 밟아 달리는 꼴이다. 이상적인 속도조정은 인위적으로 힘을 가하지 않고 모터의 성능을 에너지 손실 없이 플래터에 그대로 전달하면서 속도를 조절할 수 있어야 한다. 마치 자동차의 무단 변속기가* 에너지 전달효율이 좋아서 연비가 좋은 것처럼 말이다. 이 장에서 추천하는 브라운 PS-500, 렌코 L-75, 마란츠 SLT-12는 모두 자석을 이용한 전자 브레이크를 채용하지 않는 방식의 턴테이블이다.

전 세계로 수출한 탓에 60Hz용 모터가 채용된 제품을 어렵지 않게 구할 수 있다. 미국과 남미에 수출된 제품이 그렇고, 캐나다도 대부분이 60Hz라 확인하고 구입하면 된다. 물론 50Hz용 모

---

* 무단 변속기란 1단 2단 이런 식으로 간격을 두고 기어를 바꾸는 것이 아니라 원통형의 풀리를 이용해 연속적으로 변속이 이루어지는 변속기를 말한다. 에너지가 효율적으로 바퀴에 전달되는 구조라 연비가 좋다. 효율을 중요하게 따지는 하이브리드카에 주로 탑재된다.

    최윤욱의 아날로그 오디오 가이드

터를 채용한 제품도 간단한 조작으로 속도를 늦출 수 있다. 풀리가 유선형이라는 점을 이용해 수직 아이들러가 붙는 위치를 좀 더 먼 곳이 되게 하면 된다. 아래 사진의 속도 선택 노브 받침을 고정하는 나사를 풀어서 이동시키면 간단히 속도가 늦춰진다. 이미 50㎐용 제품을 구했다면 이런 방법으로 속도를 늦춰 사용하면 된다. 처음 구입하는 입장이라면 매물이 적어 구입이 조금 어렵지만 60㎐용 제품을 구하는 것이 좋다. 모터의 전압은 110V용이라고 해도 간단하게 결선만 바꾸면 220V로 바꿀 수 있다. 기본적으로 50㎐용이나 60㎐용 모두 모터는 동일하다. 다만 60㎐용 모터가 더 빠르게 회전할 것을 고려해서 사진에서 보듯이 유선형으로 이루어진 풀리의 직경이 더 가늘다. 다소 번거롭더라도 60㎐용 모터가 장착된 제품을 구입하는 것이 좋다.

"렌코 턴테이블 가지고 있다면서요?" 재야 고수에게서 전화기 왔다. 두어 개 가지고 있다고 답하니 언제 한번 보여 달라고 한다. 얼마 후 궁금증을 참지 못한 고수가 손수 집으로 찾아왔다. 내가 L−75를 내밀고는 친절하게 플래터를 늘어내서 내부를 보여주었다. "아~ 아주 독특한데……" 하면서 말끝을 잇지 못한다. 소리를 들려드리겠다고 하니 "꼭 들어야 압니까? 보기만 해도 대충 답이 나옵니다!"라면서 손사래를 친다. 스타트 레버

속도 선택 노브

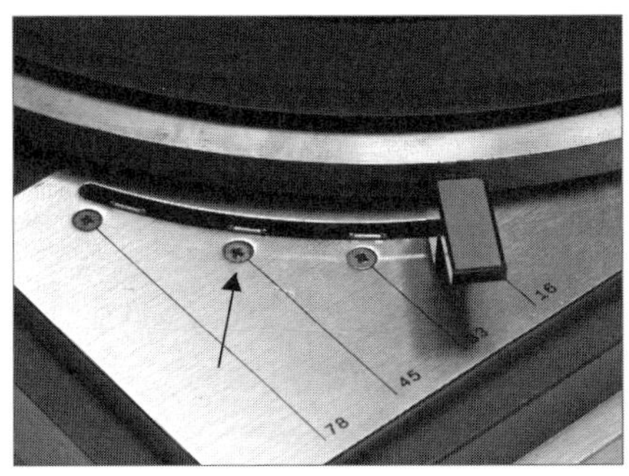

를 돌리면서 모터가 도는 것과 아이들러가 움직이는 것을 유심히 살펴본다. 그러고는 플래터를 얹고 레버를 돌려 작동시키고는 스핀들에 꼽혀 있는 렌코 전용 스코프를 뚫어져라 쳐다본다. 그러고는 "이거 물건이네!"라고 한마디 한다.

다 살펴보셨냐고 물으니 "플래터 높이가 너무 낮아 아무 톤암이나 못 달겠네?" 한다. 역시 고수의 눈은 독수리처럼 예리하다. 톤암의 성능이 시원치 않고 플래터 높이가 낮은 것까지 한눈에 간파한 것이다. 고수는 벌써 머릿속으로 오리지널 톤암을 들어내고 어떤 톤암을 붙여야 잘 어울릴까를 따지고 있는 중이다. 내가 "오토폰 AS212나 FR 54나 린의 Basik 정도라면 문제없이 달 수 있다"고 응수하니 마뜩찮은 표정으로 "좀 더 나은 걸 붙여야 할긴데……"라며 말끝을 흐린다. 매트를 두껍게 깔면 되지 않느냐고 하니 고개는 끄덕이면서도 얼굴은 흡족해하는 표정이 아니다. 재차 렌코 중에 B55나 B52라는 모델은 플래터가 높아서 문제가 없다고 하니 "L-75도 흔하지 않을 텐데 그걸 언제 구합니까?"라고 대꾸한다. 고개를 연신 갸웃거리며 "렌코 개들도 이런 문제를 알고 있을 텐데……"라고 중얼거린다. 아무래도 흔쾌히 납득이 안 되는 모양이다.

내가 마지못해 렌코 G-99를 꺼내 고수에게 내민다. "아이! 최 선생도 참~ 진작 이걸 보여줬어야지"라고 말하는 고수의 얼굴에 환한 미소가 번진다. 내가 능청스런 미소를 날리자 고수가 "그럼! 그렇고 말고. 톤암을 마음대로 달 수 있게 해야지"라면서 눈초리를 치켜 올려 맞받아친다. 고수의 눈초리 응수에 화답해서 L-70이라는 놈도 슬며시 꺼내놓는다. 여기저기 보더니 고수왈 "톤암이 무겁고 실한 게 마음에 드네!" 내가 톤암이 묵직한 게 L-75 톤암과 많이 다르다고 하자, 고수가 "무거운 톤암에는 침압 높고 무거운 모노 카트리지가 제격이지"라고 받아넘긴다.

그러고는 "최 선생, 모노 카트리지 하나 매서 쓰게 L-70이나 나한테 넘기소!" 그러는 것이다. 고수도 G-99가 욕심이 날 테지만 그걸 달라 하기는 겸연쩍고, 75는 마땅히 붙일 톤암이 떠오르지 않아서 L-70을 달라는 것일 것이다. 결국 톤암을 그대로 살려서 모노 카트리지 붙여 쓰기에 70이 딱이다 싶은 것이다. "모노 카트리지 붙여 쓰시게요?"라고 물으니 고수가 "최 선생, 긴말 말고 줄기요? 말기요?"라며 다그친다.

이미 고수는 렌코의 수직 아이들러가 플래터에 수직 방향으로 진동을 주로 전달하는 구조라는 것에서 좌우의 수평 신호만 뽑아내는 모노 카트리지가 금상첨화의 조합이 될 것이라는 것까지 꿰고 있었다. 나 역시 그걸 알고 있었기에 알 듯 모를 듯한 표정을 지으며 L-70이라고 써진 부분을 손가락으로 가리켰다. 그곳엔 'STEREO/MONO TURNTABLE'이라고 써 있다. 고수는 시독한 쾀맹이다. 나는 고수가 이베이를 통해 턴테이블을 구입할 수 없다는 걸 잘 안다. 그래서 양보하기로 마음먹고는 "꼭 하시게요?"라며 딴청을 피워본다. 들고 가기로 마음을 굳히고서도 고수는 짐짓 아닌 척 "최 선생이 안 준다면 어쩔 수 없는 거지"라며 연막을 피운다. "요즘 모노에 맛을 들이신 것 같은데

렌코 L-70

가져가세요!"라고 하니 "준다는데 가져가야지"라고 답한다. 이번 겨루기는 무승부로 끝났다.

초기 모델인 L-70은 스프링을 이용해서 침압을 주는 다이내믹 밸런스 타입으로 L-75에 달린 톤암과는 구조가 완전히 다르다. 무거운 톤암 파이프와 헤드셸로 무장하고 있어서 유효질량이 충분히 무겁다. 따라서 침압이 무거운 구형 모노 카트리지나 오토폰의 SPU, 슈어의 M3D 같은 카트리지와 잘 어울린다. L-75는 가장 많이 팔린 모델로 톤암의 보조 추로 침압을 주는 스태틱 밸런스 방식을 취하고 있다.* 안티스케이팅 장치도 합리적으로 설계되어 있고 전체적으로 정밀하게 만들어졌다. 다만 톤암의 상하운동을 담당하는 부분이 나이프 에지 방식인데 나이프 에지를 받치는 부품이 약해서 손상된 경우가 많다. 본격적으로 즐기려면 이 부분을 손보거나 톤암을 들어내고 다른 톤암을 장착하는 것이 좋다. 렌코는 베이스 만들고 톤암을 선택해 장착하는 걸 즐겨 하는 마니아에게 어울리는 턴테이블이다. 일반적인 톤암을 장착하면 플래터 높이가 너무 낮은 탓에 톤암을 아무리 낮춰도 톤암 파이프가 수평이 되지 않는다. 오토폰의 AS212(구형)나 Fidelity Research 54, 린의 Basik처럼 톤암 축 부분 높이가 낮은 톤암은 별 문제없이 VTA를 맞출 수 있다.** 좀 더 다양한 암을 달고 싶으면 플래터 높이가 일반 턴테이블과 비슷하게 높은 B55, B52 같은 모델을 구하면 된다. 조금 비싸지만 G-88이나 G-99 같은 독립된 턴테이블 본체만 구한다면

---

* L-75 턴테이블의 오리지널 톤암의 유효길이는 227mm이고 오버행이 17mm다. 그러면 스핀들에서 톤암 축까지 거리는 227-17=210이므로 210mm가 된다.

** 굳이 레가 같은 톤암을 장착하고 싶다면 방법이 있다. L-75의 플린스에 톤암의 큐잉 레버 아래 부분이 닿는 부분에 구멍을 하나 더 뚫으면 된다. 뚫린 구멍으로 큐잉 레버 원통의 아래 부분이 들어가면 톤암 축의 높이는 충분한 정도로 낮아진다. 이렇게 하면 가능하지만 마무리를 깨끗하게 하기가 힘들어서 추천하고 싶지 않다.

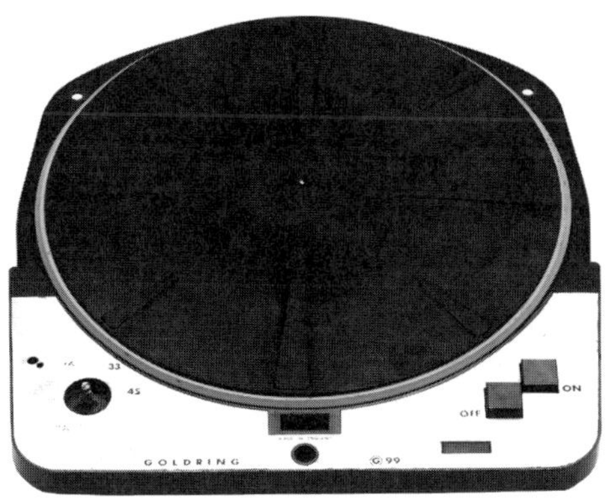

렌코 G-99

롱암까지 문제없이 장착할 수 있다.

렌코는 다양한 모델이 존재한다. L-60, 62, 70, 75, 78이 모두 수직 이이들리를 채용한 모델들이다. 보겐 브랜드를 달고 미국에 수출한 제품으로 B-60, 61, 62가 있는데 사실상 렌코 L-70과 같은 모델이라고 보면 된다. 모든 아이들러 턴테이블이 그렇듯 렌코 정비에서 가장 중요한 것은 아이들러의 상태다. 아이들러만 괜찮다면 다른 부분은 별로 문제될 것이 없는 아주 심플한 구조다. 아이들러의 몸통은 플라스틱 바디로 된 것도 있고 구멍이 두개 뚫린 알루미늄제부터 구멍이 네 개인 티타늄제까지 다양하다. 티타늄제가 가장 좋은 것으로 알려져 있는데 아이들러에서 무엇보다 중요한 것은 고무로 된 테두리의 에지가 잘 살아 있어야 한다는 점이다. 이빨이 빠져 있거나 삭아서 탄력이 없으면 교체해줘야 한다.

국내에 많진 않지만 L-75 사용자가 있는데 대부분 아날로그 초보자가 아니다. 재미있는 건 L-75 사용자 상당수가 토렌스 TD-124를 쓰다 L-75로 갈아탔다는 사실이다. 나 역시 그 경우에 해당한다. 124를 오래 다뤄보았지만 원천적으로 정속성을 가질 수 없는 턴테이블이라고 생각한다. 소나타 차체에 1500cc 아반떼 엔진을 장착한 것처럼 플래터에 비해 모터의 출력이 약하다. 이런 탓에 속도가 속을 썩이는 경우가 많고 복잡한 구조 때문에 트러블도 잦은 편이다. TD-124에 비해 L-75는 심플한 구조에 속도 변화가 거의 없다는 장점을 지녔다. 소리도 124가 중역의 독특한 음색을 중심으로 여성스러운 소리를 내준다면 L-75는 고음이 쭉 뻗고 저음도 깊이 내려가는 광대역의 호방한 사운드를 내준다. 124가 현악기의 음색을 중심으로 실내악에 장기를 보인다면 L-75는 넓은 무대와 해상력을 바탕으로 대편성 곡에서 장점을 보인다. 아이들러형인데도 잡음이 거의 없어서 배경이 깨끗하고 잘 정돈된 사운드를 들려준다. 잘 정비된 렌코 L-75를 듣고 있으면 아이들러 방식의 구형 턴테이블인데도 현대의 턴테이블을 듣는 듯한 착각에 빠진다.

토렌스, 가라드, EMT만 찾을 것이 아니라 시선을 조금만 돌리면 싼 값에 좋은 소리를 내주는 턴테이블이 많다. 수평 구동이 전부인 줄 알았던 턴테이블 세계에 수직 구동이라는 획기적인 방식을 도입한 렌코 턴테이블에 관심을 가져볼만 하다. 렌코를 들여놓는다면 124의 속도 불안정이나 가라드 301의 출렁거리는 럼블*에서 해방된 사운드를 즐기게 될 것이다. 렌코 L-75는 아이들러의 장점인 강력한 힘을 갖추고 있고 벨트에 버금가는 정숙함을 겸비한 보기 드문 턴테이블이다.

---

* 럼블(rumble)은 턴테이블 가동시 깊고 낮게 깔리는 우르릉거리는 소리로, 아이들러 턴테이블에서 주로 발생하는 현상이다. 모터의 진동과 아이들러가 마찰하면서 내는 소리가 원인이다.

마란츠 SLT-12

제원 속도 33⅓, 45 RPM **와우 앤 플러터** 0.04% 이하 **럼블** 무

가끔 만나는 현역 고수가 "내가 갖고 있는 마란츠 턴테이블 한
번 봐야 하는데……"라고 한마디 한다. "마란츠 턴테이블이라고

요?” 내가 고개를 갸웃하며 대답한다. 현역 고수는 일단 한번 보고나서 이야기하라고 답한다. 내가 고개를 갸웃거린 이유는 지금껏 보아온 마란츠 턴테이블은 조잡함 그 자체였기 때문이다. 플라스틱으로 찍어낸 베이스에 양철 판을 연상시킬 만큼 얇고 가벼운 플래터를 얹고 장난감용 직류모터를 단 수준 이하의 제품이 마란츠 턴테이블이었다. 설마 그런 턴테이블을 보여주려고 할 리는 없다고 생각했다. 그래서 언제 기회가 되면 한번 보기로 했다.

현역 고수는 턴테이블의 오버홀과 수리에 일가를 이룬 사람으로 우연히 내가 그의 수리 사무실을 들렀다. “오랜만에 오셨으니 마란츠 턴테이블 한번 보시죠.” 그러면서 창고에서 뭔가를 꺼내온다. 높이가 높고 상당히 무거워 보이는 턴테이블 하나를 들고 나온다. 황금색이 도는 플래터와 우측에 Marantz라는 글자가 선명하게 보인다. 마란츠 턴테이블은 맞는데 내가 보아오던 마란츠 턴테이블과 분위기가 완전히 달랐다. 현역 고수는 턴테이블을 내놓고는 아무 말 없이 자신이 하던 일을 계속한다. 아는 만큼 보일 테니 알아서 살펴보라는 침묵의 탐색전인 셈이다.

생긴 것이 범상치 않아 보이기도 했지만 무엇보다 톤암이 보이질 않았다. 우측의 돌출된 부분을 여니 그 안에 헤드셸이 보이고 기어 톱니로 이루어진 복잡한 구조물이 보였다. 이 구조물이 톤암인 것 같아 손가락으로 살짝 헤드셸을 건드려 보니 아주 부드럽게 미끄러진다. 기계식으로 정교하게 만든 리니어 트래킹 톤암이었다. 톱니가 나 있는 부채꼴 모양의 부속이 쌍으로 마주보고 있는데 이것이 위아래 이층 구조로 되어 있다. 헤드셸은 슈어 전용으로 제작되었고 침압 조정도 가능하다. 나중에 자료를 찾아보니 세계 최초의 리니어 트래킹 톤암이었다. 벨트를 풀고 플래터를 뽑아보았다. 플래터가 묵직하기도 하지만 아주 정밀하게 가공되어 있었다. 마란츠 SLT-12라고 표기된 모터는 교류 모터로는 가장 회전 품질이 좋다는 히스테리시스 싱크로너스 모터를 사용했다. 이 모터는 회전이 아주 부드럽고 자연스러워 최고급 릴 리코더의 캡스턴 모터로* 주로 사용된다. 플래터와 톤암은 서브 섀시에 얹어져 스프링에 의해 플린스에 연결되는 플로팅 방식이었다. 내부 부품이나 구성은 엠파이어 턴테이블과 비슷한데 더 고급스럽고 튼튼했다. 엠파이어 턴테이블보다 더 고급스러우니 물량 투입이 어느 정도인지 짐작이 될 것이다.

"아니, 이런 구조의 톤암이 있다니!" 내가 놀라움을 표시하자, 현역 고수 왈 "한번 볼만 하지요?"라고 응수한다. "구조의 독창성도 돋보이지만 물량 투입이 대단한 대요"라고 말하자 "오리지널 마란츠의 전성기 작품답죠!"라고 답한다. 마란츠 하면 프리앰프의 대표라고 할 수 있는 Model 7가 꿈의 진공관 파워 앰프라는 Model 9이 널리 알려진 탓에 진공관 앰프를 생산하는 회사로만 알고 있었다. 이런 독특하고 대단한 턴테이블을 마란츠에서 출시했을 것이라고는 생각지도 못했다. 현역 고수가 한번 보라고 할 만큼 독특하고 훌륭한 만듦새를 보여준 턴테이블이었다. 이번 만남에서는 현역고수가 날린 무언의 암기에 방심하다 허를 찔렸다.

마란츠는 1964년 경영난을 이기지 못하고 일본계 자본에 매각된다. 1963년에 발매한 Model-10B**라는 스테레오 튜너의 개발과 제작에 엄청난 물량 투입을 한 것이 결정적인 원인이다.

---

* 릴 테이프에 직접 접촉해서 테이프가 균일한 속도로 지나가도록 하는 모터로, 릴 리코더의 음질에 결정적인 영향을 주는 부분이다. 그래서 고급품은 대부분 히스테리시 싱크로너스 모터나 고급 BLDC 모터를 사용한다.
** 1962년에 Model-10이 발매되었고 이듬해 개량형인 10B를 출시했다.

그런데 공교롭게도 SLT-12 턴테이블의 발매 시기도 1963년이
다. SLT-12를 보면 10B 못지않은 개발비와 물량 투입이 이루
어진 것을 알 수 있다. 10B와 함께 SLT-12도 마란츠 황금기의
엄청난 자본으로 탄생했음을 미루어 짐작할 수 있다. 결국 이런
과감한 투자가 마란츠라는 모선을 몰락으로 이끈 것이긴 하지
만 말이다.

몇 달을 찾아 헤매다 드디어 이베이에서 SLT-12를 발견했
다. 경쟁자가 없을 것이라는 예상과 달리 만만치 않은 경쟁자
사이에서 낙찰을 받았다. 도착한 SLT-12는 상태가 좋은 편이었
지만 출시된 지 40년이 넘는 턴테이블이라 구조도 살필 겸 분해
해서 정비하기로 마음먹었다. 모터를 분해해 위와 아래 축 부분
을 깨끗이 청소하고 기름을 쳤다. 각 부품의 상태는 전반적으로
양호했다. 톤암은 분해할 필요가 없어 움직이면서 마찰이 되는
부분에 기름을 치는 것으로 마무리 지었다. 조립은 벨트 거는
것이 조금 불편할 뿐 그다지 어렵지 않았다. 정비를 마치고 제
대로 작동하는지 확인하기 위해 스위치를 올렸다. 그런데 플래
터의 속도가 너무 느리다. 도착하자마자 확인한 플래터의 속도
는 정상이었는데 분해 조립이 끝나고 나니 속도가 턱없이 느려

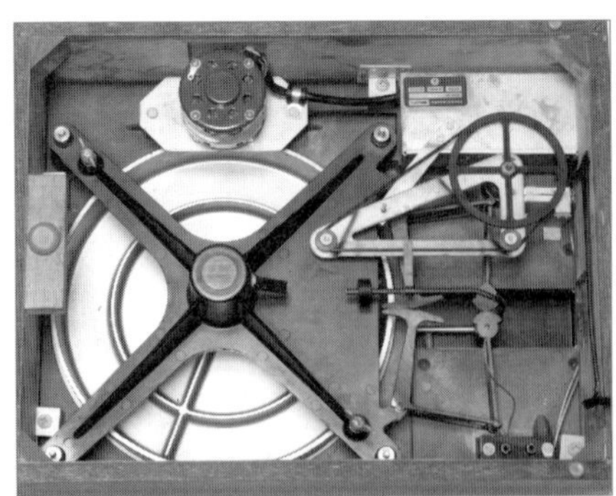

마란츠 SLT-12 내부

톤암 부분

　　최윤욱의 아날로그 오디오 가이드

진 것이다.

　두말 할 것 없이 분해 조립 과정에서 뭔가가 잘못된 것이다. 아무리 머리를 싸매고 생각해봐도 잘못한 것이 없는데 속도가 턱없이 느려졌으니 귀신이 곡할 노릇이었다. 모터도 정상으로 돌고 플래터도 문제가 없는데 속도만 느리다. 당장 답을 찾으려고 고민한다고 해결되는 것도 아니라서 그대로 두고 이틀을 보냈다. 그리곤 다시 작동을 해보니 역시 속도가 턱없이 느리다. 스핀들 베어링을 확인해 보려고 벨트를 풀고 플래터를 들어냈다. 역시 베어링에는 아무 문제도 없다. 어렵게 벨트를 걸고 돌려보니 이번엔 감쪽같이 정상 속도가 나온다. 아니, 뭐 이런 경우가 있나 싶었다. 만진 것이라고는 벨트 밖에 없어서 벨트를 자세히 살펴 보았다. 보통 고무벨트와 달리 앞면과 뒷면의 질감이 달랐다. 벨트를 뒤집어 연결하면 마찰력이 달라져서 플래터 속도가 아주 느려지는 것이었다.

　벨트는 50년이 다 되는 세월이 무색할 만큼 완벽한 상태를 유지하고 있었다. 자세히 살펴보니 일반 고무재실이 아니었나. 벨트는 굵기나 두께가 무척 균일하게 제작되었다. 보통 벨트 드라이브 방식은 모터의 진동이 플래터에 전달되지 않는 장점이 있지만 벨트가 균일한 두께와 폭으로 제작되지 않으면 플래터가 일정한 속도로 돌지 못하고 느린 주기로 너울거리면서 돌게 된다. 이런 이유로 수천 만원하는 하이엔드 턴테이블에서는 보다 정밀하고 균일하게 제작한 고가의 벨트를 사용한다. 지금껏 보아온 무수히 많은 벨트 가운데 균일성과 내구성에서 SLT-12를 능가하는 벨트는 보지 못했다. 우스코탄(Uscothane)이라는 당시 신개발 물질로 특별 주문한 SLT-12의 벨트는 보기에는 평범해 보이지만 마란츠의 음에 대한 열정과 집념의 결과물이다.

　마란츠 SLT-12는 플래터와 모터, 플로팅 서스펜션이 비슷한 엠파이어 턴테이블과 격이 달랐다. SLT-12는 비슷한 시기에 발매된 토렌스 124나 가라드 301에 비해 훨씬 비싼 가격으로 299달러나 했다. 문제라면 슈어의 V15 TYPE Ⅱ 카트리지 밖에 장착할 수 없는 기계식 리니어 트래킹 톤암이라는 점이다.* 헤드셸을 개조하고 무게 추를 추가해 일반 카트리지를 달게 하거나 과감히 포기하고 일반 톤암을 추가로 장착하는 방법을 사용하는 것도 생각해 볼만 하다.** 간이로 톤암 베이스를 만들어 들어본 SLT-12의 소리는 엠파이어 298과는 비교할 수 없이 고급스러웠다. 이 정도 턴테이블까지 관심을 가지는 사람이라면 톤암을 정해서 장착하는 일은 어렵지 않게 할 수 있을 것이라고 생각한다. SLT-12의 소리는 톤이 굵지도 가늘지도 않은 적당한 수준으로 배경이 깨끗하고 잡음이 거의 없는 자연스러운 소리를 내준다. 하이엔드와 빈티지 음의 중간쯤에 위치하는 소리로 마니아의 도전 의욕을 불태워볼만 하다. SLT-12는 앰프로 쌓은 마란츠의 명성에 손색이 없는 훌륭한 사운드를 내주는 턴테이블이다.

---

* SLT-12U는 유니버설 타입으로 좀 더 다양한 카트리지를 장착할 수 있다.

** 보다 손쉽게 개조하기 위해서는 플로팅 서스펜션을 죽이고 플린스에 구멍을 내 톤암을 장착하고 턴테이블 전체를 스프링으로 띄우는 방식으로 접근하는 것이 좋다. 플로팅 서스펜션을 살리려면 추가되는 톤암의 무게만큼 반대쪽에 무게를 달아 주어야 밸런스가 흐트러지지 않는다. 톤암은 10인치나 11인치가 미관상 잘 어울린다.

아날로그의 매력은 턴테이블에 어떤 톤암을 장착하고, 어떤 카트리지를 붙이냐에 따라 소리가 무궁무진하게 변한다는 점이다. 입문용 턴테이블은 톤암 일체형이라 톤암을 따로 구입해 장착할 필요가 없다. 좀 더 나은 소리를 듣고자 고급 턴테이블을 구입하거나 톤암을 추가로 장착하는 노선을 하는 것이나. 사실 톤암 장착은 약간의 손재주만 있으면 그리 어렵지 않게 할 수 있는 작업이다. 이 장에서는 비싸지 않으면서 성능이 좋은 톤암을 추천하고 간단하게 장착하는 방법을 알아볼 것이다. 그리고 선택한 톤암에 딱 맞는 전용 오버행 게이지 만드는 방법도 소개할 작정이다.

사실 구입이 어렵지 않으면서 쓸 만한 톤암은 그리 많지 않다. 대표적으로 추천할 만한 톤암은 레가의 RB300을 꼽을 수 있다. 현재 생산되고 있는 모델이라 구입이 쉽고 가격도 합리적인 편이다. 스프링의 힘으로 침압을 주는 다이내믹 밸런스 방식의 톤암으로 무게로 침압을 주는 방식보다 소릿골 추적 능력이 더 좋다. 안티스케이팅 기능도 갖추고 있어서 레코드에서 정밀

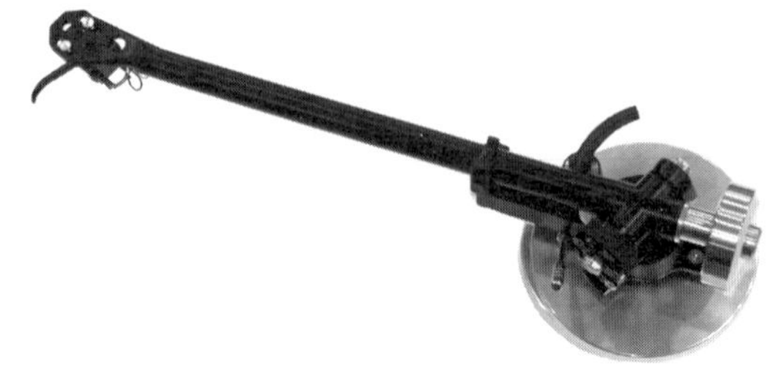

레가 RB300

하게 소리를 뽑아낸다. 가격을 떠나 성능이 훌륭한 톤암으로 침압이 1.5~2g 정도의 보통 카트리지에 잘 어울린다. 단점으로는 톤암 축 부분의 높이 조절이 어려워서 VTA 조정이 불편하다는 점이다. 와셔 같은 추가 장치를 사용하면 가능하긴 한데 번거로운 작업을 거쳐야 한다. 가격은 입문용이지만 성능은 하이엔드 뺨치는 수준의 톤암이다.

톤암이 쓸 만하면 가격이 비싸고, 가격이 싸면 싼 게 비지떡이라 성능이 형편없다. 이런 고민을 해결해줄 톤암이 젤코(Jerco) SA-250이다. SA-250은 S자형 톤암 파이프의 숏암으로 직선형은 모델명 끝에 ST라는 꼬리가 붙어 있다. 보통 35만 원 정도에 거래되는데 롱암인 SA-750은 가격이 좀 더 비싸다. 수미코 톤암도 사실상 젤코에서 생산한 제품으로 이름만 그렇게 붙인 것이다. 침압을 무게로 주는 스태틱 밸런스방식이고 안티스케이팅 기능도 갖추고 있다. 소리는 적당한 굵기의 톤에 해상력이 쓸만하다. 젤코 톤암은 카트리지를 특별히 가리지 않아서 적정 침압이 2.5g인 카트리지까지 별 무리 없이 사용이 가능하다.

린의 베이직 플러스와 아키토도 저렴한 값에 구할 수 있는 톤

젤코 SA-250ST

암이다. 두 모델 모두 무게로 침압을 주는 스태틱 밸런스에 안티스케이팅 기능을 갖추고 있는데 모양도 아주 비슷하다. 두 톤암 모두 침압이 2g 이하의 하이 컴플라이언스 카트리지에 잘 어울린다. 보통 같은 급으로 보는 경우가 많은데, 아키토가 더 고급이디. 이기토 톤암의 유효질량이 조금 가벼워서 경 침압의 MC 카트리지에 더 잘 어울린다. 가격은 보통 20만원 전후로 거래되고 아키토가 조금 더 비싸다.

톤암 추천에서 SME를 언급하지 않을 수 없다. 특히 슈어나 오디오테크니카 같은 경 침압 카트리지에서 진가를 발휘하는 3009 Series Ⅲ를 추천하고 싶다. 좌우에 래터럴 밸런스 웨이트가 있어서 안정감 있는 주행을 한다. 침압은 무게로 주는 방식이고 안티스케이팅기능은 스프링이 아닌 무게 추를 사용해 오차가 적은 편이다. 일명 뱀대가리로 부르는 이 톤암은 유효질량이 극히 작은 로 매스 톤암이다. 하이 컴플라이언스에 1.75g 이하의 경 침압 카트리지가 어울린다. 이 톤암에 하이 컴플라이언스 카트리지가 결합되면 물 만난 고기처럼 자신이 가진 최고의 성능을 발휘한다.

구하기 쉽진 않지만 가격에 비해 성능이 뛰어난 톤암으로 데

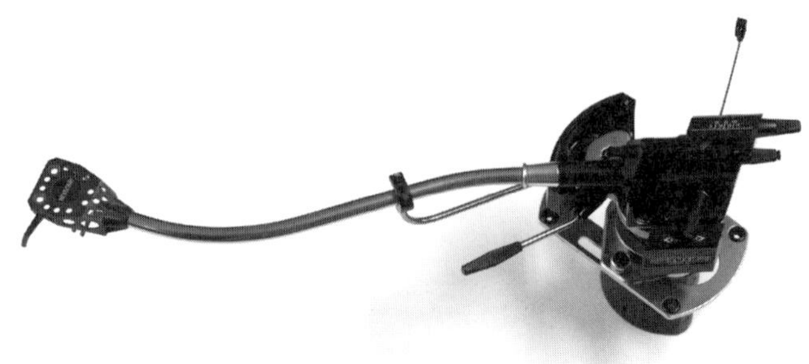

SME 3009 SeriesⅢ

논 DA305를 빼놓을 수 없다. 10인치 미들 암으로 무게로 침압을 주는 방식에 안티스케이팅 기능은 원래 없다. 보기에도 아주 심플하고 단순해서 이게 제대로 소리나 내겠나 싶은 생각이 든다. 그런데 실제 사용해보면 만만치 않은 소리를 내주는 톤암이라는 것을 알 수 있다. 단순히 외모만 보고 우습게 볼 톤암은 아니다.

조금 가격대를 올리면 피델리티 리서치의 FR-54S 톤암을 추천할 수 있다. FR-64S가 다이내믹 밸런스 방식으로 트래킹 능

데논 DA-309(안티 스케이팅 기능 있음)

   최윤욱의 아날로그 오디오 가이드

력이 더 좋지만 가격이 아주 비싸다. FR-54S는 무게로 침압을
주는 방식이지만 입문용 톤암보다는 한 단계 높은 트래킹 능력
을 자랑한다. 2g 내외의 적정 침압의 카트리지를 무난하게 장착
할 수 있다. 심지가 굳고 안정된 사운드가 장점이다. FR-54S와
성향이 다른 톤암으로는 오디오 크라프트(Audio Craft) AC-300
톤암을 들 수 있다. 그람(Graham)의 전신으로 일점지지 방식의
유니 피봇 톤암이다. 트래킹 능력이 탁월하고 섬세한 선율 표현
이 장점이다. 특히 톤암 베어링 소음이 거의 없어서 깨끗하고
투명한 배경을 보여주는 하이엔드 성향의 소리가 특징이다.

톤암 스펙 보는 법

이제 톤암 스펙 보는 법, 스펙에 따른 설치 방법, 전용 오버행
게이지 제작법에 대해 알아보자. vinyengine.com의 articles이

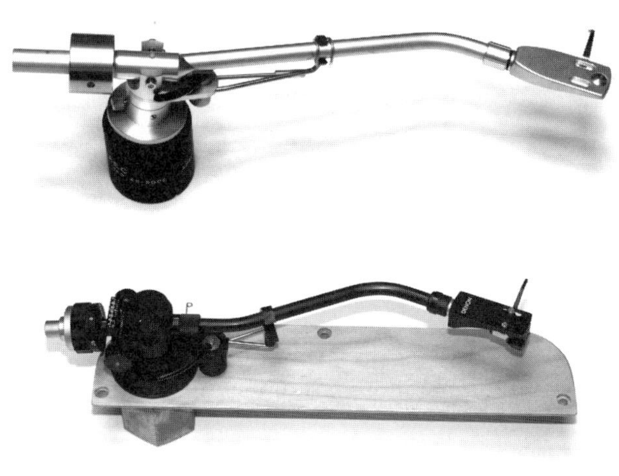

(위)피델리티 리서치 FR-54S　　(아래)오디오 크라프트 AC-300

라는 메뉴에 톤암 데이터베이스라는 항목이 있다. 톤암 브랜드를 치면 해당 브랜드의 톤암 데이터가 올라온다. 좌측이 브랜드와 모델명이고 그 다음에 유효길이(Effective Length)다. 이 수치는 톤암 축(Pivot)의 중심으로부터 카트리지 바늘 끝까지 길이를 나타낸다. 여기서 주의할 것은 톤암의 맨 끝 무게 추에서 헤드셀 끝까지 거리가 아니라는 점이다. 유효길이는 그림에서 보듯 톤암 축부터 카트리지 바늘 끝까지의 거리다. 다음 항목은 오버행으로 앞에서 언급했듯 카트리지 바늘 끝이 플래터 축의 중심인 스핀들을 벗어나는 거리를 말한다. 다음 항목은 피봇과 스핀들(Pivot to Spindle) 사이의 거리를 나타내는 수치다.

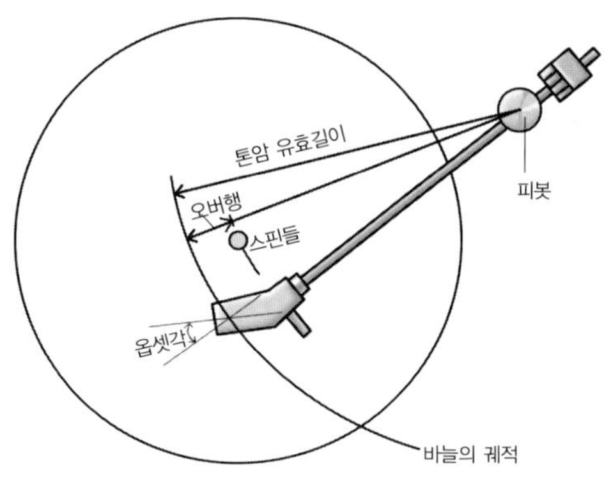

오버행과 톤암 유효길이

스펙에 따른 톤암 설치 방법

이제 구체적으로 톤암을 설치하는 방법을 알아보자. 피봇에서 스핀들까지의 거리를 알았다면 톤암 설치를 위한 정보는 다

얻은 셈이다. 스핀들에서 거리를 재서 해당되는 지점에 못으로 살짝 흠집을 낸다. 그 다음엔 톤암 축 부분의 굵기에 맞게 홀쏘로 구멍을 뚫으면 된다. 그 구멍에 톤암을 넣고 고정하면 톤암 설치는 끝난다. 너무 싱겁다고 생각 할 것이다. 정확한 거리에 구멍만 내면 된다. 다만 이 거리가 정확히 맞게 설치되지 않으면 톤암의 오버행 맞추기는 불가능해진다.

그럼 여기서 문제를 하나 풀어보자. 레가 RB300 톤암의 유효 길이는 237mm이고 오버행은 15mm다. 이 두 가지 수치만으로 레가 톤암의 피봇에서 스핀들까지의 거리를 알 수 있다. 표를 보면 되지 그걸 왜 찾아내야 하느냐고 생각할 수 있다. 표를 보면 값을 알 수 있지만 유효길이와 오버행의 개념을 정확히 이해했다면 어렵지 않게 피봇에서 스핀들까지 거리를 알 수 있다. 가만히 생각해보자. 유효길이란 톤암 축에서 카트리지 바늘 끝까시 서리라고 했다. 오비헹은 플래터의 중심인 스핀들에서 카트리지 바늘 끝까지 거리다. 그렇다면 피봇에서 스핀들까지 거리는 간단하게 알아낼 수 있다. 유효길이에서 오버행을 빼면 바로 피봇에서 스핀들까지 거리가 되는 것이다. 반대로 피봇에서 스핀들까지 거리에 오버행을 더하면 유효길이가 된다. 이제 톤암 스펙에서 이해할 핵심적인 내용은 다 이해한 셈이다.

톤암 데이터 항목 중 관심을 가지고 볼 것으로는 카트리지 웨이트(Cartridge Weight)와 유효질량이 있다. 카트리지 웨이트는 장착할 카트리지의 무게 범위를 나타낸다. 마지막으로 보아야 할 항목은 유효질량(Arm Mess)으로 톤암이 움직일 때 얼마나 무거운가를 나타내는 수치다. 유효질량이 바로 하이 매스 톤암, 로 매스 톤암이라고 분류하는 기준이 되는 수치다. 보통 10~13 정도의 수치가 중간이고, 10 이하는 로 매스 톤암, 15 이상은 하이 매스 톤암으로 분류한다. 앞에서 말했듯 로 매스 톤암에는 컴플라이언스가 큰 카트리지가 어울리고 하이 매스 톤암에는 컴플라이언스가 작은 카트리지가 어울린다. 이 수치와 톤암에 장착될 카트리지의 컴플라이언스 수치로 공진 주파수를 찾아낼 수 있는 것이다.(자세한 내용은 216페이지 참조)

톤암 스펙에 맞는 전용 오버행 게이지 만들기

이제 톤암 스펙을 가지고 간단히 전용 오버행 게이지를 만들어 보자. 우선 하얀색 종이에 컴퍼스를 찍어서 ①번과 같이 반지름 3.6mm의 작은 원과 반지름 145mm의 큰 원을 그린다. 레코드 크기와 똑같게 하려면 반지름을 150mm로 해야 하는데 이렇게 하면 너무 커서 코팅할 때 문제가 된다. 그래서 조금 작게 그리는 것이다. 이제 ②번과 같이 이 원의 중심에서 바깥쪽으로 하나의 직선을 긋는다. 그 다음은 ③번 그림처럼 이 직선에 평행하게 3mm 간격으로 서너 개의 직선을 더 그린다. 이제 전용 오버행 게이지를 만들 준비가 다 되었다.

사용하고자 하는 톤암의 스펙을 위 사이트에서 검색한다. 그러면 맨 우측에 널 포인트(Null Point)라는 항목이 보인다. 여기에 수치가 두 개 보일 것이다. RB300의 경우를 예로 들면 60.0/114.7이라는 수치가 표시되어 있다. 맨 처음 원의 중심에서 바깥쪽으로 그린 직선을 떠올리자. 그 직선에 자를 대고 원의 중심에서 60.0mm 되는 지점과 114.7mm 지점에 작은 표시를 한다. 그런 후에 ④번과 같이 표시된 두 지점에 처음에 그려진 직선과 직각이 되게 10mm 길이로 직선을 그려 넣는다. 그러면 두 지점에 + 표시가 생기게 된다. 이제 전용 오버행 게이지가 완성된 것이다. 원을 따라 가위로 오린 후 문구점에 가져가서

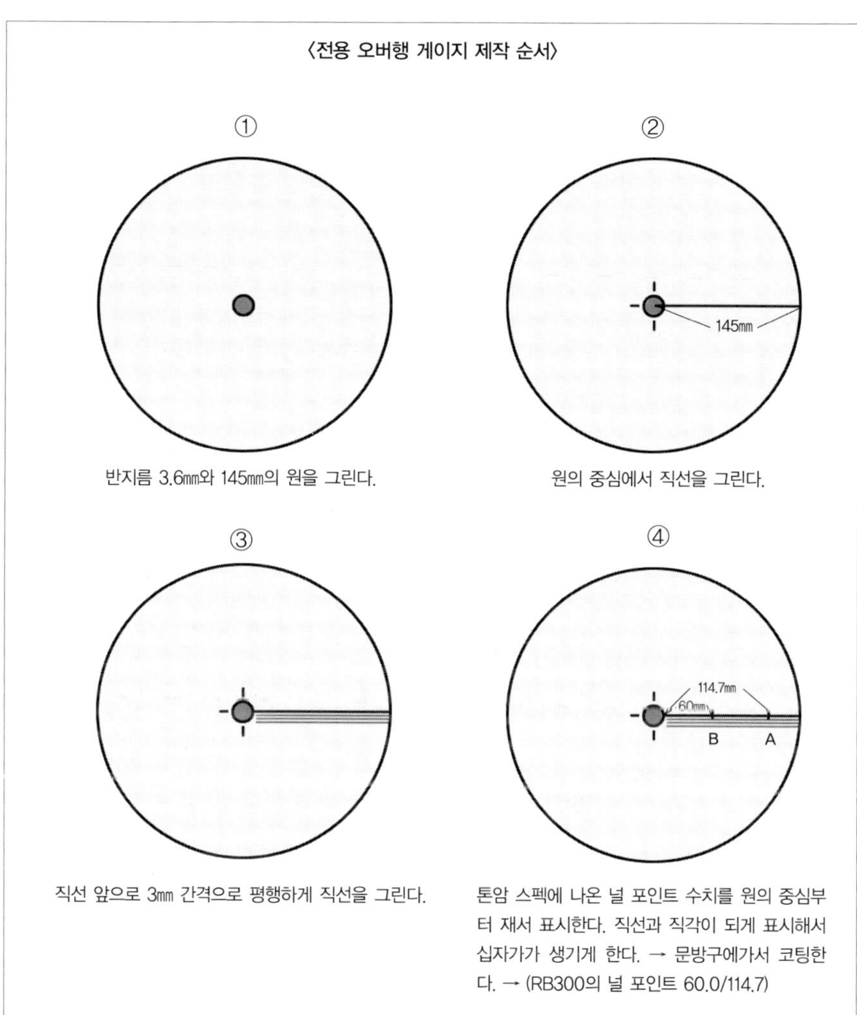

코팅을 하고 원의 중심에 반지름 3.6mm 부분의 작은 원을 칼로
오려내면 완벽한 RB300 전용 오버행 게이지가 된다.

　오버행 게이지의 사용은 아주 간단하다. 세팅 편에서 밝혔듯
이 플래터에 꼽은 후 직각으로 교차된 두 지점 A와 B에 카트리
지 바늘 끝이 놓여지게 한다. 카트리지의 앞면과 평행하게 그려

진 직선이 아무런 각을 이루지 않게 카트리지를 앞뒤로 이동시켜서 맞추기만 하면 된다. 코팅 재질이 비닐 계열이라 이 판을 그대로 안티스케이팅 맞추는 판으로 사용할 수 있다. 코팅 용지가 투명 아크릴 재질보다 레코드의 재질에 더 가까운 재질이라 좀 더 정확하게 안티스케이팅을 맞출 수 있다. 오버행 게이지를 플래터의 스핀들에 끼우고 플래터가 돌도록 턴테이블을 가동한다. 침압을 맞춘 카트리지를 두 십자가 사이 중간쯤에 내려놓는다. 이때 톤암이 스핀들 쪽(안쪽)으로 흐르면 안티스케이팅을 더 주어야 한다. 만약 톤암이 원의 바깥쪽으로 흐른다면 안티스케이팅이 너무 많은 것이니 줄여야 한다. 톤암이 안으로도 밖으로도 흐르지 않으면 제대로 안티스케이팅이 맞춰진 것이다.

톤암을 장착하고 들어내는 일을 어렵지 않게 하는 아날로그 마니아도 어려워하는 것이 있다. 무엇이냐 하면 헤드셸 안에서 카트리지와 톤암을 연결해주는 셸 리드선*을 만드는 것이다. 길이가 손가락 마디 하나에 불과한 작은 케이블이다. 크기도 작고 별것 아닌 것처럼 보이지만 음질에 미치는 영향은 상당하다. 기성 제품을 사서 쓰면 간단하지만 음질이 좋은 제품은 값이 만만치 않다. 기만 원짜리는 음질이 썩 시원치 않다. 간단하게 만들면 될 것 같다는 생각이 들기 쉽다. 선재야 비싼 은선으로 해도 네 가닥 다해봐야 10㎝면 충분하니 비용도 얼마 들지 않을 것 같다. 그런데 막상 제작을 할라치면 커넥터를 구하기가 쉽지 않다. 그래서 아날로그 꽤나 하는 고수들도 이 작은 셸 리드선은 만들어 쓰지 못하는 형편이다.

나도 이 커넥터를 구하려고 오랜 시간동안 백방으로 찾아보았으

---

* 훅업 와이어(Hookup Wire)라고도 부르는 부품으로 톤암의 헤드셸에 있는 단자와 카트리지 단자를 연결하는 역할을 한다.

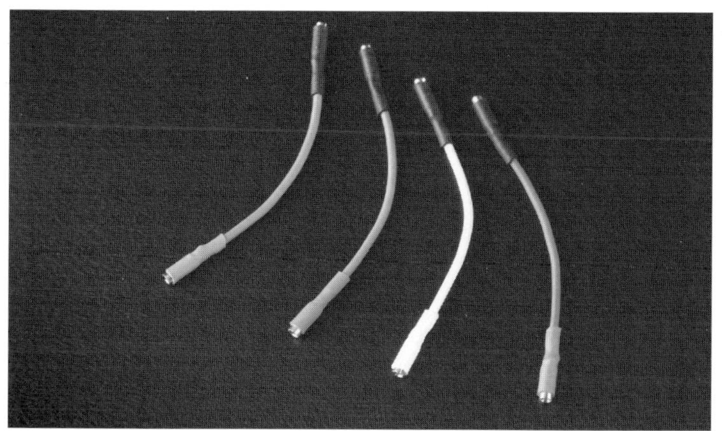

솔리톤 카트리지 리드선 (음질은 확실히 좋은데 값이 만만치 않다)

나 마땅한 커넥터를 찾지 못했다.* 그러다가 최근 모 사이트에 올라온 글을 보고 커넥터를 쉽게 구할 수 있는 방법을 알았다. 의외로 답은 가까운 곳에 있었다. 집안에 굴러다니는 고장 난 컴퓨터에서 손쉽게 구할 수 있는 것이었다. 컴퓨터의 패러럴 포트 암 단자 속에 있는 클립을 빼면 되는 것이었다. 다음 페이지 사진에서처럼 고장 난 컴퓨터 메인 보드의 패러럴 단자 뒷부분을 떼어낸다. 그런 후에 핀셋 같은 것으로 당기면 손쉽게 클립이 암 단자에서 빠져 나온다. 빠져 나온 단자를 필요한 부분을 잡고 구부렸다 폈다하면 자연스럽게 잘라진다. 메인 보드 하나면 약간의 수고만으로 수십 개의 셀 리드선 커넥터 단자를 얻을 수가 있다. 이 커넥터는 거의 공짜로 구할 수 있다는 장점이 있는 반면에 길이가 긴 편이라 부드러운 선재를 사용해서 제작하는 것이 좋다.

컴퓨터 보드의 커넥터가 길어서 다소 불편하다면 청계천 부

---

* 최근에 카다스(Cardas)에서 이 커넥터를 판매하고 있는 것을 확인했다. 국내 카다스 전문점을 통해 구입이 가능하다.

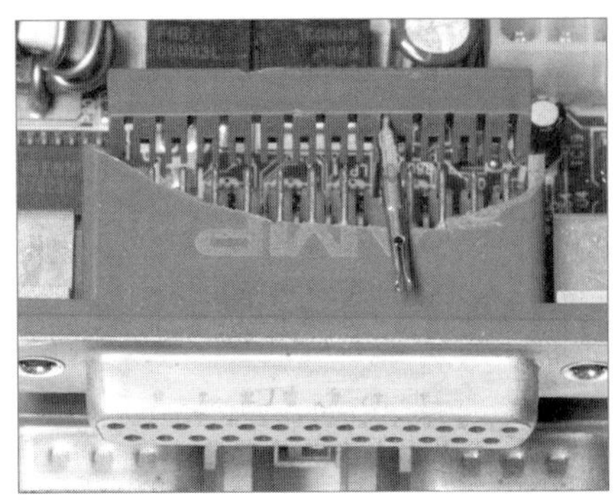
컴퓨터 패러럴 포트 암 단자

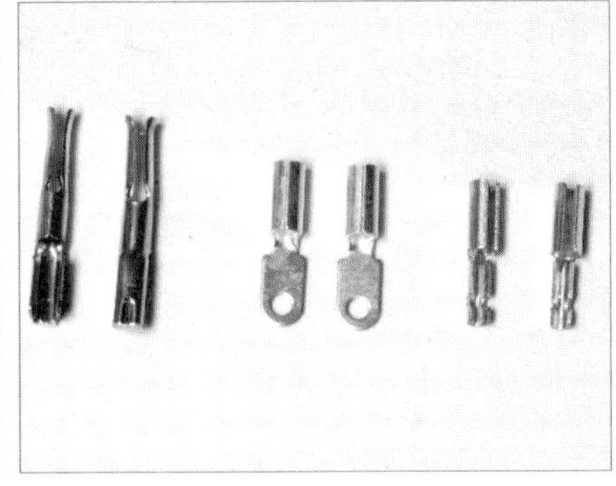
셀 리드선용 커넥터

품상가 핀 단자 파는 곳에서 적당한 커넥터를 구하는 방법도 있다. 우측 사진의 좌측이 컴퓨터 패러럴 단자에서 빼낸 커넥터이고 중앙에 있는 커넥터가 청계천에 구한 핀 단자에 은도금을 한 것이다. 사진의 우측에 있는 커넥터는 오디언(Audion.co.kr)이라는 사이트에서 공동 제작한 것이다. 이 커넥터는 셀 리드선 단자로만 사용되지 않고 톤암 내부의 케이블을 교체하는 업그레이드에도 사용할 수 있다. 아주 작은 커넥터지만 적은 비용으로 소리를 좋아지게 하는데 아주 요긴한 부품이다.

최윤욱의 아날로그 오디오 가이드

오디오라는 취미를 시작한 이후 오픈릴을 꼭 한번 해보고 싶었
다. 릴에 대한 기억의 시초는 고등학교 다닐 때쯤으로 거슬러
올라긴다. 가정용 오픈릴 테이프 리코더를 고물상에서 구해 고
쳐서 사용했다. 라디오 일체형으로 방송을 녹음하기도 하고 친
구의 카세트테이프를 빌려 오픈릴에 녹음하기도 했다. 소리노
좋았지만 작동되는 메커니즘이 신기하고 재미있었다. 이런 추
억이 있긴 했지만 오픈릴을 선뜻 시작하기에는 막연한 망설임
이 만만치 않았다.

우연히 오디오라는 취미를 매개로 오픈릴 고수를 만나게 되
었다. 대부분 오픈릴 고수는 오디오에서 거의 갈 데까지 간 사
람들이다. 이미 턴테이블은 마스터하고 아날로그의 진수를 찾
아 오픈릴 테이프의 세계에까지 다다랐기 때문이다. 그런데 이
릴 고수는 특이하게 오디오 구력은 깊지 않아서 오디오에 대해
서는 내가 자문을 해주는 편이다. 젊은 시절에 오디오에 관심이
있었지만 바쁜 일상 속에 잊고 지내다 얼마 전에 다시 오디오를
시작했단다. 그런데 어떻게 오픈릴 분야는 고수의 반열에 이르

게 되었는지 궁금했다. 궁금증은 오픈릴 고수의 독특한 이력에
서 풀 수 있었다. 대학에서 전자공학을 전공하고 여러 직장을
다녔는데 카세트덱 회사에 수년간 근무했다고 했다. 카세트덱
개발과 수리에 대한 노하우를 체득한 탓에 오픈릴 리코더의 구
조와 기능을 훤히 꿰고 있었다. 거기에다 집이 큰 미국에 사는
지라 거대한 크기의 오픈릴 리코더 여러 대 마음대로 운용하고
있으니 실력은 두말할 필요가 없다.

　여우가 닿을 수 없이 높은 곳에 매달린 포도를 보면서 ‘저건
분명 신포도일 거야’ 라고 되뇌듯이 나도 오픈릴이 ‘너무 번거롭
고 힘들 거야’ 라고 스스로에게 최면을 건 채 지냈다. 물론 오픈
릴이 소리가 좋다는 것은 몇 번의 귀동냥으로 충분히 알고 있었
다. 그렇게 지내던 차에 오픈릴 고수를 만나게 되었다. 오디오
마니아들이 으레 그렇듯 “최 선생, 오픈릴 한번 해봐요”라고 오
픈릴 고수가 넌지시 권유의 말을 던진다. “한번도 안 해봐서 좀
망설여 집니다”라고 답하니 “부담 없이 싸고 작은 것부터 시작
하면 돼요”라고 받는다. 내가 어디서부터 시작해야 할지 막막해
하는 표정을 짓자 “아카이(Akai) 77부터 시작해요”라며 구체적
인 모델을 거론한다. “구하기 어렵지 않나요?”라고 하니 오픈릴
고수가 “이베이에서 어렵지 않게 구할 수 있다”고 한다. 오래된
물건이라 제대로 작동할지 걱정된다는 표정을 지으면서 피해갈
궁리를 하자 대뜸 “오버홀 해서 한국으로 보내주겠다”고 한다.
이제 내가 더 도망갈 구석이 없어졌다. 오픈릴 고수의 펌프에
내가 꼼짝없이 오픈릴 리코더를 사게 생겼다.

　미국 이베이에서 깨끗한 물건을 골라 비싸지 않은 값에 낙찰
받았다. 배송은 오픈릴 고수가 사는 미국 주소로 했다. 한 달 뒤
오픈릴 고수는 완벽하게 작동하는 상태로 만들어서 한국 들어
오는 길에 직접 들고 들어왔다. 여우가 신 포도를 손에 넣자마

자 허겁지겁 먹어치우듯 나도 물꼬가 터지자 일사천리로 오픈릴의 세계에 빠져들었다. 7인치 오픈릴 테이프를 신품과 중고로 나누어 모으기 시작했고 아카이 77로 시작한 오픈릴 리코더는 곧바로 스튜더(Studer) A810으로 발전했다. 티악(Teac)과 파이오니아 소리도 궁금해서 구입했다. 오픈릴 리코더는 턴테이블보다 작동 메커니즘이 복잡하지만 막상 분해해서 보니 크게 어렵지는 않았다. 작동원리를 깨우치고 나니 그 다음부터는 고장 난 리코더라도 겁 없이 구입해 고쳐서 쓸 수 있게 되었다.

오픈릴 테이프는 자화가 잘 되는 철 같은 재료를 얇은 테이프에 바른 것이다. 이 테이프에 강한 자장을 걸어서 자장의 흔적이 남게 하는 방식으로 소리를 기록하는 것이다. 턴테이블은 진동이라는 소릿골이 카트리지를 통해 전기신호로 바뀐다. 그런데 오픈릴은 테이프에 새겨진 자장이 바로 전기로 바뀌는 보다 단순한 변환을 하는 구조라 음질의 열화가 적다. 오픈릴이 가지는 또 다른 장점은 턴테이블이 레코드에 새겨신 신호를 재생민 할 수 있는데 반해 녹음과 재생이 모두 가능하다는 점이다. 클래식의 경우는 전곡을 들어야 하는 경우가 많지만 올드 팝이나 가요는 레코드 한 장에서 좋아하는 노래는 한 두곡인 경우가 대부분이다. 쉽게 말해 자신이 좋아하는 노래만 녹음된 오픈릴 테이프를 만들 수가 있다. 사용자가 마음대로 편집 녹음이 가능하다는 점에서 오픈릴은 궁극의 아날로그라고 할 수 있다.

오픈릴 테이프가 레코드보다 음질에서 유리한데도 레코드가 시장을 장악한 이유는 음반사의 입김 때문이다. 레코드는 레코드로 복제하기가 현실적으로 어렵다. 하지만 오픈릴 테이프는 간단하게 복제가 가능하기에 음반사 입장에서는 오픈릴 테이프 보급에 소극적일 수밖에 없다. CD가 레코드를 몰아낸 이유 중

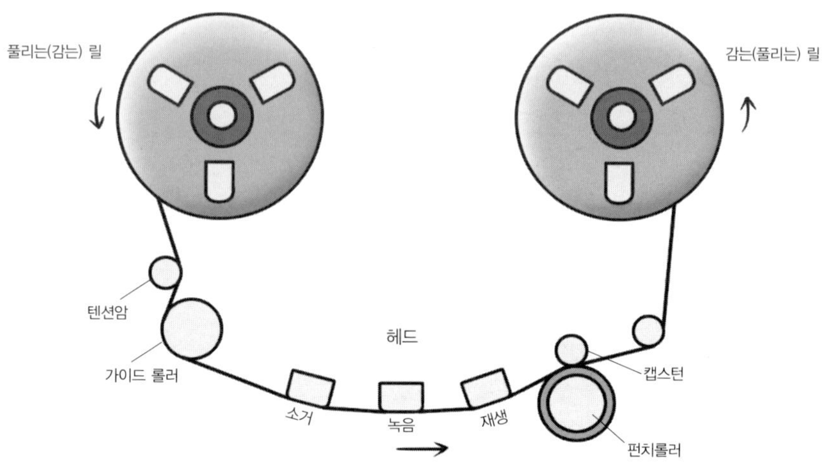

오픈릴덱 기본 구조

하나가 레코드의 제작 원가가 CD에 비하면 턱없이 비쌌기 때문이듯 오픈릴도 음질이 좋지만 복사를 막을 방법이 마땅치 않아서 외면 받게 된 것이다. 아이러니 한 것은 오픈릴 테이프 출시에는 소극적인 음반사들이 정작 자신들이 연주를 녹음 할 때는 오픈릴 테이프를 주로 사용했다는 점이다. 음반사는 이미 오픈릴 테이프의 음질이 뛰어나다는 것을 아주 잘 알고 있었다는 얘기다.

오픈릴을 시작한다고 해도 수십 년 된 중고 테이프 밖에 없어서 문제가 되지 않느냐고 생각할 수 있다. 이런 걱정은 기우에 불과하다. 현재 미국에선 오픈릴의 열풍으로 신품 공 테이프가 다시 생산되고 있고, 마스터테이프 음원을 확보해서 녹음된 테이프를 레코드 생산하듯 새로 제작하는 회사까지 생겼다. 최근 몇 년 사이에 이베이 오픈릴 리코더 가격이 두 배 가까이 오른

스튜더 A810

것에서 미국의 오픈릴 열풍을 확인할 수 있다. 한국에는 아직이 열풍이 상륙하지 않아서 국내의 오픈릴 리코더 가격은 미국의 60% 수준이다. 실제로 오픈릴 고수의 부탁으로 한국에서 스튜더 A810을 미국 가격의 절반에 구해서 미국으로 보내주기도했다.

한국에서 오픈릴 테이프를 구하다 보면 운 좋게 마스터테이프가 섞여 있는 경우가 간혹 있다. 마스터 테이프의 음질은 우리가 보통 듣는 레코드나 CD의 음질과 비교할 수 없는 수준이다. 우연히 방주연이란 가수가 녹음한 마스터테이프를 구하게되었다. 스튜더 A810에 걸어서 AKG701 헤드폰으로 듣다가 음질이 좋아서 초등학교 3학년 아들에게 들려 주었다. 아들이 '슈샤인 보이'를 듣다가 얼굴이 확 풀리면서 멍한 표정을 짓는 것이었다. 처음 듣는 노래에 필이 꽂혀서 황홀경을 경험한 듯 했다. 지금껏 수많은 오디오 기기가 들락날락 했지만 아들이 이런 반응을 보인 적은 없었다. 이 사건 이후 아들이 오픈릴 리코더에 릴 테이프 거는 방법을 알려 달라고 졸라서 가르쳐 주었다. 오픈릴 사운드는 분석적으로 사운드 스테이지나 음상을 따져봐서 좋은 사운드가 아니라 감성적으로 음악의 황홀경에 빠져들게 하는 사운드다.

 최윤욱의 아날로그 오디오 가이드

처음 시작이 어려울 뿐이다. 일단 시작하면 별 어려움 없이 일사천리로 오픈릴의 매력에 빠져들게 된다. 턴테이블에 비해 조금 디 번기롭고 소스가 상대저으로 부족하지만 아날로그의 진수인 오픈릴의 자연스러운 소리가 불편을 보상하고도 남는다. 레코드에 비해 소스가 부족하다는 문제도 그다지 문제뇌시 않는다. CD의 다양한 소스를 그대로 녹음하면 간단히 해결되기 때문이다. 디지털인 CD 소리를 오픈릴에 녹음하면 CD 소리보다 좋을 수 없을 텐데 무슨 의미가 있냐고 반문할지도 모르겠다. 그러나 CD를 오픈릴 리코더에 녹음해서 들어보면 아날로그다운 자연스러운 소리로 변해서 듣기가 아주 편안해지는 것을 느낄 수 있다.

오픈릴 리코더라고 하면 일반 오디오 랙에 들어가지 않을 정도로 사이즈가 큰 것이 대부분이다. 설사 좀 작아서 랙에 들어간다 하더라도 세워 놓아야 해서 오디오 랙의 대부분을 차지해 버리는 경우가 많다. 이렇게 큰 크기는 오픈릴을 처음 시작하는 사람에게 부담스러울 수밖에 없다. 그래서 4트랙 방식으로 오디오 랙에 쉽게 수납 가능한 모델로 시작하는 것이 좋다. 처음으로 4트랙이란 말이 나왔으니 알아보고 넘어가자. 오픈릴 리코더는 1/4인치 폭의 테이프를 두 개의 트랙으로 나눠 녹음하는 방식과 네 개의 트랙으로 나눠 녹음하는 방식이 있다. 네 개의 트랙으로 나누면 스테레오로 두 벌의 녹음이 가능해서 정방향과 역방향 모두 사용할 수 있어서 효과적이다. 2트랙은 스테레오 한 벌의 녹음만 가능해서 정방향으로만 사용이 가능해 비효율적이지만 녹음되는 면적이 4트랙에 비해 두 배가 되어 음질이 좋다.

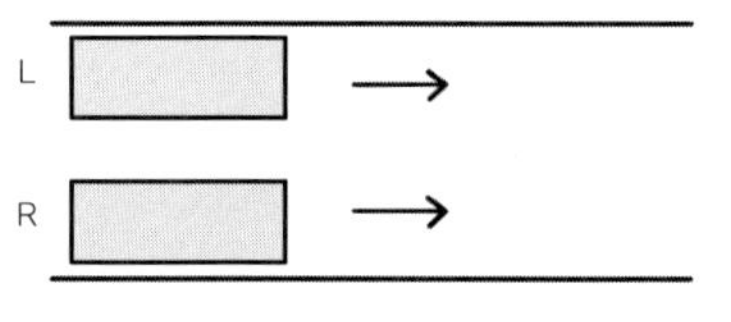

2트랙 2채널
(2채널로는 한방향으로만 녹음 재생이 가능)

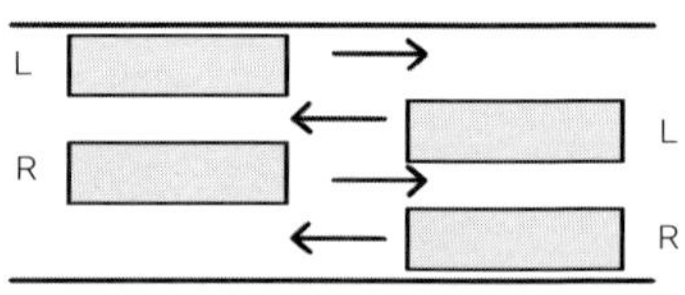

4트랙 2채널
(2채널로는 앞뒤면 왕복 녹음 재생이 가능)

릴 테이프 2트랙과 4트랙의 차이

2트랙은 4트랙에 비해 리코더의 크기도 크고 가격도 비싼 편이라 입문기로는 적당하지 않다. 처음에는 가격도 저렴하고 운용하기도 쉬운 4트랙 리코더를 선택하는 것이 좋다. 음반사에서 레코드 찍듯이 녹음해서 판매했던 오픈릴 테이프도 4트랙이 대부분이다. 그래서 기성 오픈릴 테이프를 재생하는 면에서도 4트랙 리코더가 활용도가 높다. 2트랙은 4트랙으로 충분히 오픈릴 사운드를 경험한 후에 추가로 한 대 정도 구입해서 즐기는 것이 바람직하다. 4트랙의 장점은 왕복 재생이 가능해서 오토리버스 기능을 이용하면 연속으로 음악을 감상할 수 있다. 이런 기능은 음악을 틀어놓고 그림을 그리거나 작업을 하는 사람들에게 아주 유용하다.

그럼 어떤 모델을 사야 하는지 궁금할 것이다. 오픈릴 리코더는 회전하는 부분이 필수적으로 세 곳이 있어야 한다. 양쪽에 오픈릴 허브를 돌리는 두 개의 회전축이 필요하고 테이프에 밀착해서 일정한 속도로 진행하게 하는 캡스턴(Capstan)이 있어야 한다. 모터 가격이 비싸던 시절에는 벨트를 사용해서 모터 한 개로 회전축 세 개를 다 돌렸다. 그런데 벨트가 세월이 지나 삭아서 못쓰게 되면서 사용 불능 상태가 되기 일쑤였다. 그러던 것이 후기로 넘어오면서 각각의 회전축에 3개의 모터를 사용하는 방식으로 발전했다. 이런 이유로 오픈릴 리코더를 선택할 때는 3모터 방식의 후기 모델을 구입하는 것이 내구성이나 성능에서 유리하다. 구동 모터 못지않게 중요한 것이 테이프에 직접 접촉해서 소리를 읽이내는 헤드다. 턴테이블로 비유하면 헤드가 바로 카트리지인 셈이다. 카트리지에 따라서 소리가 달라지듯 헤드에 따라서 당연히 소리가 달라진다. 헤드가 카트리지와 다른 점은 카트리지는 다양하게 바꿔 달 수 있지만 헤드는 리코더에서 지정한 헤드만 사용이 가능하다. 리코더의 헤드는 소거, 녹음, 재생을 담당하는 세 개의 헤드가 필수적이다. 4트랙의 양면을 재생하기 위해서 6헤드를 채용한 리코더도 있다.

오픈릴 입문기 삼총사

7인치 크기의 릴을 장착하는 리코더가 그나마 오디오 랙에 수납이 가능하다. 가장 많이 추천하는 모델은 아카이의 GX-77이다. 아카이는 가정용 오픈릴 리코더 시장을 제패한 회사로 이 분야의 선도 기업이다. 아카이에서 내놓은 최후의 가정용 모델이 바로 GX-77로, 4트랙에 오토리버스 기능을 갖췄다. 아카이가 오픈릴 시장을 석권할 수 있었던 것은 헤드 때문이다. 대부분의 헤드는 금속으로 제작하는데 1천 시간 정도 테이프를 주행하면 수명이 다했다. 방송국에서는 전문 정비 시스템이 있어서 헤드만 갈아 끼우면 되지만 일반 가정에서는 헤드를 갈기 위해 일부러 서비스 센터를 찾아가야 하는 불편이 있다. 헤드 교체 과정이 번거롭기도 하고 비용도 지불해야 한다. 이 점에 착안해 아카이는 헤드 표면에 유리막 코팅을 해서 획기적으로 헤드 수명을 수만 시간에 이르도록 했다. 모델명 앞에 있는 GX라는 글자는 Glass X-tal의 약자로 헤드에 유리막 코팅이 되어 있다는 뜻이다.

아카이 GX-77은 3모터 방식에 6헤드로 왕복 재생이 가능하

 최윤욱의 아날로그 오디오 가이드

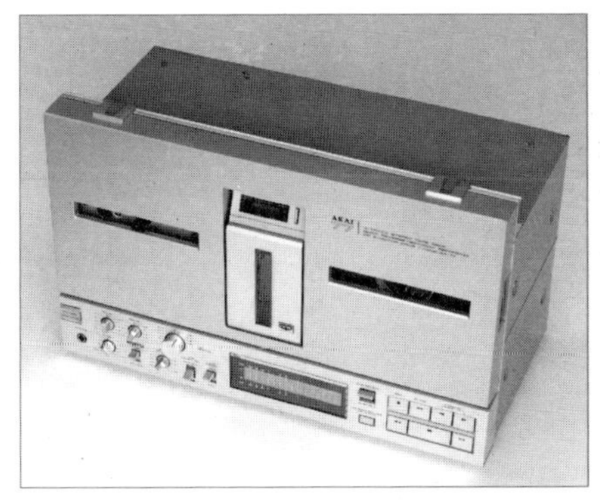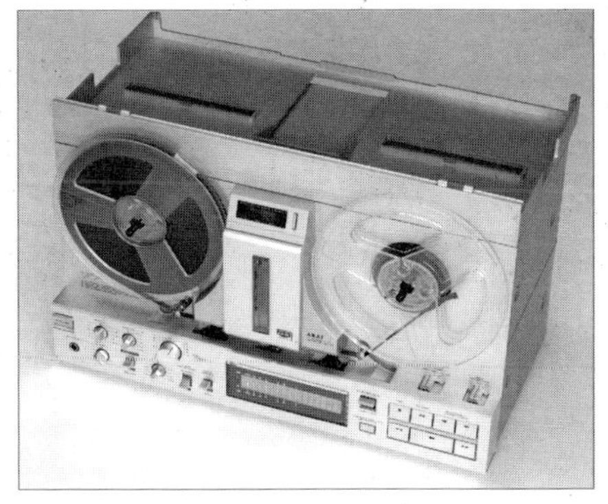

다. 내구성이 좋은 편으로 릴 허브를 돌리는 DC 모터가 힘이 약해서 가끔 트러블을 일으키는 것을 제외하고는 큰 문제없이 사용할 수 있다. 소리는 전체적으로 고음에 무게중심이 실려 있어 고음이 아주 화려하고 강하다. 은은하고 부드러운 소리라기보디는 다이내믹하고 고음에 쨍~ 하는 강열함이 있는 음이다. 전체적으로 밝고 쾌활한 소리로 자연스럽고 여유 있는 소리와 약간 거리가 있다. 이런 단점이 있지만 헤드 수넹이 반영구적이어서 입문자가 부담 없이 사용할 수 있다.

다음으로 추천할 리코더는 티악 X-300R이다. 이 모델 역시 4트랙에 3모터 방식을 취하고 있고 오토리버스 기능을 갖췄다. 티악의 업무용 브랜드인 타스캄(Tascam) 브랜드로 출시된 22-2라는 모델도 있는데 사실상 같은 모델이다. 다만 타스캄 22-2에는 오토리버스 기능이 없다. X-300R 리코더는 캡스턴 구동 방식이 일반적인 리코더와 다르다. 캡스턴은 테이프에 직접 접촉해서 일정한 속도로 테이프가 진행하도록 하는 것으로 음질에 직접 영향을 미친다. 보통 리코더는 캡스턴 모터의 축에 그대로 테이프를 접촉시키는데 비해 X-300R 리코더는 벨트를 통

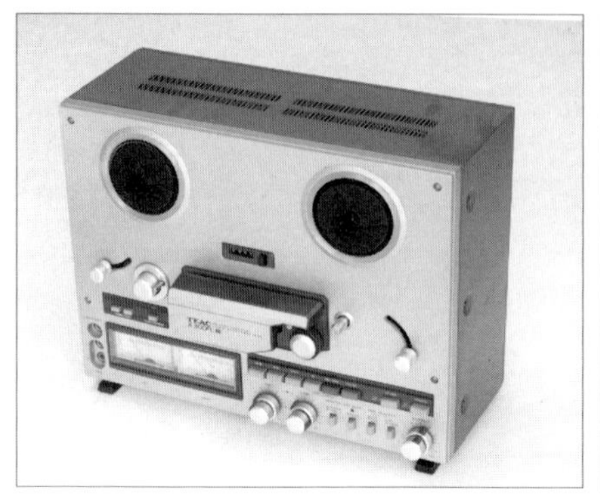

티악 X-300R

해 캡스턴을 회전시킨다. 모터 축과 풀리가 벨트로 연결되어 돌아가고 풀리 축에 캡스턴이 연결되어 있는 구조다. 모터의 진동이 벨트에서 차단되어 캡스턴은 진동의 영향을 받지 않고 아주 부드럽게 회전하게 된다. 턴테이블로 치면 보통 리코더는 다이렉트 드라이브인데 이 리코더는 벨트 드라이브인 셈이다. 이런 구조적 특징은 소리에 그대로 반영된다. 음이 상당히 나긋나긋하고 자연스럽다. 특히 음의 여운을 아주 디테일하게 묘사해서 아날로그다운 매력을 흠뻑 느낄 수 있다. 내구성이 조금 약하다는 평가를 받지만 음질만큼은 자연스럽고 중립적이라는 좋은 평가를 받는다. 전체적으로 대역 밸런스가 고음이나 저음에 치우치지 않고 중역에 잘 맞춰져 있다.

마지막으로 추천할 리코더는 파이오니아 RT-707이다. 추천은 많이 되지만 구하기가 어려운 리코더 중에 하나다. 눈이 엄청나게 많이 온 겨울 어느 날 포천까지 가서 구해왔다. 추운 날씨 탓에 작동이 원활치 않은데도 언제 다시 기회가 올지 모르기 때문에 달리 방법이 없었다. 집에 가져와 분해해 보니 사소한 문제여서 어렵지 않게 기능이 회복되었다. 10인치 대형 릴 허브

    최윤욱의 아날로그 오디오 가이드

장착이 가능한 상급 모델인 RT-909가 있
고 RT-707과 비슷한 크기의 자매 모델인
RT-701이 있다. RT-707은 앞서 언급한
아카이 GX-77, 티악 X-300R보다 무게가
더 무겁지만 높이는 가장 낮아서 오디오
랙에 넣고 쓰기에 가장 좋다.

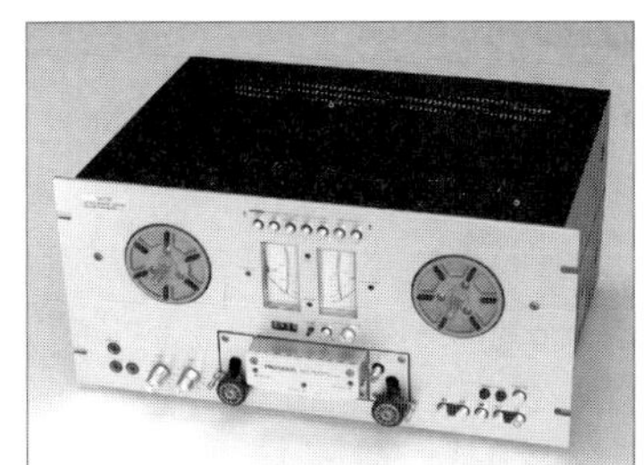

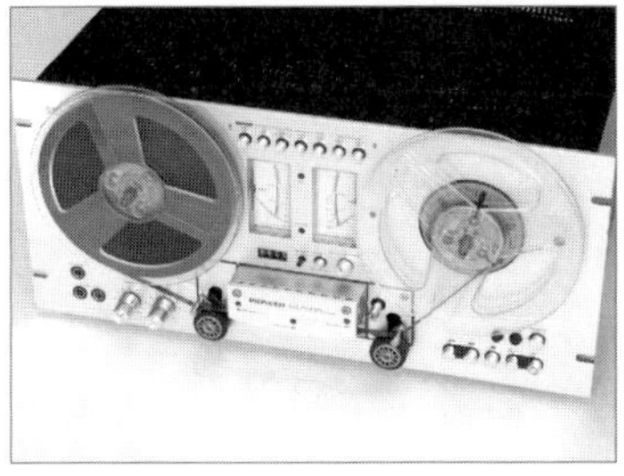

파이오니어 RT-707

소리는 저음이 아주 풍성하고 중역의
음색이 약간 어두운 편이다. 고음은 상대
적으로 뻗는 느낌이 적고 얌전하다. 전체
적으로 무겁고 중후한 느낌의 소리로 시원
하게 내려가는 저음이 매력적이다. 아카이
가 고음에 치우쳤다면 파이오니아는 저음
에 치우친 소리다. 티악은 둘 사이 중간쯤
이라고 보면 된다. 표준적인 소리라기보다
는 깊게 침잠하는 어두운 소리로 마치 어
둡고 시원소리의 대명사인 스펜더의 구형
S100이나 BC-1을 떠올리게 한다. 시원하
게 울려주는 저음과 어두운 느낌의 음색이
매력으로 개성 있는 소리를 좋아하는 사람
에게 어울리는 소리다. 올드 팝이나 재즈,
경음악을 들어보면 왜 많은 릴 마니아들이
이 기기를 찾아 헤매는지 알 수 있다.

티악 X-2000R

입문기로 오픈릴 테이프의 세계를 경험하고 나서 좀 더 나은
소리를 듣고 싶다면 4트랙 고급형이나 2트랙 리코더를 하나 더
구입하는 것이 좋다. 업그레이드로 구입하는 리코더는 가능하
면 10인치 릴이 장착 가능한 모델로 하는 것이 좋다. 4트랙으로
는 아카이 GX-747이나 티악의 X-2000R이 무난하다. 2트랙으

티악, 리복스, 오타리 릴 허브

로는 스튜더 807(녹음 가능한 버전)이나 810 정도면 훌륭하다. 7
인치 릴과 달리 10인치 릴은 플라스틱이나 아크릴 재질은 구입
하면 안 된다. 10인치 릴은 알루미늄 재질 제품을 구입하는 것
이 좋다. 플라스틱 제품은 변형으로 인해 릴 테이프와 릴의 날
개가 마찰해서 스륵스륵 하는 소리를 내기 쉽다. 7인치 릴은 리
코더에 곧바로 장착하면 되지만 10인치는 릴 허브(어댑터)가 필
요하다. 티악 제품은 사용하기는 제일 편하지만 내구성이 약하
고 리복스(Revox)는 튼튼하지만 사용하기에 좀 투박한 편이다.
오타리 제품이 사용감이나 내구성에서 가장 좋다.

리코더는 오픈릴 테이프가 연결이 되지 않은 상태에서는 작동
하지 않는다. 테스트를 하려면 오픈릴 테이프를 양쪽에 걸고 작
동을 시켜야 한다. 우선 소리가 찌그러지지 않고 정상적으로 잘
나는지 들어보는 것이 중요하다. 그 다음은 FM 방송이나 CD를
녹음해 녹음이 잘되는지 확인해야 한다. 녹음이 정상적으로 되
면 릴 리코더가 작동중일 때 귀 가까이 대서 어디에 닿거나 스
치는 소리가 나지는 않는지 확인한다. 플레이를 멈추고 양 방향
으로 빨리 감기를 해본다. 테이프가 다 풀리고 나서 릴이 자동
으로 회전을 멈추면 정상이다. 속도 선택 스위치를 조작해서 테
이프의 진행 속도가 변하는지도 확인한다. 턴테이블에도 $33\frac{1}{3}$
회전과 45회전이 있듯 리코더도 표준 플레이 속도가 있다. 보통
가정용 리코더는 7.5나 3.75 IPS의 두 가지 속도 선택이 가능하
다.* 여기까지 마쳤다면 정상 작동하는 리코더다.

＊ IPS는 Inch Per Second의 약자로 1초 동안 테이프가 몇 인치 진행하는지를 나타내주는 수
치다. 고급형 오픈릴 리코더는 15 IPS까지 지원한다. 속도가 빠를수록 음질은 좋아지지만 같은
길이에 녹음할 수 있는 시간은 짧아진다.

마지막으로 확인할 것은 헤드의 마모 정도다. 아카이 모델 중에 GX가 붙어있는 모델은 사실상 확인할 필요가 없다. 나머지 모델들은 녹음 헤드와 재생 헤드의 마모 정도를 체크해야 한다. 헤드에 테이프가 접촉하는 부분을 눈으로 보고 손가락으로 접촉해보면 금속 표면이라 쉽게 마모 정도를 알 수 있다. 헤드 표면 재질에 따라 소리가 다른데, 재미있는 것은 쉽게 닳아 없어지는 재질일수록 소리가 깊고 여운이 풍부하다는 점이다. 질기고 단단한 재질은 소리가 가볍고 센 느낌을 준다. 헤드가 물러 빨리 닳기로 유명한 리복스(스튜더)는 소리가 아주 깊고 풍부한 반면에 헤드를 반영구적으로 오래 쓰는 아카이는 가볍고 드센 소리가 난다.

오픈릴 리코더를 운용하려면 테이프가 반드시 있어야 한다. 테이프는 소리전자 장터에서 어렵지 않게 구입이 가능하다. 음반사에서 녹음해서 판매한 기성 테이프는 전반적으로 상태가 좋은 편이지만 보관 상태에 따라 음질에 편차가 심한 편이다. 녹음용으로 구입하는 오픈릴 테이프는 가능하면 값이 좀 비싸더라도 신품이나 상태 좋은 것을 구하는 것이 좋다. 싸다고 낡은 테이프를 사서 쓰면 음질도 안 좋고 헤드도 빨리 마모된다. 질이 아주 나쁜 테이프는 헤드를 이물질로 오염시켜 채 1시간도 지나지 않아 헤드를 청소해야 하는 사태를 발생시키기도 한다. 헤드 청소는 자주 해주는 것이 좋은데 대여섯 시간 들었다면 한 번씩 청소해주면 된다. 면봉에 알코올을 묻혀 닦아도 되지만 사진처럼 전용 헤드클리너 액을 사용하면 더 좋다. 자화된 테이프에 직접 접촉하는 헤드는 장시간 사용하면 자석이 된다. 한 달에 한 번 정도 헤드와 테이프가 지나가는 길목에 있는 금속에 자기 소거기(디마그네타이저)를 사용해서 탈자 작업을 해주면 자화로 인해 나빠졌던 음질이 회복된다.

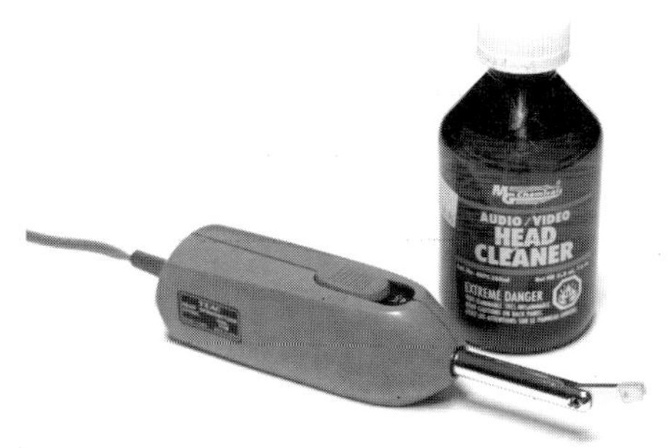

자화 소거기, 헤드 클리너액

테이프를 연결할 때는 다음 페이지 그림처럼 직선이 아닌 사선으로 잘라서 연결해야 한다. 접착용 테이프는 일반 스카치테이프를 사용하면 안 된다. 당장은 괜찮지만 시간이 지나면 접착 성분이 흘러나와 릴 테이프를 오염시키기 때문이다. 릴 테이프 접착용 테이프인 Splicing Tape를 따로 구해서 사용해야 한다. 오픈릴 테이프를 자주 걸었다 내렸다 반복하다 보면 테이프 끝이 손상되기 마련이다. 테이프 양 끝에 하얀색의 리너 테이프(Leader Tape)를 붙여 쓰면 테이프 손상을 방지할 수 있다.

오픈릴 테이프는 보관이 중요하다. 보관은 항상 플레이를 마친 상태로 보관하고 다시 듣고자 할 때는 풀어서 듣는 것이 좋다. 빨리감기를 한 것보다 천천히 플레이를 완료한 상태여야 테이프가 균일하게 감기기 때문이다. 보관은 케이스에 넣어서 하는 것이 원칙으로 습기가 적고 건조한 곳이 좋다. 강력한 자장이 발생되는 차폐트랜스나 파워앰프 근처는 피하고 영구자석과 거리가 충분하게 떨어진 곳에 보관해야 녹음된 테이프의 열화를 방지할 수 있다.

덩치가 크고 운용이 약간 번거롭지만 오픈릴 사운드는 가장 아날로그다운 소리를 내준다. 오픈릴이 가장 아날로그다운 소

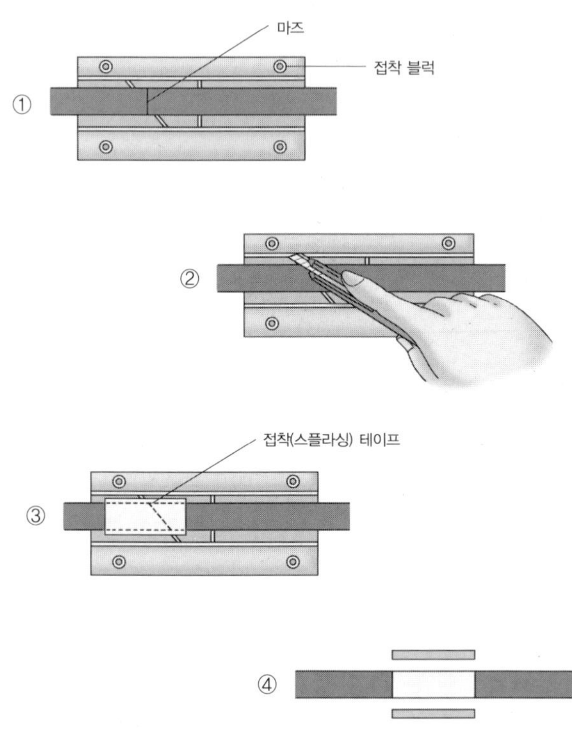

테이프 연결 방법

리라는 것은 장시간 들어도 귀가 피곤해지지 않는다는 것에서 느낄 수 있다. 자극이 없으면서도 음악적 황홀경에 빠지게 하는 데 오픈릴 테이프보다 더 나은 소스는 없다. 아날로그다운 소리가 무엇인지 궁금하다면 오픈릴 테이프를 시작하면 된다.

카트리지의 임피던스와 캐퍼시턴스 맞추기

고급 포노앰프를 보면 카트리지에 따라서 임피던스와 캐퍼시턴스를 선택할 수 있게 되어 있는 경우가 있다. 카트리지에 따라서 적절한 임피던스와 캐퍼시턴스를 맞춰주었을 때 최상의 소리를 들을 수 있다. 간단하게 설명할 수 있는 문제는 아니지만 비유를 들어 설명하면 쉽게 이해할 수 있다.

우선 임피던스에 대해서 알아보자. MM포노의 경우 47kΩ으로 입력 임피던스가 규격화되어 있다. 최근 생산된 MM용 포노앰프의 입력단은 예외 없이 47kΩ으로 설계되어 있다. 따라서 MM 카트리지 제작사도 47kΩ의 임피던스가 연결될 것을 전제로 카트리지를 제작한다. 따라서 MM 카트리지에서는 임피던스에 대해 특별히 신경쓸 일은 없다. MM 카트리지도 임피던스에 의해서 소리가 변하긴 하지만 그 폭이 크지 않다. MC 카트리지의 경우는 헤드앰프나 승압트랜스를 거치게 되는데 이때 입력단의 임피던스가 중요하다. 보통 MC 카트리지는 내부 임피던스(Internal Impedance)보다 카트리지가 연결되는 입력단의 임피던스가 같거나 5~10배 정도 높은 것이 좋다. 승압트랜스나 헤드앰프의 품질이 뛰어나게 좋으면 카트리지 내부 임피던스에 근접해도 좋은 소리를 낸다. 하지만 일반적인 승압트랜스나 헤드앰프는 카트리지 내부 임피던스보다 5~10배 정도 높은 임피던스 값을 갖는 것이 좋다. 카트리지 내부 임피던스는 카트리지 스펙을 보면 알 수 있다. 어떤 값으로 연결할 것인지는 위에서 언급한 원칙을 참고해서 실제로 소리를 들어보면서 취향에 맞는 값을 선택하면 된다.

이제 캐퍼시턴스에 대해서 알아보자. MM 카트리지는 임피던스 값에는 별로 신경 쓸 필요가 없지만 캐퍼시턴스 값은 신경써서 맞춰줘야 한다. MM카트리지는 캐퍼시턴스 값에 따라 소리가 상당히 변하기 때문이다. MM카트리지에 연결되는 입력 단의 캐퍼시턴스 값이 커지면 저음이 많아지면서 전체적으로 풍성하고 부드러운 소리로 변한다. 캐퍼시턴스 값이 작아지면 저음의 양이 줄어들면서 전체적으로 가늘고 야윈 소리로 변한다. 이것 역시 카트리지 스펙에서 권하는 권장치를 참고해서 들어가면서 마음에 드는 지점에서 선택하면 된다. MC 카트리지도 캐퍼시턴스 값에 의해 소리가 변하긴 하지만 MM카트리지에 비해 변화 폭이 상대적으로 적다.

이렇게 설명해도 쉽게 이해되지 않을 것이다. 그래서 일상생활에서 접할 수 있는 자전거에 비유해서 설명해보고자 한다. 임피던스 매칭은 자전거의 기어를 맞추는 것이라고 생각하면 쉽다. 자전거가 일정한 속도로 달린다고 할 때 기어가 1단이라면 자전거 페달을 아주 빨리 굴려야 할 것이다. 물론 기어가 낮으니 페달을 돌리는데 힘이 거의 들지 않지만 페달을 아주 빠르게 구르지 않는 한 속도를 유지하기 힘들다. 반대로 16단이라면 페달을 아주 천천히 굴러도 되지만 페달에 걸리는 힘이 너무 세서 굴릴 때 힘이 너무 많이 들 것이다. 자전거를 탄 사람은 힘이 너무 들지도 않고 너무 빨리 구르지도 않는 적당한 기어 단수를 찾을 것이다. 현재의 자전거 속도에 맞는 적당한 기어단수를 찾는 과정이 바로 적절한 임피던스 매칭이라고 생각하면 된다. 적절한 기어 단수에서 자전거를 탄 사람의 힘이 가장 효과적으로 뒷바퀴에 전달되듯 임피던스 매칭이 잘 되어야 MC 카트리지에서 생성된 전기에너지가 승압트랜스나 포노앰프로 효율적으로 전달된다.

이제 캐퍼시턴스에 대해 설명해보자. 캐퍼시턴스는 콘덴서의 용량을 나타내는 단위다. 콘덴서가 전기를 일시적으로 저장하는 부품이라는 것은 알 것이다. 콘덴서는 전기를 잠시 품기도 하지만 내보내기도 한다. 캐퍼시턴스는 자전거의 충격 완화 장치인 쇼크 업소버(Shock Absorber)라고 할 수 있다. 앞뒤 바퀴 모두 업소버가 달린 자전거가 있다고 가정하자. 요즘 고급 자전거는 업소버의 강도를 조절할 수 있다. 예를 들어 강도를 아주 느슨하게 최대로 풀어놓고 자전거를 탄다면 어지간한 지면의 작은 요철은 거의 다 걸러져 핸들이나 안장에서 그 충격을 느끼지 못한다. 마치 리무진을 탄 듯 물렁물렁하고 부드러운 승차감을 보여준다. 이렇게 하면 승차감은 좋은데 구르는 힘에 비해 자전거는 잘 나가지 않게 된다. 왜냐하면 페달을 구를 때 쓰는 에너지의 일부가 업소버에 의해서 흡수되어 버리기 때문이다. 이번에는 업소버의 강도를 최대로 높여서 단단하게 조정하고 자전거를 타보자. 노면의 작은 요철도 핸들과 안장을 통해서 직접 전해진다. 승차감이 나빠지면서 노면의 요철이 진동으로 바로 느껴진다. 그런데 재미있는 것은 이렇게 하면 페달을 구르는 힘이 업소버에 흡수되지 않고 바퀴에 바로 전달되어 자전거가 쉽게 잘나간다.

캐퍼시턴스 값을 크게 하는 것은 자전거의 업소버를 풀어서 느슨하게 하는 것으로, 캐피시턴스 값을 줄이는 것은 업소버를 조여서 단단하게 하는 것으로 이해하면 된다. 업소버를 풀면 출렁거리는 편안한 승차감을 주듯 소리가 풍성해지면서 부드러워진다. 업소버를 조이면 승차감이 딱딱해지고 노면의 작은 진동까지 그대로 전달되듯 소리도 풍성한 배음이 줄어들면서 가늘고 샤프한 소리로 변한다. 어느 지점을 선택할 것인지는 카트리지의 권장치를 참고한 다음 직접 들어보면서 선택하면 된다.

기어 단수를 정하는 것은 자전거를 타는 사람이 내는 힘을 얼마나 효과적으로 바퀴에 전달되도록 하는가의 문제다. 임피던스 매칭도 카트리지에서 발생된 전기에너지가 얼마나 효과적으로 승압트랜스나 포노앰프로 전달되느냐의 문제로 요약된다. 그래서 임피던스 매칭은 에너지의 대부분을 이루는 저음 주파수 대역에 주로 영향을 미친다. 결국 임피던스 매칭은 주파수 대역의 밸런스 문제에 직접적으로 영향을 미친다고 할 수 있다.

자전거의 업소버를 느슨하게 풀 것인지 딱딱하게 조일 것인지 하는 문제는 승차감에 직접적인 영향을 미친다. 느슨하게 하면 부드럽고 안락한 승차감을 주고 단단하게 조이면 딱딱한 승차감을 가질 수밖에 없다. 이처럼 캐퍼시턴스 매칭은 에너지 전달의 효율보다는 소리 전체의 음색에 큰 영향을 미친다. 권고하는 캐퍼시턴스 값을 참고해서 소리를 들어보면서 자신이 좋아하는 음색이 나오는 값을 선택하면 된다.

볼륨을 올려도 스피커에서 아무 소리도 안 나온다.

1. 포노앰프와 인티 앰프가 켜져 있는지 확인한다.

2. 앰프의 셀렉터가 제대로 선택되어 있는지, 테이프 모니터 스위치가 켜져 있지 않은지 확인한다.

3. 인티나 프리앰프의 셀렉터를 CD로 돌리고 CD플레이어를 작동시켜 음악 소리가 나는지 확인한다. (정상적으로 소리가 나면 턴테이블이나 포노앰프에 문제가 있는 것이다)

4. 턴테이블에서 포노앰프 그리고 프리나 인티앰프까지 인터커넥트 케이블이 제대로 연결되어 있는지 확인한다.

5. 턴테이블에서 나온 톤암 케이블을 뽑아 RCA 단자 끝의 저항을 디지털 테스터기로 잰다. (284페이지 사진 참조) (이상이 있으면 카트리지 연결부위나 톤암 내부 케이블에 문제가 있는 것이다.)

6. 카트리지와 연결된 단자를 빼고 카트리지 단자에 디지털 테스터기를 대고 저항을 댄다. 적색(R+)과 녹색(R−)으로 우측 채널을 재고, 백색(L+)과 청색(L−)으로 좌측 채널을 잰다. (정상이라면 MM은 수 백Ω, MC는 수Ω 의 수치를 나타낸다.)

7. 톤암의 헤드셸 부분에 있는 리드선 단자와 톤암 케이블 RCA단자를 디지털 테스터기로 단선이 되었는지 확인한다. (디지털 테스터를 저항에 놓고 재서 수Ω 이내의 수치가 나오면 정상이다.)

볼륨 위치와 관계없이 음악 소리와 함께 '웅~'하는 험이 양쪽 채널 모두에서 크게 난다.

1. 턴테이블에서 나온 어스(그라운드) 단자가 제대로 포노앰프나 프리앰프의 어스 단자에 연결되었는지 확인한다.

2. 카트리지 단자 연결이 제대로 되어 있는지 확인한다. (적색과 녹색이 오른쪽 채널이고 백색과 청색이 우측 채널이다. 265페이지 그림 참고)

3. 어스 단자와 톤암의 금속 부분이 도통되어 있는지 디지털 테스터기로 확인한다. (디지털 테스터를 저항에 놓고 재서 10Ω 근처의 값이 나오면 정상으로 도통이

되는 상태다.)

4. 어스 단자와 턴테이블의 플래터나 플린스의 금속 부분이 전기가 통하는 상태인지
   확인한다. (만약 전기가 통하지 않는다면 선을 연결해 통하게 하면 험이 줄어들
   수 있다)

볼륨 위치와 관계없이 음악 소리와 함께 한쪽 채널에서만 '웅~' 하는 험이 크게 난다.

1. 턴테이블에서 나온 어스 단자가 제대로 잘 연결되어 있는지 확인한다.

2. 카트리지에서 톤암, 포노앰프로 연결되는 케이블이 제대로 잘 연결되어 있는지
   확인한다.

3. 험이 나는 채널의 턴테이블에서 나오는 케이블과 포노앰프에서 프리나 인티앰프
   로 연결하는 케이블의 단선 여부를 확인한다.

4. 포노앰프의 입력단자나 프리앰프의 포노단자에서 톤암 케이블을 뽑아 좌우를 바
   꾸어 꼽아본다. (험이 나는 스피커가 바뀌면 턴테이블과 톤암 케이블, 카트리지의
   문제이고 안 바뀌면 포노앰프나 인티(파워)앰프의 문제다.)

'웅~' 하는 험이 낮은 볼륨에서는 적고 볼륨을 올리면 커진다.

1. 턴테이블을 파워앰프나 대용량 트랜스와 멀리 떨어지도록 배치한다.

2. 턴테이블 근처에 파워 케이블이 지나가지 않도록 배치한다.

3. 턴테이블에 있는 모터의 진동이 턴테이블이나 다른 기기로 전해지지 않는지 확인
   한다.

4. 포노단자에 연결되는 케이블을 실드가 잘된 제품을 사용한다.

5. 포노앰프를 파워앰프나 대용량 트랜스에서 충분히 멀어지도록 배치한다.

음악소리와 함께 칙칙거리는 마찰잡음이 양 채널에서 지속적으로 난다.

1. 레코드판을 청소한다.

2. 바늘 끝을 청소한다.

3. 카트리지와 헤드셸 단자를 연결하는 리드선이 레코드와 접촉하고 있지 않은지 확
   인한다.

4. 바늘 끝의 마모 상태를 확인한다.

5. VTA나 애지무스가 심하게 틀어져 있지 않은지 확인한다.

음악소리와 함께 칙칙거리는 마찰잡음이 한 채널에서 지속적으로 난다.

1. 애지무스가 심하게 틀어져 있지 않은지 확인한다.

2. 캔틸레버가 카트리지 중심에 똑바로 있는지 확인한다.

3. 캔틸레버가 돌아가서 바늘 끝이 옆으로 삐딱하게 기울어져 있는지 확대경으로 확
   인한다.

4. 바늘 끝이 부분적으로 손상되지 않았는지 확대경으로 확인한다.

음악소리와 함께 칙칙거리는 마찰잡음이 간헐적으로 난다.

1. 레크드 판을 청소한다.

2. 침압이 과중하거나 댐퍼가 노후되어 카트리지 몸체가 레코드에 접촉하고 있는지
   확인한다.

카트리지가 안쪽으로 주행하지 못하고 같은 소리를 반복한다.(소리가 튄다)

1. 레코드 상태를 확인한다.

2. 침압이 너무 적지 않은지 확인한다.

3. 안티 스케이팅이 너무 과하지 않은지 확인한다.

레코드에 관계없이 특정 위치에서

카트리지가 안쪽으로 주행하지 못하고 소리가 튄다.

1. 톤암 리프트의 톤암을 들어 올리는 부분이 충분히 낮은지 확인한다.

2. 헤드셸 손잡이를 잡고 부드럽게 톤암이 좌우로 움직이는지 확인한다. (부드럽게
   움직이지 않으면 톤암의 베어링이 손상된 것으로 전문점에서 수리해야 한다)

레코드 외주에서는 정상인데 내주에서 소리가 찌그러진다.

1. 침압을 다시 확인한다.

2. 오버행을 다시 정확히 맞춰준다.

3. 안티스케이팅을 정확히 조정한다.

음악소리는 안 나고 마찰잡음만 양 채널 모두에서 난다.

1. 바늘이 레코드에 제대로 접촉하고 있는지 확인한다.

2. 바늘 끝이 제대로 붙어있는지 확대경이나 손가락 끝으로 확인한다.

레코드에 관계없이 왼쪽 소리가 더 크다. (CD 소리는 정상)

1. 카트리지부터 포노단자까지 연결 케이블이 잘 접촉하고 있는지 확인한다.

2. 안티 스케이팅이 너무 적게 세팅되어 있지 않은지 확인한다.

3. 턴테이블 수평이 틀어져서 좌측으로 약간 기울어져 있는지 확인한다.

레코드에 관계없이 오른쪽 소리가 더 크다. (CD 소리는 정상)

1. 카트리지부터 포노단자까지 연결 케이블이 잘 접촉하고 있는지 확인한다.

2. 안티 스케이팅이 너무 과하게 세팅되어 있는지 확인한다.

3. 턴테이블 수평이 틀어져서 우측으로 약간 기울어져 있는지 확인한다.

볼륨을 올리면 음악소리가 메아리처럼 소리가 울리면서 커진다. (하울링 현상)

1. 턴테이블이 스피커에서 멀리 떨어지게 세팅한다.

2. 턴테이블 밑에 단단한 받침을 추가하고 진동방지 액세서리를 사용한다.

소리는 정상인데 우퍼가 심하게 앞뒤로 움직인다. (20Hz이하의 초저주파수가 출력되는 현상)

1. 톤암의 헤드셸 부분에 무게를 추가한다.(공진주파수 낮추기)

2. 카트리지를 다른 모델로 바꾸어본다.(공진주파수 변경하기)

3. 톤암을 실리콘 오일 댐핑 장치가 있는 제품으로 바꾼다.

4. 포노 앰프를 서브소닉 필터기능이 있는 제품으로 바꾼다.(가장 확실한 방법)

5. 포노 앰프 출력단에 16Hz 이하 초저주파수를 커팅하는 회로를 추가한다.(전문가에게 의뢰)

카트리지 이름	사용가능 바늘	바늘모양 (단면)	침 압
DM101MG	N91GD	H (원형)	0.75 ~ 1.25
DM103ME	N91ED	H (타원형)	0.75 ~ 1.25
DU10-M75E Type2	N75ED Type 2	E (타원형)	0.75 ~ 1.25
M1(Mono)	N1	C (원형)	1 ~ 2
M3D	N3D	B (원형)	3 ~ 6
M3/N21D	N21D	B (원형)	1.5 ~ 2.5
M5D(Mono)	N5D	C (원형)	3 ~ 6
M6S(78RPM)	N6S	C (원형/사파이어)	3 ~ 6
M7D	N3D	B (원형)	3 ~ 6
M7DMF	N3D	B (원형)	3 ~ 6
M7/N21D	N21D	B (원형)	1.5 ~ 2.5
M8D	N3D	B (원형)	3 ~ 6
M21	N21D	B (원형)	1.5 ~ 2.5
M22(Stereo)	N22D	B (원형)	0.75 ~ 1.5
M31E	N31E	G (타원형)	1 ~ 2
M32E	N32E	G (타원형)	2.5 ~ 5
M32-3	N32-2	G (원형)	2.5 ~ 5
M33-5	N99	D (원형)	1.5 ~ 3
M44C	N44C	A (원형)	3 ~ 5
M44E	N44E	A (타원형)	1.75 ~ 4
M44EM	N44E	A (타원형)	1.75 ~ 4
M44MA	N44-7	A (원형)	1.5 ~ 3
M44MB	N44-7	A (원형)	1.5 ~ 3
M44MC	N44C	A (원형)	3 ~ 5
M44MF	N44G	A (원형)	0.75 ~ 1.5
M44MG	N44G	A (원형)	0.75 ~ 1.5
M44-5	N44G	A (원형)	0.75 ~ 1.5
M44-7	N44-7	A (원형)	1.5 ~ 3
M55E	N55E	A (타원형)	0.75 ~ 2
M55EM	N55E	A (타원형)	0.75 ~ 2
M71C	N75C	E (원형)	3 ~ 5

카트리지 이름	사용가능 바늘	바늘모양 (단면)	침 압
M71EB	N75EJ Type 2	E (타원형)	1.5 ~ 3
M71EMB	N75EJ Type 2	E (타원형)	1.5 ~ 3
M71MB	N75-6	E (원형)	1.5 ~ 3
M71MC	N75C	E (원형)	3 ~ 5
M71-6	N75-6	E (원형)	1.5 ~ 3
M73G	N75G type 2	E (원형)	1 ~ 1.5
M73MG	N75G type 2	E (원형)	1 ~ 1.5
M75CS	N75C	E (원형)	3 ~ 5
M75E	N75ED Type 2	E (타원형)	0.75 ~ 1.5
M75ECS	N75EC	E (타원형)	2 ~ 4
M75E Type 2	N75ED Type 2	E (타원형)	0.75 ~ 1.5
M75ED Type 2	N75ED Type 2	E (타원형)	0.75 ~ 1.5
M75EJ Type 2	N75EJ Type 2	E (타원형)	1.5 ~ 3
M75E-D19	N75ED Type 2	E (타원형)	0.75 ~ 1.5
M75E-D19 Type 2	N75ED Type 2	E (타원형)	0.75 ~ 1.5
M75EM	N75ED Type 2	E (타원형)	0.75 ~ 1.5
M75EM Type 2	N75ED Type 2	E (타원형)	0.75 ~ 1.5
M75E-P20 Type 2	N75ED Type 2	E (타원형)	0.75 ~ 1.5
M75E-95G	N75ED Type 2	E (타원형)	0.75 ~ 1.5
M75E-95G Type 2	N75ED Type 2	E (타원형)	0.75 ~ 1.5
M75G	N75G Type 2	E (원형)	0.75 ~ 1.5
M75G Type 2	N75G Type 2	E (원형)	0.75 ~ 1.5
M75MB	N75B Type 2	E (원형)	1.5 ~ 3
M75MB Type 2	N75B Type 2	E (원형)	1.5 ~ 3
M75MG	N75G Type 2	E (원형)	0.75 ~ 1.5
M75MG Type 2	N75G Type 2	E (원형)	0.75 ~ 1.5
M75MG-D	N75G Type 2	E (원형)	0.75 ~ 1.5
M75 Type D	N75-6	E (원형)	1.5 ~ 3
M75-6	N75-6	E (원형)	1.5 ~ 3
M75-6 Type 2	N75-6 Type 2	E (원형)	1.5 ~ 3
M75-6S	N75-6	E (원형)	1.5 ~ 3
M77	N77	D (원형)	3 ~ 6
M77D	N77	D (원형)	3 ~ 6
M77MD	N77	D (원형)	3 ~ 6

카트리지 이름	사용가능 바늘	바늘모양 (단면)	침 압
M80E	N55E	A (타원형)	0.75 ~ 2
M8-E-D	N55E	A (타원형)	0.75 ~ 2
M80E-D19	N55E	A (타원형)	0.75 ~ 2
M81MC	N75C	E (원형)	3 ~ 5
M91E	N91E	H (타원형)	0.75 ~ 1.5
M91ED	N91ED	H (타원형)	0.75 ~ 1.5
M91GD	N91GD	H (원형)	0.75 ~ 1.5
M91MGD	N91GD	H (원형)	0.75 ~ 1.5
M92E	N91E	H (타원형)	0.75 ~ 1.5
M92G	N91GD	H (원형)	0.75 ~ 1.5
M93E	N93E	H (타원형)	1.5 ~ 3
M98/A	N44-7	A (원형)	1.5 ~ 3
M99/A	N99	D (원형)	1.5 ~ 3
M99/AT6	N99	D (원형)	1.5 ~ 3
M99/M10	N99	D (원형)	1.5 ~ 3
R7C	N75C	E (원형)	3 ~ 5
R27E	N75ED Type 2	E (타원형)	0.75 ~ 1.5
R47EB	N75EJ Type 2	E (타원형)	1.5 ~ 3
R700E	N75ED Type 2	E (타원형)	0.75 ~ 1.5
RM910E	N75EJ Type 2	E (타원형)	1.5 ~ 3
RM930C	N75C	E (원형)	3 ~ 5
RS100	N3D	B (원형)	3 ~ 6
RS120E	N32E	G (타원형)	2.5 ~ 5
RS220E	N31E	G (타원형)	1 ~ 2
SL95-M75E Type2	N75ED Type 2	E (타원형)	0.75 ~ 1.5
V-15	VN2E	A (타원형)	0.75 ~ 1.5
V-15 Type II	VN15E	F (타원형)	0.75 ~ 1.5
V-15 II-7	VN7	F (원형)	0.75 ~ 1.5
24-0003EP	N3D	B (원형)	3 ~ 6
V-15 III	VN35E	F (타원형)	0.75 ~ 1.25
V-15 IIIHE	VN35HE	F (초 타원형)	0.75 ~ 1.25
V-15 IIIG	VN3G	F (타원형)	0.75 ~ 1.25
V-15 IIIMR	VN35MR	F (날개형)	0.75 ~ 1.25
V-15 III Se78RPM	VN78E	F (타원형)	1.5 ~ 3

카트리지 이름	사용가능 바늘	바늘모양 (단면)	침 압
V-15 IV	VN45E	F (타원형)	0.75 ~ 1.25
V-15 IVHE	VN45HE	F (초 타원형)	0.75 ~ 1.25
V-15 IVMR	VN45MR	F (날개형)	0.75 ~ 1.25
V-15 IVG	VN4G	F (원형)	0.75 ~ 1.25
V-15 IV Se 78RPM	VN478E	F (타원형)	0.75 ~ 1.25
V-15 VB	VN5HE	F (초 타원형)	1 ~ 1.25
V-15 VG	VN5G	F (원형)	1 ~ 1.25
V-15 VMR	VN5MR	F (날개형)	1 ~ 1.25
V-15 VP	VN5P	F (타원형)	1 ~ 1.25
V-15 V x MR	VN x MR	F (날개형)	0.75 ~ 1.25
VST III	VNSE3HE	F (초 타원형)	1.25 ~ 1.75
VST III-P	VNSEP3HE	F (초 타원형)	1.75
VST V	VNSE5MR	F (초 타원형)	1.2 ~ 1.7
VST VMR	VN5MR	F (날개형)	1 ~ 1.25
ULTRA 300	300S	F (날개형)	1.2 ~ 1.7
ULTRA 400	400S	F (날개형)	1.2 ~ 1.7
ULTRA 500	500S	F (날개형)	1.2 ~ 1.7
ULTRA 500MR	VN5MR	F (날개형)	1 ~ 1.25

※ 끝 부분 글자만 다른 경우 바늘은 기본적으로 호환이 됩니다.

　예로 V-15 VB, V-15 VG, V-15 VMR는 바늘이 다 호환되는 카트리지다.

※ 바늘 모양은 알파벳에 따라 아래 그림과 같이 형태를 보인다. (스캔 그림)

※ 바늘 (단면)은 아래 그림과 같이 바늘의 단면을 나타낸다.(단면 그림)

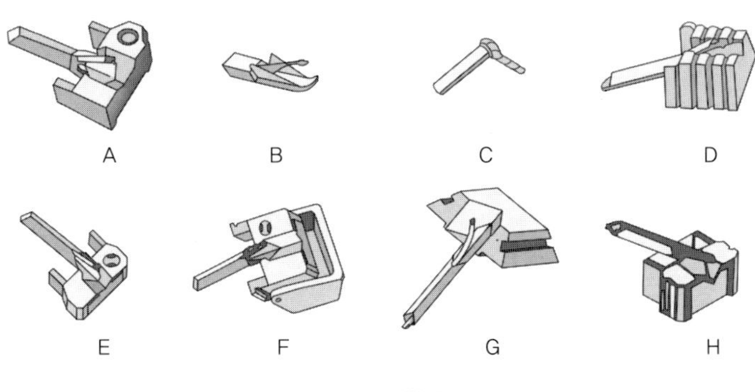

슈어 바늘 형태

최윤욱의
이날로그 오디오 가이드

초판 1쇄 발행 2010년 5월 4일
초판 5쇄 발행 2023년 2월 20일

지은이 | 최윤욱
펴낸이 | 정상우
편집 | 이민정
관리 | 남영애 김명회

펴낸곳 | 오픈하우스
출판등록 | 2007년 11월 29일 (제13-237호)
주소 | 서울시 은평구 증산로9길 32(03496)
전화 | 02-333-3705   팩스 | 02-333-3748
페이스북 | facebook.com/openhouse.kr
인스타그램 | instagram.com/openhousebooks

ISBN 978-89-93824-32-2 (13670)

*잘못된 책은 구입처에서 교환해 드립니다.
*값은 뒤표지에 있습니다.